LOS VERBOS ITALIANOS

J. GRACILIANO GONZÁLEZ MIGUEL
JULIA MORENO DE VEGA Y MONTALVO
RENZA PORCIANI

LOS VERBOS ITALIANOS

Gramática y conjugación de los verbos
regulares e irregulares italianos

Herder

Diseño de la cubierta: Claudio Bado y Mónica Bazán

© *1998, Jesús Graciliano González, Julia Moreno de Vega, Renza Porciani*
© *1998, Herder Editorial, S.L., Barcelona*

2.ª reimpresión de la 1.ª edición

ISBN: 84-254-2040-7

La reproducción total o parcial de esta obra sin el consentimiento expreso de los titulares del *Copyright* está prohibida al amparo de la legislación vigente.

Imprenta: Reinbook
Depósito Legal: B - 9.806 - 2005
Printed in Spain

Herder
www.herdereditorial.com

ÍNDICE

Primera parte: EL VERBO ITALIANO

I. Concepto y estructura del verbo italiano 11
II. La conjugación 13
III. El número y la persona 13
IV. Los modos y los tiempos 17
    El indicativo 20
        El presente 20
        El futuro imperfecto (futuro semplice) 21
        El futuro perfecto (futuro anteriore) 22
            Diferencias en el uso del futuro en italiano y en español 23
        El pretérito imperfecto (imperfetto) 25
        El pretérito perfecto (passato prossimo) 27
        El pretérito indefinido (passato remoto) 27
        El pretérito pluscuamperfecto (trapassato prossimo) 28
        El pretérito anterior (trapassato remoto) 29
    El subjuntivo (congiuntivo) 29
        El uso del subjuntivo en italiano: 29
            En las oraciones simples independientes 29
            En las oraciones subordinadas 31
        Los tiempos del subjuntivo italiano: 32
            El presente 32
            El imperfecto 33
            El pretérito perfecto (passato) 33
            El pretérito pluscuamperfecto (trapassato) 34
            Diferencias en el uso del subjuntivo en italiano y en español .. 34
    El potencial (condizionale) 39
        El potencial simple (condizionale presente) 40
        El potencial compuesto (condizionale passato) 40
            Diferencias en el uso del potencial en italiano y en español 41
    El imperativo 43
        El imperativo negativo 43
        El futuro de indicativo como sustituto del imperativo 44
        El infinitivo como sustituto del imperativo 44
    Las formas no personales del verbo (modi indefiniti) 44
        El infinitivo (infinito) 44
        El infinitivo en función de verbo 45
        El infinitivo en función de sustantivo 46
        Diferencias en el uso del infinitivo en italiano y en español 46

El gerundio	49
El sujeto del gerundio	49
Tiempos del gerundio	50
Uso del gerundio	51
El participio	53
El participio presente	53
El participio pasivo (passato)	54
V. Clases de verbos	56
Verbos predicativos y verbos copulativos	56
Verbos transitivos e intransitivos	57
Verbos reflexivos: propios, aparentes y recíprocos	58
Verbos pronominales	59
Verbos impersonales	61
Verbos modales (o serviles)	62
Verbos que expresan un aspecto (aspettuali)	64
Verbos causativos (fattivi)	65
Verbos fraseológicos	65
Verbos auxiliares	66
Avere	66
Essere	66
Otros verbos en función de auxiliares	69
VI. La voz	70
La voz activa	70
La voz pasiva	70
VII. Los verbos regulares	74
Primera conjugación	74
Segunda conjugación	76
Tercera conjugación	77
VIII. Los verbos irregulares	83
Los verbos irregulares de la primera conjugación	83
Los verbos irregulares de la segunda conjugación	83
1. Verbos que duplican la consonante final de la raíz	84
2. Verbos terminados en -dere	84
3. Verbos terminados en -(t)tere	86
4. Verbos terminados en -gere	86
5. Verbos terminados en -vere	88
6. Verbos terminados en -imere	89
7. Verbos terminados en -durre	89
8. Otros verbos irregulares de la segunda	90
9. Verbos que tienen sólo el participio irregular	90
10. Lista de verbos de la segunda con múltiples irregularidades	91
Los verbos irregulares de la tercera conjugación	92
Verbos con el pretérito indefinido y/o el participio irregular	92
Verbos con múltiples irregularidades	92
IX. Verbos italianos con doble conjugación (verbi sovrabbondanti)	93
X. Verbos defectivos	94
Segunda parte: CUADROS DE CONJUGACIONES	**99**
Tercera parte: LISTA DE VERBOS ITALIANOS	**217**

PRIMERA PARTE

EL VERBO ITALIANO

I. CONCEPTO Y ESTRUCTURA DEL VERBO ITALIANO

Concepto:

No existen diferencias entre el italiano y el español en lo que se refiere al concepto y a la estructura del verbo.

Verbum en latín significa palabra, por tanto el verbo es la palabra por excelencia en la oración, hasta el punto que toda una frase puede concentrarse en un verbo: *Piove* (llueve); *Venite* (venid).

La gramática tradicional define el verbo como «la parte variable de la oración que indica existencia, modo de ser, estado o acción, casi siempre con indicación de tiempo y de persona». Hoy se prefiere definirlo desde el punto de vista de su función en la frase: el verbo funciona como núcleo de la oración, es decir, es centro sintáctico entorno al cual se organizan todos los elementos de la frase.

El verbo puede ofrecer una serie de informaciones acerca de:
 la acción realizada o padecida por un sujeto
 un estado del sujeto
 un modo de ser del sujeto
 la existencia de un sujeto
 un acontecimiento o fenómeno natural etc.

Estructura:

El verbo italiano, lo mismo que el español, está constituido por dos elementos:

raíz (radice): parte invariable (excepto en algunos verbos irregulares), que contiene el significado básico del verbo.

morfema: parte variable, que ofrece informaciones para determinar la persona, el número, el modo y el tiempo de la acción del verbo.

> La **raíz** se obtiene suprimiendo la terminación de infinitivo simple de los verbos:
> amare: **am** –are
> temere: **tem** –ere
> partire: **part** –ire

La raíz no contiene en sí misma ninguna característica que la constituya exclusivamente como verbo. Serán las *desinencias* las que determinen en cada caso si la palabra que resulta es verbo o pertenece a otra categoría gramatical:

am + *ai* = verbo
am + *ore* = sustantivo
am + *abile* = adjetivo

Los **morfemas** verbales son de varios tipos:

desinencias: -o; –ai; –a...
sufijos -are; –ere; –ire...
infijos: -isc-
verbos auxiliares

Las **desinencias** (desinenze) son las partes variables que se añaden a la raíz y proporcionan información sobre la persona, el número, el tiempo y el modo del verbo:

am *-o* = primera persona, singular, presente...
am *-eranno* = tercera persona, plural, futuro ...

Los **sufijos** (suffissi) son las terminaciones de las formas no personales del verbo, que determinan el tipo de conjugación a la que pertenece cada verbo. En italiano, como en español, las conjugaciones son tres y sus sufijos son **-are, –ere, –ire.**

Los **infijos** (infissi): muchos verbos italianos de la tercera conjugación introducen entre la raíz y la desinencia las letras **isc** en la primera, segunda y tercera personas del singular y en la tercera del plural de los presentes de indicativo, subjuntivo e imperativo:

fin –*isc*- o

Los **verbos auxiliares** sirven para formar los tiempos compuestos.

II. LA CONJUGACIÓN

El verbo es la parte más variable de la oración, es decir, la que presenta mayor número de variantes en sus formas. La conjugación es el resultado de todas las formas que el verbo puede asumir.

Las variantes o accidentes gramaticales del verbo son:

La persona: que es el sujeto que ejecuta o sufre la acción del verbo.

El número: que indica si es uno o son múltiples los sujetos.

El tiempo: que precisa la relación cronológica entre el momento en que se habla y el momento en que se verifica la acción o el hecho del cual se habla.

El modo: que indica una determinada actitud o disposición del sujeto.

El aspecto: que ofrece indicaciones sobre si la acción se considera como acabada, si se prolonga durante un periodo indeterminado o si se prescinde de su duración.

La voz: que indica si el sujeto ejecuta o sufre la acción del verbo.

III. EL NÚMERO Y LA PERSONA

El número:

Indica si es uno o son varios los sujetos del verbo
 Singular: un solo sujeto
 Plural: más de un sujeto

La persona:

Las personas del verbo son tres:
Primera: la que habla
Segunda: la que escucha
Tercera: de quien se habla

La primera tiene como sujeto, explícito o implícito, los pronombres **io, noi**

La segunda, los pronombres de segunda persona: **tu, voi**

La tercera, los pronombres de tercera persona: **egli, essa, essi, esse, loro**...

Observaciones:

1ª. El italiano de hoy dispone de varios pronombres para la tercera persona:

egli, masculino y se refiere siempre a persona. Hoy es sustituido por *lui*

ella, femenino, ha caído en desuso en la lengua hablada y en la escrita su uso suena a literario y retórico. En la actualidad en la lengua hablada, y cada vez más frecuentemente en la escrita, es sustituida por *lei*.

essi, esse, masculino y femenino, son sustituidos por *loro*

esso, singular, se refiere a animales o cosas.

Singular	Plural
1ª persona **io**	1ª persona **noi**
2ª persona **tu**	2ª persona **voi**
3ª persona **egli,** *lui,* **ella, essa,** *lei* **esso**	3ª persona **essi, esse,** *loro*

2ª La forma de cortesía.

En italiano para el singular (Usted) se usa *Lei* tanto para el masculino como para el femenino, pero el participio verbal concuerda con el sujeto real, masculino o femenino, y no con el *Lei*, que es forma femenina:

Lei è invitato (hombre)
Lei è invitata (mujer)

Para el plural la forma de cortesía (Ustedes) es *Loro*, y el participio concuerda con el sujeto:
Loro sono invitati (hombres)
Loro sono invitate (mujeres)

3ª Las desinencias verbales dan indicación suficiente del número y de la persona, por eso, no siempre es necesario expresar explícitamente el sujeto. Éste se sobreentiende fácilmente.

Es necesario ponerlo cuando se quiere evitar la ambigüedad:
Pensi che sia malata? ¿quién es el sujeto del verbo «sia» *io, lei*?.

Cuando se quiera dar relieve o enfatizar al sujeto:
Tu, e solo tu, sei il colpevole.

La concordancia entre el sujeto y el verbo

Los verbos italianos, como los españoles, concuerdan, en principio, con el sujeto en número y persona. Pero hay que tener en cuenta algunos casos particulares:

1º. Cuando los sujetos son más de uno, el verbo va en plural.
Giovanni e Pietro arrivarono insieme

2º. Cuando los sujetos son de diversas personas: el verbo va en primera persona plural si entre los sujetos hay uno de primera persona, en segunda persona plural si no hay ninguno de primera, pero sí de segunda persona y en tercera plural si todos los sujetos son de tercera persona.

Io, tu e Anna andremo a Roma
Tu e Andrea andrete a Roma
I genitori e i figli andranno a Roma

3º. Cuando los sujetos son de distinto género el verbo va en plural masculino.

Antonio e Luisa sono andati a Roma

4º. Cuando varios sujetos singulares van unidos por la conjunción «o» se puede poner el verbo en singular, aunque en la lengua hablada se tiende a usar el plural:

O tuo padre o tua madre deve (devono) venire

Lo mismo sucede cuando los sujetos van unidos con la conjunción **né**, aunque en este caso es preferible el plural:

Né Carlo né sua sorella sono venuti (è venuto)

5º. Cuando el sujeto es el relativo **che**, el verbo concuerda con el antecedente:

*I ragazzi **che** non sono venuti, resteranno senza cinema*

*La ragazza, **che** è stata vista in cucina, è sospetta del furto.*

6º. Cuando se trata de nombres o expresiones que indican una colectividad o pluralidad de sujetos (*moltitudine, gente, folla, la maggior parte*...) el verbo puede concordar con el sujeto gramatical (singular) o con el sujeto lógico (plural). El verbo suele ir en singular, pero si el nombre colectivo va acompañado de un complemento que especifica quiénes o qué cosas componen la colectividad designada por el nombre colectivo, el verbo puede usarse en plural:

La gente dice tante cose

*La maggior parte **degli uomini** pensa (pensano) diversamente*

*Un gruppo **di turisti** invase (invasero) il ristorante*

Cuando se trata de porcentajes es más frecuente el uso del singular:

Il 30 % delle donne votò (votarono) contro

7º. Cuando el sujeto está formado por dos o más infinitivos, el verbo se puede usar en tercera persona singular o plural:

Fumare e bere in eccesso danneggia(danneggiano) la salute

Studiare e bere non vanno (va) bene insieme

IV. LOS MODOS Y LOS TIEMPOS

El modo

En un enunciado se puede distinguir *el dictum* o contenido de lo que se enuncia y *el modus* o manera de presentarlo, según la actitud psíquica del que lo enuncia. Modo es, por tanto, la manera de considerar y de expresar la acción o el estado significados por el verbo.

Por medio de los modos el sujeto da a conocer su actitud personal, su punto de vista, su estado anímico ante la acción del verbo, presentándola como objetiva, independiente de sus sentimientos o expresando deseo, temor, duda, posibilidad, mandato etc.

El verbo expresa estas actitudes a través de los *modos verbales*, caracterizados y diferenciados por determinadas variaciones de las desinencias o de la estructura externa del verbo.

En italiano, como en español, existen siete modos verbales.

Cuatro modos personales, (en italiano *modi finiti*), llamados así porque dan información sobre el número, la persona y el tiempo. Son:
Indicativo, subjuntivo (congiuntivo), *potencial* (condizionale), *imperativo*.

Tres modos no personales (en italiano *modi indefiniti*), pues no expresan ni la persona ni el tiempo y solamente el participio da información sobre el género y el número. Son: *Infinitivo* (infinito), *gerundio y participio*.

En italiano a estos modos se les llaman también *forme nominali del verbo* (formas nominales del verbo) o *nomi verbali* (nombres verbales), porque, por ser su valor verbal muy débil, frecuentemente son utilizados con función de nombres o adjetivos.

El tiempo

El verbo puede indicar también, a través de las desinencias verbales, la relación cronológica entre el momento en que se verifica la acción expresada por el verbo y el momento en el que el sujeto se sitúa, habla o escribe. Esta relación cronológica puede ser de:

Simultaneidad: tiempo presente
Anterioridad: tiempo pasado o pretérito
Posterioridad: tiempo futuro

Dentro de estas tres relaciones temporales básicas se dan una serie de matices que precisan con mayor exactitud la simultaneidad, la anterioridad o la posterioridad, tomando como punto de referencia no sólo el momento actual, sino el pasado o el futuro, con lo que el esquema temporal del verbo se complica.

El verbo tiene, por tanto,

Tiempos absolutos (tempi assoluti), que indican simplemente la cronología de la acción con respecto al momento presente, son:
   Presente
   Pasado: imperfecto, perfecto (passato prossimo), indefinido (passato remoto)
   Futuro imperfecto (futuro simple)
Tiempos relativos (tempi relativi), es decir, que establecen relaciones de anterioridad o posteriorioridad con respecto a los tiempos absolutos, son:
   Pretérito pluscuamperfecto (trapassato prossimo)
   Pretérito anterior (trapassato remoto)
   Futuro perfecto (futuro anteriore)

Por lo que respecta a la forma, los tiempos verbales se distinguen en:
   Simples: formados por una sola palabra (dos en la forma pasiva).
   Compuestos: formados por dos palabras (tres en la pasiva): el verbo auxiliar (*avere* o *essere*), que es el que conjuga, + el participio pasivo del verbo.

Nota: en la voz pasiva, se consideran tiempos simples o compuestos los del auxiliar que se usa para formar esta voz.

En italiano, como en español se distinguen los siguientes tiempos verbales:

	PRESENTE	PASSATO	FUTURO
INDICATIVO	presente	imperfetto passato prossimo passato remoto trapassato prossimo trapassato remoto	futuro semplice futuro anteriore
CONGIUNTIVO	presente	imperfetto passato trapassato	
CONDIZIONALE	presente	passato	
IMPERATIVO	presente		
INFINITO	presente	passato	
PARTICIPIO	presente	passato	
GERUNDIO	presente	passato	

Comparado con el español, hay que hacer notar la ausencia de los tiempos del futuro de subjuntivo.

Uso de los modos y de los tiempos

EL INDICATIVO

Es el modo verbal de la realidad, de la certeza. Se usa sea en las oraciones principales (indipendenti) sea en las subordinadas (dipendenti) para indicar lo que es cierto, verdadero, seguro o es considerado como tal por quien formula el enunciado del verbo.

El indicativo dispone de ocho tiempos:
    uno para el presente: *presente*
    cinco para el pasado: *imperfetto* (imperfecto), *passato prossimo* (pretérito perfecto), *passato remoto* (pretérito indefinido), *trapassato prossimo* (pretérito pluscuamperfecto), *trapassato remoto* (pretérito anterior).
    dos para el futuro: *futuro semplice* (futuro imperfecto), *futuro anteriore* (futuro perfecto).

El presente

El presente indica una acción, un estado o un modo de ser contemporáneo al momento en que se habla o se escribe:
    Adesso piove

Sin embargo, el presente se usa también en otros casos:

a. presente habitual (o iterativo): cuando indica un hecho que se repite habitualmente en el tiempo:

    D' inverno andiamo a sciare

b. presente intemporal (o acrónico): expresa un hecho que se coloca fuera del tiempo, ya que es considerado siempre actual o válido. Esto sucede en los siguientes casos:

- normas jurídicas o leyes
- definiciones científicas
- descripciones geográficas
- verdades normalmente aceptadas

- refranes, aforismos, sentencias etc.
- citas literarias

c. presente histórico: para dar mayor viveza e inmediatez a un relato pasado, se narran los hechos como si estuvieran ocurriendo en el presente. Es muy usado en los títulos de los periódicos:
>*Ruba una macchina e si schianta contro un autobus*

Se usa también en la lengua hablada familiar por su fuerte carga expresiva.

Notas: 1ª. En la lengua coloquial, hablada o escrita, se usa, a veces, el presente acompañado de un adverbio de tiempo en lugar del futuro:
>*Parto domani* (en lugar de: partirò domani)
>*Ritorno presto* (en lugar de: ritornerò presto)

2ª. Se puede encontrar el presente en lugar del pretérito perfecto (passato prossimo) cuando el hecho ha sucedido muy poco tiempo antes:
>*Mi trovi per caso: arrivo* (en lugar de: sono arrivato)
>*proprio ora*

El futuro imperfecto (futuro semplice)

El futuro indica una acción o situación que tiene todavía que realizarse o verificarse. Por eso no expresa la realización ya acabada o en acto, sino la previsión, la espera, la esperanza, el presentimiento, el ruego, el consejo, la exhortación, el mandato, la amenaza, la advertencia etc.:
>*Rientrerò al lavoro lunedì prossimo*
>*Non terminerò di leggere questo libro prima di domani*

El futuro imperfecto puede indicar también:

a. aproximación:
>*Saranno le tre*
>*Quella macchina costerà come minimo cinquanta milioni di lire*

b. duda o suposición
> *Dopo un viaggio così lungo, sarai stanco*

c. concesión:
> *Avrà ragione, però poteva controllarsi*

d. perplejidad:
> *Sarà come tu dici, ma io ho dei dubbi*

e. valor de duda exclamativa:
> *Non penserai che ti creda!*

f. mandato imperativo:
> *Farai come dice il medico*

El futuro perfecto (futuro anteriore)

El futuro perfecto (anteriore) es un tiempo compuesto que indica un acontecimiento futuro che resulta ser «anterior» a otro también futuro. Es, por tanto, un tiempo relativo que se usa sobre todo en relación con un futuro imperfecto (semplice) en oraciones subordinadas temporales introducidas a menudo por *dopo che, appena, quando, finché, fino a quando* con valor de anterioridad:
> *Appena avranno avuto il permesso partiranno*
> *Quando sarò tornato da Torino ti telefonerò*
> *Dopo che avrò finito il lavoro andrò al cinema*

Nota: En la lengua hablada y en la escrita de carácter coloquial el futuro perfecto es frecuentemente sustituido por el futuro simple:
> *Quando tornerò da Torino ti telefonerò*

El futuro perfecto (anteriore) como tiempo absoluto (sin relación con otro futuro expreso)

a. en proposiciones en las que se indique o se intuya tiempo

futuro antes del cual se realizará un determinado hecho o acontecimiento:
> *A Natale Mario sarà già tornato dagli Stati Uniti*

b. Con valor modal sustituyendo a un tiempo pasado para expresar duda, posibilidad etc colocadas en el pasado:
> *Ti ricordi Maria? Dove sarà finita?*
> *Saranno state le tre, quando mi ha svegliato un rumore assordante*
> *Era molto vecchio, avrà avuto più di novanta anni*

ATENCIÓN:
Diferencias en el uso del futuro italiano y el español

a. Futuro imperfecto (semplice)

Se usa el futuro imperfecto en italiano y no en español

1. En la prótasis del período hipotético referido al futuro

En italiano se puede usar el futuro o el presente:
> *Se posso, domani vengo a trovarti* (presente)
> *Se potrò, domani verrò a trovarti* (futuro)

En español se usa el presente, pero no el futuro:
> *Si puedo, mañana voy (o iré) a verte*

2. En las oraciones subordinadas temporales referidas al futuro e introducidas por: appena, finché, quando, quanto etc (en español: apenas, hasta que, mientras, cuando, en cuanto etc.)

En italiano se usa el futuro, en español el subjuntivo:
> *Appena potrò mi prenderò una vacanza*
> *Apenas pueda, me tomaré unas vacaciones*
>
> *Finché avrò salute lavorerò*
> *Mientras tenga salud, trabajaré*

3. En la oración introducida por el adverbio forse (quizás, tal vez)

> En italiano se usa el futuro, en español el subjuntivo:
> *Forse domani pioverà*
> *Quizás mañana llueva*

4. En oraciones dependientes de un verbo en futuro, cuando el sujeto es un ordinal o el pronombre relativo **chi** (quien)

> En italiano se usa el futuro o el indicativo, en español el subjuntivo:
> *Il primo che aprirà bocca sarà punito*
> *El primero que hable será castigado*
> *Chi vuole può fare domande*
> *Quien lo desee puede hacer preguntas*

b. Futuro perfecto (anteriore)

Se usa el futuro perfecto en italiano y no en español

1. En las oraciones subordinadas temporales referidas al futuro introducidas por **dopo che** (después que), con las que se quiere indicar una acción futura, pero anterior a otra también futura.

> En italiano se usa el futuro perfecto, en español el presente de subjuntivo:
> *Dopo che **avrò finito** il lavoro andrò al cinema*
> *Después que **termine** el trabajo, iré al cine*

2. En las oraciones que indican probabilidad o aproximación referidas al pasado.

> En italiano se usa el futuro perfecto, en español el potencial simple:
> ***Saranno state** le quattro*
> ***Serían** las cuatro*
>
> ***Avrà avuto** più di novanta anni*
> ***Tendría** más de noventa años*

> Nota: en oraciones concesivas referidas al pasado, en italiano se usa el futuro perfecto, en español se usa normalmente el potencial, pero tampoco se puede excluir el uso del futuro imperfecto:
> ***Avrai avuto** ragione, ma non dovevi arrabbiarti tanto*
> ***Tendrías** razón, pero no debías (deberías) haberte enfadado tanto*
> ***Habrás tenido** razón, pero no deberías enfadarte tanto*

El pretérito imperfecto (imperfetto)

El pretérito imperfecto indica una acción pasada considerada no acabada, en proceso de desarrollo. No determina, por tanto, ni el inicio ni la terminación de la acción, sino sólo su aspecto incompleto en su ejecución o realización. Podemos distinguir:

a. *Imperfecto de simultaneidad:* cuando indica una acción del pasado que se verificava, coincidiendo con otra acción también pasada:

Quando sei arrivata, nevicava

b. *Imperfecto absoluto*: para indicar simplemente la acción no terminada:

La sera il giardino profumava intensamente

c. *Imperfecto descriptivo*: es el tiempo característico de las descripciones, en las que se pueden apreciar la indeterminación y la inconclusión propias del imperfecto:

Era una bella ragazza bionda, aveva i capelli lunghi e vestiva sempre di chiaro

d. *Imperfecto iterativo* o de costumbre: indica una acción que se repetía habitualmente en el pasado:

Quando andavo al liceo mi alzavo sempre molto presto

e. *Imperfecto histórico*: se usa en la narraciones en lugar del

pretérito indefinido con un valor algo más enfático que el del presente histórico. Es habitual en las crónicas de los periódicos:
> *Nel 1968 scoppiava a Parigi la contestazione degli studenti*

f. *Imperfecto desiderativo*: sobre todo en el lenguaje coloquial sustituye al potencial simple o al presente de indicativo cuando se quiere expresar de un modo más educado o amable una petición:
> *Volevo* (en lugar de: *vorrei* o *voglio*) *un chilo di arance*

g. *Imperfecto onírico*: característico de la narración de sueños o fantasías:
> *Camminavo in un tunnel e in fondo vedevo una luce accecante*

Nota: en el lenguaje hablado familiar el imperfecto se usa en lugar del potencial compuesto para expresar un deseo o una eventualidad:

a. con los verbos *dovere, potere, volere*:
> *Volevo* (=avrei voluto) *farlo, ma non sapevo come*

b. con los verbos que expresan necesidad, conveniencia, suficiencia... construidos en forma impersonal (*occorrere, volerci, convenire, bastare...*) y con expresiones impersonales formadas con *essere* + *adjetivo* (essere facile), *sustantivo* (essere tempo) *o adverbio* (essere meglio):
> *Ora ci voleva* (= ci sarebbe voluto) *un bel latte caldo*
> *Certo per te era* (=sarebbe stato) *meglio rimanere*

c. para expresar el «futuro en el pasado»:
> *Ha detto che partiva* (=sarebbe partito) *stamattina*

En el período hipotético que expresa irrealidad el imperfecto sostituye cada vez más al pluscuamperfecto de subjuntivo de la prótasis y al condicional compuesto de la apódosis:
> *Se lo sapevo* (=se lo avessi saputo) *te lo dicevo* (=l'avrei detto).

El pretérito perfecto (passato prossimo)

El pretérito perfecto (passato prossimo) indica un hecho que se acaba de verificar o se ha producido hace poco con relación al momento en que nos hallamos, o bien un hecho, incluso lejano en el tiempo, pero cuyas circunstancias o efectos todavía perduran o tienen, en cierto modo, relación con el presente. Es decir, lo que importa no es tanto el tiempo transcurrido, cuanto el hecho de que la acción sea o no sea sentida en relación con el presente:

Poco fa ho incontrato Franca
Dieci anni fa ho cominciato a collezionare conchiglie (y lo sigo haciendo)

El pretérito perfecto (passato prossimo) se usa también cuando expresa una acción (sea cual sea su duración) que todavía no ha concluido:
Negli ultimi giorni ci sono stati diversi terremoti in India
Negli ultimi due secoli ci sono stati diversi terremoti in India

Como tiempo relativo se usa:
• en relación con un tiempo pasado:
Appena l' ha saputo, mi ha chiamato

• en la lengua coloquial se usa en relación con el presente de indicativo
Quando ho finito ti telefono (formalmente se diría: *quando avrò finito ti telefonerò*)

El pretérito indefinido (passato remoto)

El pretérito indefinido (passato remoto) indica una acción realizada en un tiempo pasado que no guarda relación con el presente.
Expresa el aspecto puntual y no la duración de la acción y, por eso, es el tiempo preferido en las narraciones:
Rividi Marco dopo molti anni

Notas: 1. Hoy, la sustitución del pretérito indefinido (passato remoto) por el pretérito perfecto (passato prossimo), que era propia de las regiones del norte (sobretodo Piamonte, Lombardía y el Véneto) se está generalizando en toda Italia, incluso en el lenguaje de nivel medio-alto y este uso es aceptado como correcto por los gramáticos:
> *Sono andato* (= andai) *a Toledo venti anni fa*

2. Préstese atención a la distinción entre
> *è nato* usado cuando una persona todavía está viva y
> *nacque* cuando la persona ya ha muerto
> *Marta è nata nel 1986*
> *Calvino nacque nel 1923*

El pretérito pluscuamperfecto (trapassato prossimo)

El pretérito pluscuamperfecto (trapassato prossimo) expresa un hecho que es pasado respecto a otro también pasado, que puede estar indicado explícita o implicitamente. La acción se da por ya acabada.
> *Ero già seduto in aereo, quando mi ricordai di non aver chiuso il gas*
> *Avevo cercato a lungo quel libro*

Se trata, por tanto, de un tiempo relativo, que se usa tanto en oraciones principales (indipendenti), como en oraciones subordinadas (dipendenti) en relación con un imperfecto, un pretérito perfecto (passato prossimo) o un pretérito indefinido (passato remoto).

Se usa con las siguientes funciones:

a. *función descriptiva*, parecida a la del imperfecto, indicando acciones que han sido habituales o que se han repetido hasta un cierto momento del pasado:
> *Dopo il temporale era spuntato l'arcobaleno*

b. *función narrativa*,
• para hechos anteriores a otros del pasado con los que, sin embargo, conservan cierta relación (en la realidad, en la imaginación o en sus efectos)
> *Dopo poco tempo che l'aveva conosciuto si sono sposati*

- para hechos realizados antes que otros del pasado y situados en un espacio temporal lejano respecto a ellos:

    Il nonno raccontava sempre episodi di quando era soldato

El pretérito anterior (trapassato remoto)

El pretérito anterior (trapassato remoto) indica que lo que se enuncia es inmediatamente anterior a un tiempo ya pasado y definitivamente concluido con respecto al presente.

Es un tiempo relativo y hoy se halla solamente en oraciones subordinadas temporales que comienzan por *quando, dopo che, appena, non appena* en correlación con el pretérito indefinido (passato remoto)

Appena ebbe finito di mangiare uscì con gli amici

Cada vez se usa menos y es sustituido, sobre todo en la lengua hablada, por el pretérito indefinido

Appena finì di mangiare uscì con gli amici

EL SUBJUNTIVO (CONGIUNTIVO)

El subjutivo (congiuntivo) es el modo de la duda, la posibilidad, la suposición, el deseo, la voluntad... es decir, de la **subjetividad**. Expresa acciones cuya posible realización está supeditada a otra de la cual depende. Todos los tiempos del subjuntivo son, por tanto, relativos y no siempre sus significados temporales se corresponden exactamente con los nombres que llevan.

El uso del subjuntivo en italiano

El subjuntivo se usa tanto en oraciones principales como en oraciones subordinadas.

A.– En las oraciones simples independientes (indipendenti) expresa:

a. *duda o suposición* (congiuntivo dubitativo), sobre todo en frases interrogativas que son introducidas por:

che + uno de los cuatro tiempos del subjuntivo:
Che Marta sia partita davvero?
se o *e se* + imperfecto o pluscuamperfecto de subjuntivo:
E se avesse ragione lui?

b. *deseo, temor, añoranza...* (congiuntivo desiderativo u ottativo)
• se usa el presente cuando la acción es percibida subjetivamente como realizable o, en todo caso, hay voluntad de realizarla en quien habla o escribe. Puede ir o no ir precedido de: *almeno, così, oh, voglia il cielo che...*
La pace sia con voi
Che tu possa essere felice!
• se usa el imperfecto cuando se piensa que la acción tiene poca probabilidad de ser realizada o cuando se teme que un hecho no deseado se realice. Puede ir o no ir precedido de: *almeno, così, magari, oh, se, volesse il cielo che...*
Almeno riuscissi a convincerti
Magari potessi fare quel viaggio!
• se usa il pluscuamperfecto (trapassato) para expresar un sentimiento de pesar, de nostalgia, de reproche, de temor etc. por una acción que era posible en el pasado, pero que ya no lo es en el momento en que se habla o escribe. Puede también expresar estos mismos sentimientos ante hechos que quien habla o escribe no sabe si se han realizado o no. Puede ir o no ir precedido de: *almeno, magari, oh, se, così*
Magari avessi vinto il concorso!
Ah, se avessi ascoltato i tuoi consigli!

c. *una exhortación, una invitación, un mandato* (congiuntivo esortativo)
En este caso sustituye al imperativo en las terceras personas del singular y del plural.
Mi faccia il piacere di ascoltarmi
Siamo seri!

d. *una concesión* (congiuntivo concessivo)
Sebbene la situazione fosse grave, non perdemmo la calma

Frecuentemente va acompañado por el adverbio *pure* y puede expresar sea una forma de cortesía, sea un cierta ironía:
Si accomodi pure

B.– *En las oraciones subordinadas*

El subjuntivo se usa:

a. en una parte de las oraciones que dependen de verbos que expresan *duda, incertidumbre, deseo, pregunta, esperanza, voluntad* ...
Credo che Marta sia partita
Speriamo che il tempo migliori

b. detrás de verbos de afirmación, declaración, aseveración etc. cuando van expresados en forma negativa o interrogativa negativa:
Non affermo che sia colpevole

c. en las oraciones interrogativas indirectas dubitativas:
Non so cosa abbia detto

d. en las oraciones finales:
Lavoro molto perché ai miei figli non manchi niente

e. en las oraciones concesivas, precedidas de *benché, sebbene, quantunque, nonostante, malgrado, per quanto, ammesso che, per* + adjetivo +*che:*
Sebbene sia tardi, non ho sonno.
Per gravi che siano i tuoi problemi, non devi abbatterti

f. en las oraciones condicionales que expresan posibilidad o irrealidad:
Se il tempo migliorasse, partirei
Se avesse piovuto, non sarei uscito
Se suo padre fosse ancora vivo, non approverebbe il suo comportamento

g. en las oraciones condicionales que van precedidas de *purché, a patto che, a condizione che, nel caso che, sempre che:*

> *Ti accompagnerò in centro, purché non ti trattenga troppo*

h. después de expresiones impersonales como *bisogna che, è meglio che, è necessario che, può darsi che...*:
> *È meglio che lei non lo sappia*

i. con los adjetivos y los pronombres indefinidos *qualunque, chiunque*
> *Non gli crederò, qualunque cosa dica*

j. con los adverbios relativos *comunque, dovunque*:
> *Comunque vadano le cose, ti sarò grato*

k. detrás de pronombres relativos precedidos de un comparativo o de un superlativo:
> *È la ragazza più intelligente che abbia mai conosciuto*

Los tiempos del subjuntivo italiano

El subjuntivo italiano, diversamente del español, tiene sólo cuatro tiempos: *presente, imperfecto, pretérito perfecto (passato), pretérito pluscuamperfecto (trapassato)*

El presente

El presente de subjutivo se usa para expresar una duda, una hipótesis etc. que son consideradas como posibles en el momento en que se habla o escribe:
> *Che Paolo sia malato?*

En las oraciones subordinadas se usa para expresar la contemporaneidad de la acción que depende de un presente o de un futuro:
> *Credo che tu abbia ragione*
> *Penseranno che tu stia sbagliando*

Dado que en italiano no existe el futuro de subjuntivo, el presente asume las funciones del futuro y, por tanto, además de la contemporaneidad puede indicar la posterioridad de una acción:

> *Spero che tu stia bene* (contemporaneidad)
> *Spero che tu arrivi domani* (posterioridad)

El imperfecto

El imperfecto de subjuntivo expresa un deseo, una esperanza, un augurio etc. que es imposible que llegue a realizarse, o se teme que no se realice, o es sólo hipotéticamente posible en el futuro:

> *Potessi avere di nuovo vent'anni!*
> *Magari trovassi un lavoro!*

O expresa una duda referida a un hecho anterior:
> *Che fosse sincero?*

En las oraciones subordinadas

• el imperfecto de subjuntivo expresa la contemporaneidad o las posterioridad en relación al tiempo presente o pasado de la principal:

> *Non sapevo che Marco fosse tuo cugino*

• se usa el imperfecto de subjuntivo para expresar una acción contemporánea o futura con relación al verbo de la principal que es un potencial, simple o compuesto:

> *Sarebbe giusto che ti restituisse quei soldi*
> *Avrei desiderato che tu mi accompagnassi in questo viaggio*

• se usa también en la prótasis del período hipotético posible o irreal:

> *Se mi decidessi a partire, ti avviserei subito* (posibilidad)
> *Se lo sapessi, te lo direi* (irrealidad)

El pretérito perfecto (passato)

El pretérito perfecto (passato) de subjuntivo indica una duda o una posibilidad referidas al pasado, expresadas casi siempre en forma de preguntas directas o indirectas:

> *Mario non è venuto alla riunione: che se ne sia dimenticato?*

En las oraciones subordinadas el pretérito perfecto expresa la anterioridad de una acción con respecto al presente o al futuro de la principal:

Credo che Marco abbia esagerato
Il professore crederà che tu non abbia studiato

El pretérito pluscuamperfecto (trapassato)

El pretérito pluscuamperfecto (trapassato) de subjuntivo se usa para expresar una posibilidad o un deseo referidos al pasado y que no se han realizado:

Avessi previsto la sua reazione!
Almeno fossi stato più attento!

En las oraciones subordinadas expresa la anterioridad con respecto a un tiempo pasado de la principal:

Credevo che l'avessi comprato tu

Se usa también en oraciones subordinadas que dependen de una principal cuyo verbo está en potencial simple o compuesto para expresar una acción que se había podido verificar en el pasado, pero que de hecho no se ha verificado:

Vorrei che avessi approvato la mia scelta
Avrei voluto che avessi approvato la mia scelta

Se usa, además, en la prótasis del período hipotético de la irrealidad en el pasado:

Se avessi intuito il tuo problema ti avrei aiutato

ATENCIÓN:
Diferencias en el uso del subjuntivo (congiuntivo) en italiano y en español

Notas importantes: 1. El subjuntivo es un modo para expresar la subjetividad. Por tanto su uso depende, tanto en italiano como en español, de la intencionalidad del sujeto, que mediante el uso de este modo puede expresar matices subjetivos muy difíciles de codificar gramaticalmente. De ahí que resulte problemática la comparación no sólo en las dos lenguas, sino también en el uso que hacen los hablantes dentro de su propia lengua.

2. En italiano, como ya sucedía antes en español, el uso del subjuntivo se va reduciendo cada vez más y, por eso, hoy su uso en una y otra lengua se está cada vez pareciendo más.

Lo que se dice aquí tiene, por tanto, un valor indicativo del uso preferencial en una u otra lengua, pero son muy pocos los casos en los que las dos lenguas no puedan tener usos parecidos.

Se usa el subjuntivo en italiano y no en español

1. En frases que indican dudas o suposición

En italiano se usa el subjuntivo, en español el futuro de indicativo
> *Maria non è venuta: che **sia** malata?*
> *María no ha venido ¿**estará** enferma?*

2. En oraciones subordinadas

En las dos lenguas se puede usar tanto el subjuntivo como el indicativo, pero el italiano clásico se inclinaba por el subjuntivo y el español por indicativo:
> *Penso che lui **abbia** ragione*
> *Pienso que él **tiene** razón*

3. En las interrogativas indirectas

En italiano se prefiere el subjuntivo, en español el indicativo:
> *Non so se **abbia** ragione*
> *No sé si **tienes** razón*

4. En aquellas proposiciones que expresan una opinión, un rumor, una incertidumbre

En italiano se prefiere el subjuntivo, en español el indicativo:
> *Pare che ci **sia** (c'è) un' epidemia di influenza*
> *Parece que **hay** (haya) una epidemia de gripe*

5. En ciertas modalidades de la comparación, como:

a. En el superlativo relativo cuando el segundo término es toda una oración

En italiano se usa el subjutivo, en español el indicativo:
> *È il libro più interessante che **abbia** mai letto*
> *Es el libro más interesante que **he leído** (haya leído)*

b. En las comparativas cuyo segundo término de la comparación es introducido por *più di quanto, più di quello, meglio di quanto, meno di quello* etc. que corresponden en español a *más de lo que, menos de lo que, mejor de lo que* etc.

En italiano se usa el subjuntivo (aunque no excluye el uso del indicativo), en español el indicativo:
> *Questo libro è più interessante di quanto **credessi** (credevo)*
> *Este libro es más interesante de lo que **creía***

Nota: cuando se invierte el orden normal de las proposiciones en ambas lenguas se usa el subjuntivo
> *Che l'inflazione **sia scesa** non è sicuro*
> *Que **haya** bajado la inflacción, no es seguro*

Se usa el subjuntivo en español y no en italiano

1. En la segunda persona del imperativo negativo

En italiano se usa el infinitivo, en español el subjuntivo
> *Non **dire** niente*
> *No **digas** nada*

2. En las oraciones desiderativas en las que se quiere atenuar el deseo por cortesía

a. En italiano se usa el potencial simple, en español se usa preferentemente el imperfecto de subjuntivo, pero también el potencial:

Vorrei un cappotto rosso
Quisiera (querría) un abrigo rojo

b. Se puede usar en ambas lenguas el imperfecto de indicativo:

Volevo un cappotto rosso
Quería un abrigo rojo

3. En muchas expresiones exclamativo-desiderativas en italiano se prefiere o bien la construcción *adjetivo + sustantivo,* o bien el imperativo, mientras que en español se prefiere *que + subjuntivo*:

Buon divertimento! o Divertiti! = ¡Que te diviertas!
Buona fortuna! = ¡Que te vaya bien! o ¡Buena suerte!
Stammi bene! = ¡Que sigas bien!

4. En oraciones que expresan duda dependiendo de *forse* (quizás, tal vez, acaso) en italiano **nunca** se usa el subjuntivo, mientras que en español sí se puede usar:

*Forse **possono** aiutarti*
*Tal vez te **puedan** ayudar*
*Forse lui **sa** qualcosa*
*Acaso él **sepa** algo*

5. En oraciones temporales después de *quando, dopo, appena* = cuando, después que, apenas etc. referidas a un futuro

En italiano se usa el futuro, en español el subjutivo:
*Quando **avrò** i soldi, comprerò la macchina*
*Cuando **tenga** dinero, compraré el coche*

6. En las oraciones condicionales introducidas en español por *como* equivalente en italiano, en este caso, a *se non*

En italiano se usa el indicativo (presente o futuro), en español el subjuntivo:

> *Se non **smetterai** o **smetti** di fumare, finirai male*
> *Como no **dejes** de fumar, terminarás mal*

7. En las subordinadas de relativo con un antecedente no preciso

En italiano se usa sólo el indicativo (presente o futuro), en español se usa el subjuntivo:

> *Chi **vuole** può uscire = Quien **quiera** puede salir*
> *Pensa ciò che **vuoi** = Piensa lo que **quieras***
> *Ognuno pensi ciò che **vuole** = Cada uno piense lo que **quiera***

8. Algunas oraciones subordinadas adverbiales se construyen en italiano con *come, dove, quando, finché, più che, meglio che* + **indicativo**, mientras que en español lo hacen con *como, donde, cuando, hasta que, lo más que, lo mejor que* + **subjuntivo**

> *Parti quando **vuoi***
> *Márchate cuando **quieras***
> *Puoi rimanere finché **vorrai***
> *Puedes quedarte hasta que **quieras***

9. En oraciones subordinadas que dependen de verbos de petición, exhortación, orden, prohibición

En italiano se forman con *di* + *infinitivo*, en español con subjuntivo o en algunos casos con infinitivo sin preposición:

> *Ti prego **di lasciarmi** solo*
> *Te pido que me **dejes** solo*
> *Mi consigliò **di dirglielo***
> *Me aconsejó que se lo **dijera** = me aconsejó **decírselo***

10. En oraciones de relativo cuyo antecedente es un ordinal o el adjetivo *último*
>   *Chi **entrerà** per ultimo, chiuda la porta*
>   *El último que **entre** que cierre la puerta*
>   *Chi **arriverà** per primo accenda la luce*
>   *El que **llegue** primero, que encienda la luz*

11. No es tan frecuente en italiano como en español el duplicar el subjuntivo. En italiano se prefiere en estos casos poner un indefinido seguido de un solo subjuntivo:
>   ***Ovunque** tu vada ti troverò*
>   ***Vayas** donde **vayas** te encontraré*

EL POTENCIAL (IL CONDIZIONALE)

El potencial (condizionale) indica hechos, acciones, o modos de ser en los que prevalece el aspecto de la posibilidad o de la probabilidad, normalmente dependientes del cumplimiento de una condición explícita o implícita (de ahí su nombre en italiano).
>   *Comprerei un appartamento, se avessi i soldi*

Es el tiempo de la eventualidad, de la condición, del deseo, de las formas de cortesía

Usado como oración simple puede expresar:
- una opinión: *Mi sembrerebbe meglio non dirglielo*
- una duda: *Che libro potrei leggere?*
- un deseo: *Vorrei bere qualcosa*
- una suposición: *Il vincitore sarebbe un vecchio pensionato*
- una eventualidad, generalmente desagradable, presentada con un sentido de incredulidad, estupor o disgusto:
>   *Ma allora sarebbe stata Maria a raccontare a tutti il tuo segreto?*
- se usa como forma de cortesia para expresar una petición, un mandato, un consejo, una opinión... de un modo suave y atenuado:
>   *Mi aiuteresti?*

Dovresti lavorare di più!
Mi parrebbe corretto dirlo anche a lei.

Tiempos del potencial:

El potencial en italiano, como en español, tiene dos tiempos: el potencial simple (condizionale presente) y el potencial compuesto (condizionale passato).

El potencial simple (condizionale presente)

El potencial simple expresa una eventualidad, un deseo, un mandato, un consejo, una opinión que se pueden realizar en el presente o en el futuro.

Además de los usos ya indicados, se usa también en la apódosis de un período hipotético para expresar un acontecimiento que se podría verificar en el presente si se verifica (o se ha verificado ya) otro acontecimiento:

Se studiassi di più, prenderesti dei voti migliori
Se stessi calmo, potremmo ragionare

Se usa en algunas locuciones para expresar reproche, contrariedad, estupor o sorpresa:

E questa sarebbe una pizza?
Come sarebbe a dire?
E questa pallina di pelo sarebbe un cane?

El potencial compuesto (condizionale passato)

Se usa:

• como el simple, también el potencial compuesto se usa para expresar una duda, una opinión personal o una suposición, pero referidas al pasado:

Non so chi avrebbe potuto aiutarmi
Avresti dovuto dirglielo subito
A quanto pare, il ladro avrebbe studiato a lungo le abitudini dei proprietari dell'appartamento

• en la apódosis del período hipotético para expresar una eventualidad, una suposición, un deseo, una orden, un consejo, una opinión, un acontecimiento, que se habría verificado en el pasado si entonces se hubiera cumplido una determinada condición, pero que ya son imposibles de realizar:

Se mi fossi alzato più presto ora avrei finito il lavoro
Se avessi studiato di più, avrei avuto dei voti migliori
Se fossi stato calmo, avremmo potuto ragionare

• una acción futura con respecto a un momento del pasado:
Mi aveva detto che sarebbe andato a Roma
Era evidente che sarebbe finita male
Assicurarono che ci avrebbero aiutato

• Frecuentemente en esos casos, dependiendo de verbos que expresan esperanza, previsión, temor, promesa etc. el potencial compuesto se usa en lugar del imperfecto de subjuntivo: la diferencia entre las dos construcciones consiste en el tiempo en que se sitúan las dos acciones. El tiempo del potencial se refiere a un momento futuro con respecto al tiempo del verbo que rige la frase:

Speravo che mi capissi almeno tu (contemporaneidad)
Speravo che mi avresti capito almeno tu (posterioridad)

ATENCIÓN:
Diferencias en el uso del potencial (condizionale) en italiano y en español

Se usa el potencial simple en español y no en italiano
1. En oraciones que expresan una acción futura en relación a un momento del pasado
   En italiano se usa el potencial compuesto, en español el potencial simple o una perífrasis:
   *Sapevo che **saresti tornato***
   *Sabía que **volverías** o Sabía que **ibas a volver***

2. En oraciones concesivas
   En italiano se usa el futuro perfecto, en español el potencial simple:

> *Sarà stato intelligente, ma non lo sembrava*
> *Sería listo, pero no lo parecía*

3. Con valor de aproximación en el tiempo pasado

En italiano se usa el futuro perfecto, en español el potencial simple:

> *Saranno state le quattro quando ho sentito una forte esplosione*
> *Serían las cuatro, cuando oí una fuerte explosión*

Se usa el potencial compuesto en italiano y no en español

Para expresar una acción que habría sido posible en un futuro, pero que se sabe ya que no se realizará, en italiano se usa el potencial compuesto, en español el pluscuamperfecto de subjuntivo o el potencial simple:

*Non puoi venire in discoteca con noi? Peccato, ci **saremmo divertiti** molto*

*¿No puedes venir a la discoteca con nosotros? Lástima, nos **hubieramos divertido** mucho o nos **divertiríamos** mucho*

Nota: Frecuentemente se dice que se usa el potencial en italiano y no en español: en las suposiciones; en el caso de querer atenuar una negación; y en locuciones interrogativas referidas al presente, cuando expresan reproche, contrariedad, estupor etc. , pero, aunque en estos casos el italiano prefiera el potencial y el español el indicativo, se puede encontrar también el potencial en español:

1. En las suposiciones.

> *A quanto si dice, il vincitore **sarebbe** un vecchio pensionato*
> *Según se dice, el agraciado **es** (o **sería**) un viejo jubilado*

2. Para atenuar una negación

> *Pensi che pioverà? Non **sembrerebbe***

> *¿Piensas que lloverá? No **parece** (parecería) o yo **diría** que no*
>
> 3. En las locuciones interrogativas referidas al presente que expresan reproche, contrariedad o estupor.
> *E questo **sarebbe** una pizza?*
> *¿Y esto **es** (sería) una pizza?*
> *E questa pallina di pelo sarebbe un cane?*
> *¿Y esta bolita de pelo **es** (sería) un perro?*

EL IMPERATIVO

Es el modo del mandato, de la exhortación, de la prohibición, de la sugerencia, de la invitación, del ruego etc:
Venite, fate presto
Aiutami!

El imperativo tiene sólo un tiempo, el presente. Posee sólo las formas de las segundas personas (singular y plural). Tan sólo la segunda persona del singular de los verbos de la primera conjugación es una forma propia. Para completar las otras personas se usan las correspondientes formas del presente de subjuntivo:

....
parla	tu
parli	egli
parliamo	noi
parlate	voi
parlino	essi

El imperativo negativo

La prohibición se expresa en la segunda persona del singular con el adverbio *NON* seguido de infinitivo. Para las otras personas se usan las formas del imperativo o del subjuntivo precedidas del adverbio *non:*

Non parlare
Non parli!
Non parliamo!
Non parlate!
Non parlino!

El futuro de indicativo como sustituto del imperativo

Un mandato, una orden o una exhortación están siempre referidos al futuro. De ahí que, a veces, en lugar del imperativo se use el futuro de indicativo para expresar un mandato destinado a ser ejecutado a distancia de tiempo o una orden que se debe obedecer no sólo inmediatamente, sino siempre:

Resterai nella tua stanza finché non ti chiamerò
Sarai a casa alle 10 in punto!

El infinitivo como sustituto del imperativo

Para expresar una orden o dar una instrucción (por ejemplo en las normas de uso de productos o de aparatos) se usa el infinitivo que funciona como un imperativo impersonal:

Scattare!
Chiudere la porta
Agitare il flacone prima dell' uso

LAS FORMAS NO PERSONALES DEL VERBO (modi indefiniti)

Los modos no personales se caracterizan porque no indican nunca ni la persona ni el número. Además, por las funciones que desarrollan están muy cercanos al nombre, por eso se suelen llamar *nombres verbales* o *formas nominales del verbo*.

EL INFINITIVO (infinito)

El infinitivo es el modo no personal por excelencia y expresa el significado simple del verbo, es decir, expresa únicamente el suceso, la acción, el hecho o la situación indicados por el verbo: *parlare, correre, dormire*

Tiene dos tiempos: el simple (presente):   *amare, partire*
　　　　　　　　　　el compuesto (passato): *avere amato,*
　　　　　　　　　　　　　　　　　　　　　　essere partito

El infinitivo, como los demás modos no personales, es a la vez una forma verbal y una forma nominal, y, por tanto, puede ser usado en función de verbo y de sustantivo.

El infinitivo en función de verbo

Se usa:

• En las oraciones dependientes implícitas. En ellas el infinitivo *simple* expresa una acción contemporánea o posterior a la de la oración principal:

> *Credo di sapere quello che vuoi* (credo che io so quello che vuoi)
> *Spero di ritornare presto* (spero che io ritornerò presto)

El infinitivo compuesto, en cambio, indica una acción anterior a la de la principal:

> *Penso di aver sbagliato*

• En las oraciones independientes, el infinitivo se usa:
　• Para expresar un mandato, dar una orden o una instrucción, sustituyendo en este caso al imperativo:

> *Agitare il flacone prima dell' uso*

　• Para expresar una orden negativa o una prohibición:

> *Non parlare!*

　• En frases interrogativas y exclamativas cargadas de afectividad, para expresar una duda, un deseo, una reflexión, una sorpresa:

> *Che fare?*

• En las narraciones, el infinitivo, precedido del adverbio *ecco* o de la preposición *a* puede sustituir al modo personal, cuando se quiere poner de relieve un hecho o una acción, dando así a la narración una mayor viveza:

> *All' improvviso ecco apparire un uomo...*
> *Le ho spiegato che non potevo, ma lei a insistere!*

El infinitivo en función de sustantivo

El infinitivo (especialmente el infinitivo simple y, más raramente, el compuesto) en función de sustantivo puede usarse como:
    sujeto: *Lavorare stanca*
    complemento directo: *Amo passeggiare*
    otro complemento: *È l'ora di tornare*

Como cualquier otro sustantivo, puede ir precedido del artículo o de una preposición:
    Il potere; il bere; capace di comprendere

Son muy pocos los que son usados en plural:
    Gli esseri; i poteri; i doveri, i piaceri

En estos casos se trata de infinitivos que han adquirido ya la categoría de nombres y, por tanto, pueden tener un atributo y admiten, a veces, el diminutivo:
    Devi fare il tuo dovere
    Quell' esserino piangeva a dirotto

Sin embargo, los infinitivos usados en función de sustantivos conservan siempre su valor verbal, como lo demuestra el hecho que pueden llevar complemento directo (mientras que los sustantivos correspondientes son determinados por un complemento de especificación) y pueden ser modificados por un adverbio:
    Il desiderare la roba degli altri (pero: *Il desiderio della roba d'altri*)
    Bere troppo è dannoso

ATENCIÓN:
Diferencias en el uso del infinitivo (infinito) en italiano y en español

Se usa el infinitivo en italiano y no en español

1. En las perífrasis de continuidad

    En italiano se usa el infinitivo, en español el gerundio:
    *Continua a **piovere***

*Continúa **lloviendo**
Perché stai a **guardare** quei due?
¿Por qué te quedas **mirando** a aquellos dos?*

2. En oraciones que dependen de verbos como credere (creer), immaginare (imaginar), sapere (saber), sembrare (parecer), scoprire (descubrir) etc. si la oración principal y la subordinada tienen el mismo sujeto

En italiano se usa el infinitivo, en español el pretérito imperfecto o el pluscuanperfecto de indicativo:
*Mi sembrava di **avere** la febbre
Me parecía que **tenía** fiebre
Credevo di **essere** arrivato tardi
Creía que **había llegado** tarde*

3. Con verbos de ruego, orden, mandato etc. cuando la oración principal y la subordinada tienen el mismo sujeto

En italiano se usa el infinitivo, en español se puede usar también el subjuntivo:
*Ti ordino di **uscire** da questa stanza
Te mando que **salgas** de esta habitación o te mando **salir** ...*

4. En la segunda persona singular del imperativo negativo

En italiano se usa el infinitivo, en español el subjuntivo
*Non lo **fare** mai più
No lo **hagas** nunca más*

5. Sustituyendo a una oración de relativo, cuando un sujeto es puesto en evidencia mediante una expresión compuesta por el verbo *essere* + *a*

En italiano se usa el infinitivo, en español una oración de relativo:
*È stato il bambino a **rompere** il telefono
Ha sido el niño **el que ha roto** el teléfono*

Se usa el infinitivo en español y no en italiano

1. En las locuciones que indican anterioridad o posterioridad con respecto a las comidas del día

En italiano se usa con preferecia el sustantivo (pero se puede usar también el infinitivo compuesto o simple), en español el infinitivo:

*Dopo **colazione** (dopo aver fatto colazione). Después de desayunar*

*Prima di **pranzo** (prima di mangiare). Antes de comer*

*Dopo **cena** (dopo aver cenato). Después de cenar*

2. En las perífrasis que expresan una terminación muy próxima, como *acabar de, terminar de* etc.

En italiano se usa una construcción con verbo personal, en español el infinitivo:

*Sono appena **arrivato** dal lavoro*
*Acabo de **llegar** del trabajo*
*Maria aveva appena **comprato** un vestito*
*María acababa de **comprar** un vestido*

4. En la prótasis de las oraciones condicionales de imposibilidad o irrealidad

En italiano se usa el plucuamperfecto de subjuntivo o el imperfecto de indicativo, en español se puede usar también el infinitivo compuesto:

*Se lo **avessi saputo** glielo avrei detto o se lo **sapevo** glielo dicevo*
*Si lo **hubiera sabido**, se lo hubiera (habría) dicho o de **haberlo sabido**...*

Se usa el infinitivo compuesto en italiano y en español se puede usar el simple

Cuando la acción indicada por el infinitivo es anterior a la expresada en el verbo principal:

> *Dopo **aver riattaccato** il telefono si mise a piangere*
> *Despues de **colgar** el teléfono, se puso a llorar*
>
> ***Per averti difeso** mi sono procurato dei guai*
> *Por **defenderte** (o **haberte defendido**) me he creado problemas*

EL GERUNDIO

El gerundio indica las modalidades según las cuales se realiza otra acción, es decir, expresa un hecho poniéndolo en relación de causa, tiempo, modo, medio etc. con el hecho expresado por el verbo de la oración principal de la cual depende. Se usa, por eso, sólo en proposiciones dependientes implícitas y tiene siempre una función circunstancial de:

causa:	*Essendo ammalato, non potè venire*	(porque...)
tiempo:	*Scendendo le scale sono caduto*	(cuando...)
modo:	*Il medico arrivò correndo*	(como...)
medio:	*Sbagliando si impara*	(con...)
condición:	*Stando attento capirai la spiegazione*	(si...)
concesión:	*Pur comprendendo la tua posizione, non posso darti ragione*	(aunque...)

El sujeto del gerundio

El gerundio no tiene desinencia para indicar cuál es el sujeto que cumple su acción, pero teniendo en cuenta el sujeto son posibles dos tipos de construcción:

      Gerundio *relativo* (congiunto): cuando el gerundio tiene relación gramatical con el verbo de la oración principal.

      Gerundio *absoluto* (assoluto): cuando el gerundio no tiene relación gramatical con el verbo de la oración principal.

En el caso del gerundio relativo (congiunto) su sujeto es el mismo del verbo principal:

> *Andando (yo) in centro (yo) ho incontrato Maria*
> *Essendo molto ammalata (María), Maria non può andare in vacanza*

En el caso del gerundio absoluto (assoluto) el sujeto es otra cosa o persona distinta del sujeto del verbo de la principal, por eso en este caso es necesario expresarlo explícitamente, pues de lo contrario el sujeto del verbo de la principal sería automáticamente sujeto también del gerundio y la frase tendría un significado completamente distinto:

> *Essendo sua madre molto ammalata, Maria non può andare in vacanza*

Notas: 1. Actualmente se prefiere sustituir el gerundio assoluto por una proposición subordinada explícita con el verbo en modo personal:

> *Poiché sua madre è molto ammalata, Maria non può andare in vacanza*

2. Cuando se trata de proposiciones impersonales el gerundio absoluto hace referencia a un sujeto lógico, que no se explicita:

> *L' appetito vien mangiando*
> *Sbagliando s'impara*

Tiempos del gerundio

El gerundio tiene dos tiempos:

Simple (gerundio presente): expresa contemporaneidad entre la acción del gerundio y la de la principal:

> | *Il bambino* | *protesta* | *piangendo* |
> | *Il bambino* | *protestava* | *piangendo* |
> | *Il bambino* | *protesterà* | *piangendo* |

El gerundio simple entra en la formación de proposiciones perifrásticas:

Stare + gerundio: Expresa una acción en desarrollo, con valor durativo:
Sto aspettando

Andare + gerundio: Expresa una acción en desarrollo, con valor progresivo:
Il malato va migliorando
En estos casos no se puede usar el gerundio con tiempos pasados, excepto el imperfecto, ni se puede poner en pasiva.

Compuesto (gerundio passato): expresa una acción anterior a la del verbo principal:
Avendo terminato gli studi, comincerò a cercare lavoro

Se usa para expresar valor:
causal: *Essendo in ritardo, ho perso il treno* (porque...)
temporal: *Avendo raggiunto la maggiore età, potrai votare* (cuando...)
concesiva: *Pur avendo sbagliato, non sarai rimproverato* (aunque...)

Nota: conviene recordar que los valores, además de aquel que se deduce del contexto de la frase, tienen frecuentemente matices compuestos, por ejemplo se puede tener un valor temporal – causal, o modal – instrumental etc.

El gerundio es una forma invariable, pero en las formas compuestas con el auxiliar essere y en la pasiva el participio pasivo asume las desinencias de género y de número:
Essendo rimasti a Salamanca, non siamo potuti andare all' appuntamento
Essendo stata giudicata idonea, sarà assunta come cuoca

Uso del gerundio

El gerundio en italiano se usa menos que en castellano; sobre todo el gerundio compuesto se usa muy poco y, en su lugar, se prefieren oraciones con verbo en forma personal o construcciones con participio presente.

Con respecto al español:

a. Después de los verbos *continuare* (continuar) y

seguire (seguir), no se usa nunca el gerundio, sino el infinitivo precedido de la preposición a:

> *Continua a volermi molto bene*: continúa queriéndome mucho
>
> *Seguita a piovere*: sigue lloviendo

b. Tampoco se usa el gerundio detrás de los verbos de percepción, de comprensión o de representación, como *vedere* (ver), *distinguere* (distinguir), *trovare* (encontrar), *dipingere* (pintar), *incidere* (grabar), sino el indicativo precedido de la conjunción che o el infinitivo:

> *Lo vedemmo che correva come un pazzo*: lo vimos corriendo como un loco
>
> *Lo vedemmo correre come un pazzo*: lo vimos correr como un loco
>
> *Dipinsi un bambino che mangiava*: pinté a un niño comiendo

c. Cuando se habla de dos acciones próximas en el tiempo, pero anteriores la una a la otra, tampoco se puede usar el gerundio:

> *Detto ciò si mise a piangere*: diciendo esto se echó a llorar
>
> *Appena avremo finito di mangiare, usciremo*: en acabando de comer, saldremos.

d. Tampoco se usa en los títulos o leyendas de fotografías o ilustraciones:

> *Donna che danza*: mujer danzando
>
> *Generale che arringa i soldati*: general arengando a los soldados

e. En muchos casos los italianos prefieren emplear el participio presente:

> *Acqua bollente*: agua hirviendo.

f. Dos gerundios tampoco pueden usarse juntos en italiano:

> *Mentre io scrivo...*: estando yo escribiendo

> *Seguitando a parlare così, resterai senza voce*: siguiendo hablando así, te quedarás sin voz.
>
> g. Muchas expresiones que en español llevan gerundio, no lo llevan en italiano: *me estoy durmiendo: sto per addormentarmi; se está muriendo: è vicino alla morte*.

EL PARTICIPIO

El participio se llama así, porque «participa» de las caracteristicas del verbo y de las del adjetivo. Como verbo, expresa una acción o un modo de ser; como adjetivo, funciona como atributo de un nombre, con el cual concuerda en género y número, puede poseer los grados de comparación y puede ser sustantivado.

El participio tiene dos tiempos: el presente y el pasivo (passato).

El participio presente

El participio presente tiene siempre valor activo y es usado, sobre todo, como adjetivo y, por tanto, como atributo de un nombre:

Ho visto un film molto divertente, divertentissimo

En función de verbo el participio presente concuerda con el sujeto en número, no en género; se usa raramente y de ordinario es sustituido por el gerundio o por una oración de relativo. Se puede encontrar en los textos literarios y en el lenguaje burocrático:

Addio monti sorgenti dall' acqua...
Gli aventi diritto possono chiedere la pensione integrativa

Muchos participios presentes se han convertido en
- adjetivos: *ubbidiente, abbondante, eloquente, arrogante, negligente...*

- sustantivos: *studente, abitante, insegnante, presidente, paziente...*

El participio pasivo (passato)

El participio pasivo funciona sea como adjetivo, sea como verbo.

Como adjetivo, es atributo del nombre al que acompaña y concuerda con él en género y número; y puede ser sustantivado:
Quei ragazzi sono molto preparati

Como verbo, el participio pasivo puede ser activo (en los verbos intransitivos: *andato* = que ha ido) y pasivo (en los verbos transitivos: *amato* = que ha sido amado).

Por lo que respecta al tiempo, indica no sólo la acción anterior, sino también el estado.

Unido a un sustantivo o a un pronombre, se convierte en el centro de varias proposiciones dependientes implícitas con valor *temporal, causal, concesivo o relativo*, que expresan una acción o un hecho anterior a los expresados en la oración principal. Para entender la variedad, hay que considerar que la relación del participio con la oración principal que lo rige y su sujeto se pueden articular de dos modos diversos:

• *Participio pasivo relativo* (congiunto): cuando el sujeto implícito del participio se identifica con el sujeto de la oración principal, con el cual el participio está unido (congiunto) y con el cual concuerda gramaticalmente:
Spinti dalla fame, i lupi scesero a valle
Separata dai suoi gattini, la gatta ha miagolato tutta la notte

• *Participio pasivo absoluto* (assoluto): cuando la oración implícita, formada por el participio, puede separarse de la relación gramatical con la principal y entonces el participio se desliga del sujeto de la oración principal y concuerda con otro elemento de dicha oración:
Superato l'esame, i ragazzi si presero qualche giorno di vacanza

Unido a los verbos auxiliares *avere* y *essere* sirve para formar los tiempos compuestos de todos los verbos: *ho amato, eravamo saliti...*

Junto con el verbo *essere* sirve para construir la forma pasiva:
Tu sei stato amato dai tuoi genitori
Il ragazzo è stato rimproverato dal professore

Concordancia del participio pasivo (passato)

Cuando el participio acompaña al verbo auxiliar *essere* concuerda con el sujeto en género y número:
Il presidente è stato eletto all' unanimità
I miei cugini sono partiti ieri

Cuando acompaña al verbo auxiliar *avere* el participio permanece invariable:
Francesco ha comprato due libri d' informatica
Maria ha comprato una casa in campagna

Nota: 1. Cuando el complemento directo precede al participio puede concordar con él, aunque la forma invariable es la más frecuente:
Mi piacerebbe visitare la casa che Maria ha acquistato (a)
Mi dai la rivista che hai comprato(a) oggi?

2. La concordancia es obligatoria cuando el complemento directo que precede es uno de los pronombres personales: *lo, la, li, le*; es facultativo si los pronombres personales son *mi, ti, ci, vi* y también con el relativo *che*
Io li ho visitati la settimana scorsa

3. Con los verbos reflexivos aparentes y con los verbos pronominales seguidos de un complemento directo, la concordancia del participio en género y número puede hacerse sea con el sujeto, sea, preferiblemente, con el complemento directo:
Lorenzo accendendo una sigaretta si è bruciata (o) una mano

4. Cuando el complemento va representado por el pronombre *ne:*
• Si es de especificación, el participio no concuerda con el complemento directo:

Paolo mi ha parlato di Maria e me ne ha detto molto bene

• Si es partitivo, concuerda con el complemento directo o bien con el sustantivo, adjetivo o adverbio cuantificador presente en la frase:

Hai mangiato qualche cioccolatino? Sì, ne ho mangiati tre
Hai mangiato qualche caramella? Sì, ne ho mangiate tre
Hai finito di leggere il libro chi ti hanno regalato? No, ne ho letta (letto) solo la metà

V. CLASES DE VERBOS

Verbos predicativos y verbos copulativos

Según su significado y su función en la frase los verbos pueden ser:

Predicativos: aquellos que tienen un significado completo y pueden ser usados solos, porque expresan por sí mismos el predicado.

Copulativos: aquellos que sirven para unir un sujeto y un predicado.

El verbo copulativo por excelencia en italiano es el verbo *essere*. Pero hay otros muchos verbos que pueden realizar también la función de cópula y ser usados como copulativos:

1) *sembrare, parere, divenire, diventare, risultare, stare, rimanere, apparire*
Tu mi sembri felice
Luigi diventa vecchio
Il professore pareva stanco

2) algunos verbos intransitivos que indican una forma de ser del sujeto: *nascere, crescere, vivere, morire, restare, rimanere*
Nessuno nasce istruito

3) algunos verbos que indican llamada (appellativi), elección (elettivi), estimación (estimativi) como : *chiamare, dire, eleggere, creare, fare, nominare, stimare, giudicare, ritenere, credere, considerare...*usados en forma pasiva:
Il bambino è stato chiamato Alberto

Todos estos verbos son, sin embargo, predicativos cuando son usados con significado completo:
>*Io sono nato a Salamanca*
>*Con l'acqua crescono gli alberi*
>*Giovanni non riesce negli studi*
>*Tu rimani qui*

Verbos transitivos e intransitivos

Transitivos: son aquellos cuya acción pasa (transita) del sujeto a una persona, animal, o cosa. Es decir, aquellos que pueden tener complemento directo (complemento oggetto).
>*Il fabbro batte il ferro*
>*Anna legge un romanzo*

No siempre el complemento directo está explícito, a veces puede estar implícito:
>*Anna legge*

Intransitivos: son aquellos cuya acción permanece en el sujeto, no pasa ni se transmite a otra persona, animal o cosa. Es decir, no pueden tener complemento directo:

>*Il sole sorge*
>*La nonna passeggia*
>*Il cane abbaia*

Son intransitivos los verbos que indican un estado, un modo de ser, un movimiento.

Observaciones:

1. Algunos verbos pueden usarse unas veces como transitivos y otras como intransitivos, según lleven o no complemento directo:
>*Il malato soffre gravi dolori (tr)*
>*Il malato soffre di reumatismi (intr)*
>*Giovanni fugge sempre le cattive compagnie (tr)*
>*Giovanni è fuggito dal carcere (intr)*

2. Algunos verbos intransitivos se convierten en transitivos cuando van seguidos del llamado «complemento directo interno», es decir un complemento representado por un sustantivo que tiene la misma base que el verbo o tiene relación semántica con él:
> *Vivere una vita comoda*
> *Piangere lacrime amare*
> *Dormire sonni beati*

3. Algunos verbos cambian de significado según sean transitivos o intransitivos. Así, entre otros:

aspirare	transitivo = aspirar	intransitivo = anhelar
attendere	transitivo = esperar	intransitivo = atender
avanzare	transitivo = sobrar	intransitivo = adelantar
bruciare	transitivo = quemar	intransitivo = arder
cambiare	transitivo = cambiar	intransitivo = transformarse
colare	transitivo = colar	intransitivo = gotear
convenire	transitivo = estipular	intransitivo = convenir
crescere	transitivo = subir algo	intransitivo = crecer
crollare	transitivo = sacudir	intransitivo = caer desplomado
girare	transitivo = girar una cosa	intransitivo = dar vueltas
mirare	transitivo = mirar	intransitivo = tender a
rovinare	transitivo = echar a perder	intransitivo = derrumbarse

Verbos reflexivos: propios, aparentes y recíprocos

Reflexivos propios: aquellos cuya acción recae sobre el mismo sujeto. En este caso el sujeto y el complemento directo coinciden:
> *Io mi lavo*
> *La ragazza si pettina*
> *Luigi si veste*

En los verbos reflexivos el complemento directo está representado por las partículas pronominales *mi, ti, si, ci, vi , si*

Reflexivos aparentes: aquellos que tienen la apariencia de reflexivos, pero en este caso el complemento directo es diverso del sujeto y las particulas pronominales hacen de complemento indirecto. En italiano se habla en este caso también de *forma transitiva pronominale*, porque se trata de una forma transitiva con un complemento directo y otro indirecto expresado con pronombres personales átonos:

> *Io mi lavo le mani*
> *Tu ti prepari il pranzo*
> *La ragazza si pettina i capelli*

Recíprocos: aquellos que denotan intercambio mutuo de acción entre dos sujetos:

> *Mario e Paola si amano:* Mario ama a Paola y Paola ama a Mario
> *I due fratelli si abbracciarono:* cada uno abraza al otro
> *Gli amici si salutano:* se intercambian mutuamente los saludos

Verbos pronominales

Pronominales propios son aquellos en los cuales la partícula pronominal forma parte integrante del verbo, pero no tienen valor reflexivo, aunque se conjuguen como los verbos reflexivos. Son intransitivos: *pentirsi, vergognarsi, accorgersi, arrabbiarsi, arrendersi, impadronirsi, lamentarsi*....

> *Io mi vergogno di ciò che ho detto*

1) Algunos verbos tienen una forma pronominal y otra no pronominal, y en este caso son transitivos: *abbattere – abbattersi; abbandonare – abbandonarsi; addormentare – addormentarsi; allontanare – allontanarsi; alzare – alzarsi; annoiare – annoiarsi; decidere – decidersi; dimenticare – dimenticarsi; fermare – fermarsi; irritare – irritarsi; muovere – muoversi; ricordare – ricordarsi ...*

> *Il professore ha annoiato gli alunni*
> *Gli alunni si sono annoiati durante la lezione*
> *Abbattere un albero*
> *Alcuni alunni si abbattono subito*

2) Otro grupo de verbos son intransitivos y se pueden usar

como pronominales intransitivos; unas veces manteniendo su significado:

Quel mascalzone ha approfittato della mia ingenuità
Quel mascalzone si è approfittato della mia ingenuità
otras veces, cambiando ligeramente de significado:
A scuola sedevamo nello stesso banco (= stare seduti)
La prego, si sieda (= mettersi a sedere)

ATENCIÓN:
Los verbos reflexivos y pronominales se conjugan siempre en italiano con el auxiliar *ESSERE*

Observaciones:

1ª En la lengua hablada, y frecuentemente en la escrita de caracter familiar, se añaden las partículas pronominales para reforzar el significado del verbo o para expresar una disposición afectiva:
Io mi bevo adesso un buon bicchiere di vino.
Fumiamoci insieme una sigaretta

2ª Nótese la diferencia entre las frases siguientes:
Andrea si guarda nello specchio (reflexivo propio)
Andrea si guarda il viso nello specchio (reflexivo aparente)
Andrea si guarda un bel film (función de refuerzo)

Ténganse bien en cuenta los diferentes valores de la partícula *SI*

– *Si* pasiva impersonal (passivante) : *si lodano gli studenti*
– *Si* impersonal: *si corre, si giudica*
– *Si* reflexiva (propia o aparente): *lui si lava*
– *Si* recíproca: *gli amici si salutano*
– *Si* reforzativa: *Luisa si beve una birra*
– *Si* pronominal: *Maria si vergogna*

Verbos impersonales

Son aquellos que expresan una acción completa en sí misma; no tienen sujeto determinado y, por eso, se usan únicamente en la tercera persona del singular y en las formas no personales . Los más importantes son:

1. Los verbos que indican fenómenos atmosféricos: *albeggiare, annottare, balenare, brinare, diluviare, gelare, grandinare, lampeggiare, nevischiare, neviscare, piovere, piovigginare, sgelare, tuonare...*

Notas: a. los tiempos compuestos de estos verbos se forman comúnmente con el verbo *essere*, pero pueden hacerlo también con *avere*.

    b. en sentido figurado admiten construcciones personales:
Mi balena una bella idea
Mi tempestarono di domande
Tuonano i cannoni

2. Aquellos verbos que, siendo por naturaleza personales, se usan solo en tercera persona y tienen por sujeto un infinitivo o una frase entera, pero nunca una persona. Expresan necesidad, conveniencia, apariencia, suceso, satisfacción, placer, disgusto... *accadere, avvenire, bisognare, capitare, convenire, importare, necessitare, occorrere, parere, sembrare, succedere...*
Conviene partire
Bisogna andare piano
Sembra che sia venuto
Non importa
Estos verbos pueden ser usados como personales:
Sono cose che accadono
Tutto ciò mi dispiace molto
Tu sembri buono
A esta clase de verbos pertenecen también algunos que se usan reflexivamente, como: *riuscire, rincrescere:*
Non ci riesce mai di arrivare in tempo
Mi rincresce

3. Valor impersonal se atribuye también a expresiones verbales formadas por un adjetivo y el verbo essere seguido de un infinitivo: *essere possibile, essere opportuno, essere facile, essere necessario, essere evidente...*

> *È necessario studiare molto*
> *Sarebbe utile comperare quel libro*

4. Con los verbos *andare, fare, stare* se pueden formar frases impersonales como: *fa bello, fa brutto, fa notte, va male, sta bene...*

> *Ha fatto bello tutto il giorno*

5. Todos los verbos pueden usarse impersonalmente anteponiendo a la tercera persona del singular la partícula pronominal *si* (que se convierte en *ci* cuando el verbo es reflexivo): *si parte, si dice, si nasce, ci si diverte, ci si ama...*

NOTA: En los tiempos compuestos el auxiliar de los verbos impersonales es *essere*, menos en los que indican fenómenos atmosféricos y en el uso impersonal del verbo *fare* (*ha* fatto brutto).

Cuando estos verbos en su forma personal tienen como auxiliar el verbo *avere*, en los tiempos compuestos de su forma impersonal llevan como como auxiliar el verbo *essere*, pero el participio es invariable y termina en **o**: *si è dormito; si è mangiato...*

Cuando, en cambio, ya en la forma personal el auxiliar es *essere*, en los tiempos compuestos de su forma impersonal el participio va en plural masculino terminado en **i**: *si è andati; ci si è divertiti...*

Verbos modales (o serviles)

Los verbos *dovere, potere, volere* además de poder ser usados con su significado propio, pueden ir también seguidos de un infinitivo, que es el que contiene el significado básico de la acción. En este caso los verbos *dovere, potere, volere* se convierten en modales,

es decir, añaden la modalidad de necesidad, posibilidad o voluntariedad al significado del verbo que les sigue:
>Devo andare (necesidad)
>Posso andare (posibilidad)
>Voglio andare (voluntariedad).

ATENCIÓN: El auxiliar de estos verbos:

a. usados con significado propio y autónomo el auxiliar es ***avere***: *ho dovuto, ho potuto, ho voluto.*

b. usados como modales:

  normalmente exigen el auxiliar del verbo que les sigue:
>*Sono dovuto andare*
>*Ho dovuto parlare italiano*

pero es frecuente en la lengua corriente usar el auxiliar *avere*, sobre todo si van seguidos del verbo *essere:*
>*Ho dovuto andare*
>*Hanno voluto restare*
>*Ho dovuto (potuto, voluto) essere severo*

Cuando el verbo que les sigue es reflexivo o pronominal el auxiliar es:

essere, si la partícula pronominal precede al verbo modal:
>*Si sono voluti sposare*

avere, si la partícula pronominal sigue al verbo modal:
>*Hanno voluto sposarsi*

Otros verbos modales (o serviles) en italiano:

Algunos verbos predicativos italianos, además de su uso normal con significado autónomo (*preferisco i tacchi bassi*), pueden ser usados como modales. Así: *sapere* (en el sentido de ser capaz de); *desiderare, osare, preferire, solere* (hoy se prefiere usar *essere solito*) seguidos de infinitivo: *so fare questo lavoro; desidero andare; non osiamo contraddirlo; preferirono restare; suole venire presto...*

En los tiempos compuestos estos verbos conservan el auxiliar *avere*:

> *Non abbiamo osato contraddirlo*
> *Ha saputo fare molto bene questo lavoro*
> *Ho preferito restare*

Verbos que expresan un aspecto (aspettuali)

Se llaman verbos «aspettuali» aquellos que, además de tener un significado propio, pueden acompañar a otro verbo en forma no personal (infinitivo o gerundio) para precisar un aspecto de la acción que expresan. Este aspecto puede ser:

a. La previsión, el proyecto, la intención o la proximidad del comienzo de una acción, como: *accingersi a, essere sul punto di, stare per + infinitivo*:

> *Mi accingo ad uscire*
> *Sono sul punto di arrabbiarmi*
> *Sta per piovere*

b. El inicio de una acción (cominciare a, mettersi a + infinitivo):

> *Comincia a piovere*
> *Si mise a ridere*

c. El intento o propósito de una acción (sforzarsi di, cercare di, tentare di, provare a + infinitivo):

> *Mi sforzo di capirti*
> *Cerca di controllarti*
> *Prova a saltare*

d. La acción en su desarrollo (stare, andare + gerundio):

> *Sta piovendo*
> *La malattia andava peggiorando*

Sólo en los tiempos simples.

e. La duración de una acción en el tiempo (continuare a, insistere a + infinitivo):

> *Continua a piovere*
> *Insistiamo a chiedere la vostra autorizzazione*

f. La previsible conclusión de una acción (finire per + infinitivo):
>   *Finiremo per cedere*

g. La conclusión de una acción (cessare di, finire di, terminare di, smettere di):
>   *Ha smesso di piovere*

h. Una acción acabada de un determinado modo (finire con + infinitivo)
>   *Fa freddo, finirà col nevicare*

Nota: En los tiempos compuestos los verbos «aspettuali», distintamente de los verbos serviles, exigen siempre su propio auxiliar:
>   *Mi sono sforzato di capirti*
>   *Ho continuato a lavorare fino a tardi*

Verbos causativos (fattivi)

Los verbos causativos (o fattivi) son aquellos que, como *fare* y *lasciare*, además de su propio significado, pueden unirse a otro verbo en infinitivo para expresar una acción causada (hecha, dejada o mandada hacer) por el sujeto:
>   *Ho fatto riparare il televisore*
>   *Per favore, mi lascia usare il telefono?*

Otros verbos fraseológicos

Algunos verbos, como *andare, lasciarsi, riuscire, trovarsi, vedersi* no se pueden encuadrar en ninguna de las categorías anteriores (ni con los verbos serviles, ni con los aspectuales, ni con los causativos) y, por eso, los catalogamos genéricamente como *verbos fraseológicos*. Estos verbos se unen (con o sin preposición) al infinitivo de otros verbos, con los que forman una sola unidad sintáctica, para completar o modificar su significado:
>   *Mi sono lasciato convincere facilmente*

andare, sentirsi, trovarsi, vedersi pueden ir seguidos de un participio:
>   *Mi sono visto costretto ad accompagnarlo*

Nota: Como se dirá más adelante, en algunos casos sustituyen al verbo *essere* para formar la pasiva:

Mi vidi obbligato (= fui obbligato)
Mi sentii commosso (= mi sono commosso)
L' appartamento andò distrutto nell' incendio (=fu distrutto).

VERBOS AUXILIARES

Los verbos auxiliares *essere* y *avere* tienen una conjugación completamente anómala con respecto a los otros verbos de la lengua italiana.

> **Para la conjugación del verbo *Avere* ver el cuadro nº 12 y para el verbo *Essere* ver el cuadro nº 42**

Ambos poseen un significado propio autónomo:

Avere

Pertenece a la segunda conjugación, pero presenta gran número de formas irregulares.

Es transitivo, pero por excepción no se conjuga en pasiva.

Como verbo autónomo, indica una idea de posesión o pertenencia: significa poseer, tener:
Ho un cane (= tengo, poseo un perro)
y también adquirir, obtener:
Luigi ha avuto un buon impiego = Luis ha obtenido un buen empleo

Essere

Pertenece a la segunda conjugación, pero es completamente irregular

Es intransitivo y copulativo.

Como verbo autónomo los italianos expresan con este verbo los significados que en español asumen los verbos ser y estar, y significa ser, existir, estar:
Dio è (= Dios existe)
Il cielo è azzurro (= el cielo es azul)
Domani saremo a Roma (= mañana estaremos en Roma)
L'acqua è fredda (= el agua está fría)
Voi siete inquiete (= vosotras estáis inquietas)

> *I miei fratelli sono di passaggio* (= mis hermanos están de paso)

Pero estos dos verbos son usados también como auxiliares sea para formar los tiempos compuestos de los demás verbos (*essere* y *avere*) sea la voz pasiva (*essere*).

Como auxiliares, unidos al participio pasado de otros verbos, pierden su significado propio y su valor intrínseco para formar unidad con el verbo al cual auxilian para ayudarlo a completar toda su conjugación

Avere

Como auxiliar se usa para formar los tiempos compuestos de:
- sí mismo: *ho avuto*
- todos los verbos **transitivos**: *ho scritto una lettera*
- muchos verbos **intransitivos** que indican una acción como: *gridare, cenare, tremare, parlare, viaggiare, zoppicare...*
- en general, requieren el auxiliar *avere* casi todos los verbos que indican una actividad física o moral (por lo que respecta a los verbos de movimiento, véase lo que se dice más adelante): *ho parlato, ho respirato...*

Essere

Como verbo auxiliar se usa

a. para formar la voz pasiva de todos los verbos que la tengan

> *Tu sei amata*

b. para formar los tiempos compuestos de:
- él mismo: *sono stato*
- todos los verbos **reflexivos** (propios o aparentes) y **recíprocos**.
- los verbos **pronominales**
- los verbos **impersonales** o usados como impersonales con significado de *accadere, occorrere, bastare...*
- la mayor parte de los verbos **intransitivos**: casi todos los verbos que indican un modo de ser o el resultado de un proceso: *capitare, nascere, morire;* o una transformación física o moral *dimagrire, invecchiare, impazzire, diventare, divenire, arrossire, impallidire...* (para los verbos de movimiento, ver más adelante).

Notas:

1. Hay algunos verbos intransitivos que pueden tener como auxiliar los verbos *essere y avere*, sin que varíe su significado:

• Verbos que indican un estado, una condición física o moral, como: *appartenere, valere, costare, proseguire, durare, germinare, vivere, convivere...*

*se puede advertir un cierto matiz diferente en el significado: con *essere* indican un hecho o una acción ya terminados: *è vissuto vent'anni* (ha vivido veinte años = se da como un hecho ya terminado); con *avere* indica una acción en desarrollo: *ha vissuto da gran signore* (ha vivido como un gran señor = se considera como el desarrollo de un estilo de vida) *

• Los impersonales que indican fenómenos atmosféricos, menos *albeggiare, annottare, imbrunire, rischiarare* que se conjugan con *essere*

• Algunos verbos de movimiento, como: *approdare, circolare, confluire, emigrare, espatriare, naufragare, straripare, indietreggiare, inciampare*

2. Hay verbos que tienen diversa función o diverso significado según tengan como auxiliar el *essere* o el *avere*:

• Los que son transitivos si usan el *avere* e intransitivos si usan el *essere* como: *risuscitare, calare, passare, fuggire, rifuggire, discendere, precipitare, bruciare, ardere, vivere, terminare, mutare, servire...*

• Otros que adquieren un significado con matices distintos según sea el auxiliar, como:

cessare: tener fin (con essere); cesar de hacer una cosa (avere)

correre: la acción como meta (essere); la acción como fin en sí misma (avere)

mancare: ser insuficiente (essere); venir a menos algo (avere)

procedere: avanzar (essere); dar comienzo (avere)

• Otros verbos requieren una construcción diversa según sea uno y otro el auxiliar, como:

abbondare: *L' acqua è sempre abbondata in Piemonte* (el agua es sujeto)

Il Piemonte ha sempre abbondato d'acqua (el agua es complemento)

continuare: La partita è continuata fino a tarda sera (construcción normal)
La pioggia ha continuato a cadere (construcción de *a+ infinitivo*)

traboccare: *Il latte è traboccato* (la materia contenida es el sujeto)
Il pentolino ha traboccato (el recipiente es el sujeto)

3. **Los verbos de movimiento:** llevan como auxiliar *avere* si se quiere indicar el movimiento en cuanto tal, en su realizarse: *ho viaggiato, ho camminato tutta la notte*; llevan *essere* si se pretende indicar no el movimiento en sí, sino el hecho del desplazamiento de un lugar a otro: *sono andato, sono partito, sono arrivato*; llevan *essere* o *avere* si se incluyen ambos conceptos: *volare*

OTROS VERBOS EN FUNCIÓN DE AUXILIARES

Venire

Para la formación de la pasiva se usa, como ya hemos dicho, el verbo *venire*, sustituyendo al verbo *essere*. Pero hay que tener en cuenta lo siguiente:
• La sustitución es admitida únicamente en los tiempos simples de la voz activa.
• Este uso se halla bastante extendido y resulta muy conveniente en los casos en los que el uso del *essere* pueda causar ambigüedad. Por ejemplo:
• Cuando se quiere indicar la diferencia que hay entre una forma pasiva y otra activa que lleva como auxiliar el verbo *essere*:
Vengo amato = Sono amato (forma pasiva) / *sono andato* (pret. perfecto de la voz activa), pero no se puede decir *vengo andato*
• Cuando haya duda de si se trata de forma activa o pasiva:
La porta è aperta =¿la puerta es abierta (por alguien) o la puerta está abierta?
La porta viene aperta = pasiva sin lugar a dudas

Andare

Se usa poco como auxiliar; solamente en expresiones como:
Molta acqua va perduta inutilmente (= è perduta)
Generalmente *andare* + *participio* añade a la pasiva la idea de una necesidad u obligación:
Questi pantaloni vanno lavati (= deben ser lavados)

VI. LA VOZ

La voz expresa la relación existente entre el verbo y el sujeto, indicando si el sujeto es el «agente» (ejecutor, actor) que ejecuta la acción o el «paciente», que sufre la acción del verbo.

La voz activa

En la voz activa el sujeto es el agente de la acción del verbo:

Il figlio offre un mazzo di rose a sua madre
Gli alunni sono andati a scuola
Il cane dormiva tranquillamente

La voz pasiva

En la voz pasiva el sujeto soporta la acción del verbo y el agente es un complemento que recibe el nombre de *complemento di agente:* (en italiano se suele llamar *complemento di agente* si el sujeto es animado y *causa efficiente* si se trata de un sujeto inanimado)

La lettera fu scritta da Giovanni
I ladri sono perseguitati dalla polizia
La partita è stata trasmessa dalla TV

En italiano, como en español, la pasiva se expresa mediante el uso de las formas del verbo *essere* más el participio pasivo del verbo que se conjuga concordado en género y número con el sujeto paciente.

> sujeto paciente + verbo **essere** + participio pasivo + **da** + complemento agente

Observaciones:

En italiano la voz pasiva es mucho más usada que en español.
Sólo los verbos transitivos con complemento directo admiten la forma pasiva
Existen en italiano otros modos de expresar la voz pasiva:

venire + participio pasivo: (sólo en los tiempos simples)
La casa verrà costruita da una impresa tedesca
Io vengo lodato
Nota: esta forma se hace necesaria cuando la falta de complemento agente produzca ambigüedad en el significado. Por ejemplo:

La porta è aperta = la puerta está abierta.
La porta viene aperta = la puerta es abierta

andare + participio pasivo: (sólo en los tiempos simples) se usa:
• para expresar una idea de obligación o mandato
La richiesta va fatta dall' interessato stesso
Queste parole vanno scritte in corsivo
• ante verbos que indican que el acontecimiento se realizará o se ha realizado inevitablemente (disperdere, distruggere, perdere, smarrire, sprecare...):
La casa andrà distrutta giovedì prossimo
I documenti andarono smarriti

finire, restare, rimanere, stare + participio pasivo (sólo en los tiempos simples)

> *Il ciclista finì travolto dalla folla*
> *Mio fratello rimase sepolto dalla neve*

si + 3ª persona singular o plural del verbo en forma activa («*si* passivante»)

> *La carne si vende a caro prezzo*
> *Si dicono molte cose*

Notas: 1ª La partícula pasiva **si** forma una única palabra con algunos verbos utilizados en anuncios publicitarios y va pospuesta a ellos: *vendere, affittare* etc.

> *Vendesi macchina quasi nuova*
> *Affittasi appartamento*

2ª. La partícula **si** antepuesta a las terceras personas de tiempos simples en voz pasiva les atribuye valor de tiempos compuestos:

> *Si è sprecato troppo tempo = è stato sprecato troppo tempo*

Modelo de conjugación pasiva

ESSERE AMATO

INDICATIVO (Indicativo)

Presente
Presente

io	sono	amato
tu	sei	amato
egli	è	amato
noi	siamo	amati
voi	siete	amati
essi	sono	amati

Pretérito perfecto
Passato prossimo

sono	stato amato
sei	stato amato
è	stato amato
siamo	stati amati
siete	stati amati
sono	stati amati

Pretérito imperfecto
Imperfetto

io	ero	amato
tu	eri	amato
egli	era	amato
noi	eravamo	amati
voi	eravate	amati
essi	erano	amati

Pret. pluscuamperf.
Trapassato prossimo

ero	stato amato
eri	stato amato
era	stato amato
eravamo	stati amati
eravate	stati amati
erano	stati amati

Pretérito indefinido
Passato remoto

io	fui	amato
tu	fosti	amato
egli	fu	amato
noi	fummo	amati
voi	foste	amati
essi	furono	amati

Pretérito anterior
Trapassato remoto

fui	stato amato
fosti	stato amato
fu	stato amato
fummo	stati amati
foste	stati amati
furono	stati amati

Futuro imperfecto
Futuro semplice

io	sarò	amato
tu	sarai	amato
egli	sarà	amato
noi	saremo	amati
voi	sarete	amati
essi	saranno	amati

Futuro perfecto
Futuro anteriore

sarò	stato amato
sarai	stato amato
sarà	stato amato
saremo	stati amati
sarete	stati amati
saranno	stati amati

SUBJUNTIVO (Congiuntivo)

Presente
Presente

che io	sia	amato
che tu	sia	amato
che egli	sia	amato
che noi	siamo	amati
che voi	siate	amati
che essi	siano	amati

Pretérito perfecto
Passato

che io	sia stato amato
che tu	sia stato amato
che egli	sia stato amato
che noi	siamo stati amati
che voi	siate stati amati
che essi	siano stati amati

Pretérito imperfecto
Imperfetto

che io	fossi	amato
che tu	fossi	amato
che egli	fosse	amato
che noi	fossimo	amati
che voi	foste	amati
che essi	fossero	amati

Pret. pluscuamperf.
Trapassato

che io	fossi stato amato
che tu	fossi stato amato
che egli	fosse stato amato
che noi	fossimo stati amati
che voi	foste stati amati
che essi	fossero stati amati

IMPERATIVO

sii amato	tu
sia amato	egli
siamo amati	noi
siate amati	voi
siano amati	essi

FORMAS NO PERSONALES
(Modi indefiniti)

Infinitivo **Simple** **Compuesto**
Infinito *Semplice* *Composto*
essere amato   essere stato amato

Gerundio **Simple** **Compuesto**
Gerundio *Semplice* *Composto*
essendo amato   essendo stato amato

Participio **Pasado** **Presente**
Participio *Passato* *Presente*
stato amato   -

POTENCIAL (Condizionale)

Simple
Presente

io	sarei	amato
tu	saresti	amato
egli	sarebbe	amato
noi	saremmo	amati
voi	sareste	amati
essi	sarebbero	amati

Compuesto
Passato

sarei	stato amato
saresti	stato amato
sarebbe	stato amato
saremmo	stati amati
sareste	stati amati
sarebbero	stati amati

VII. VERBOS REGULARES

Los verbos regulares son aquellos que siguen el modelo de la respectiva conjugación.

> En italiano, como en español, existen tres modelos de conjugación:
> La primera, que termina en **ARE** = amare
> La segunda, que termina en **ERE** = temere
> La tercera, que termina en **IRE** = partire

En los verbos de la primera y de la tercera conjugación el acento fónico en el infinitivo cae sobre la vocal temática Á = amáre; Í = partíre. Los de la segunda conjugación unos llevan el acento en la vocal tématica É = temére y otros en la última vocal de la raíz = crédere. Esta distinción tiene importancia en los verbos que terminan en *cere, gere* por la modificaciones que en ellos se producen, como veremos más adelante.

PRIMERA CONJUGACIÓN

> **Como modelo de la primera conjugación véanse los cuadros nº 5 y nº 37**

Observaciones:
1ª. Los verbos terminados en **-ciare, -sciare, -giare** conservan el sonido palatal de la **c** y la **g** en todas sus formas y, por tanto, mantienen la **i** ante las desinencias que comienzan por **a, o** y la pierden ante las desinencias que empiezan por **e, i**:

conservan la **i** :   *baciare:*   *bacio, bacia*
                      lasciare: *lascio,*   *lascia*
                      mangiare: *mangio,*   *mangia*

pierden la **i**: *baciare:*   *bacerò,*   *baci*
              lasciare: *lascerò,*   *lasci*
              mangiare: *mangerò,*   *mangi*

2ª. Los verbos terminados en **-care, -gare** conservan el sonido gutural de la **c** y de la **g** y para ellos deben añadir una **h** ante las terminaciones que comienzan por **e, i**

  giocare: *giochiamo   giocherò*
  pregare: *preghiamo   pregherò*

3ª. Los verbos terminados en **-iare**:
cuando la **i** de la raíz es átona se funde con la de la desinencia:

  iniziare: *iníz-i* (no: *inizi-i*); *iníz-ino* (no: *iniziino*)

cuando la **i** de la raíz es tónica se conserva:

  obliare: *oblí-i* (no: *obli*); *oblí-ino* (no: *oblino*)

4ª Los verbos en **-gnare** deberían conservar la **i** de la desinencia en las formas de la primera persona plural del presente de indicativo (*insegn-iamo*) y en la primera y segunda persona plural del presente de subjuntivo (*insegn-iamo, insegn-iate*), pero actualmente es cada vez más aceptada la forma sin **i** (*insegn-amo, insegn-ate*).

5ª El diptongo móvil:

UO: Los verbos que presentan en la raíz el diptongo móvil **uo**, según la regla, deberían conservarlo en las sílabas tónicas y simplificarlo, en cambio, en **o** cuando el acento se desplaza a la desinencia: *suòn-o, suòn-i, suòn-a, son-iàmo, son-àte, suòn-ano; son-àvo*... Pero, en realidad, este uso no se ha estabilizado nunca y existen muchas oscilaciones al respecto. Hoy se tiende a uniformar la conjugación de cada verbo, es decir, a usar el diptongo en todas las formas o a no usarlo nunca, que es la tendencia dominante.

Se ha generalizado el diptongo **uo** en todas las formas en:

  a. Los verbos *nuotare, vuotare*, para que no se confundan con *notare* y *votare*.

  b. Los verbos *arruolare, suonare, tuonare, ruotare*.

Se ha generalizado la simplificación del diptongo en **o** en:

  Los verbos *giocare, rinnovare, innovare, arrotare*

IE: El diptongo en **ie** se conserva siempre: *vietare, vieto, vieti, vieta...*

SEGUNDA CONJUGACIÓN

> **Nota**: Todos los verbos de la segunda conjugación tienen en la 1ª y 3ª personas del singular y en la 3ª del plural del pretérito indefinido (passato remoto) dos formas:
> – una con las terminaciones *-éi, -é, -érono* (menos usada, más literaria)
> – otra con las teminaciones *-ètti, ètte, èttero*

> Como modelo de la segunda conjugación véase el cuadro nº 101

Observaciones:

1ª. Los verbos en **-cere, -gere**, con vocal temática átona, no mantienen el sonido palatal de la **c** y de la **g** ante las vocales **a, o**:
    víncere: vinco (no: *vincio*); *vinca* (no: *vincia*)
    spárgere: spargo (no: *spargio*); *sparga* (no: *spargia*)

2ª. Los verbos terminados en **-cére,** con vocal temática tónica, mantienen el sonido palatal de la **c** añadiendo una **i** ante las terminaciones **a, o** y duplicando la **c**
    piacere: piac-ci-o (no: *piaco*), *piac-ci-a* (no: piaca)
    tacére: tac-ci-o (no: *taco*); *tac-ci-a* (no: *taca*),
pero hace *tac-i- amo, tac-i-ate*(sin duplicar la **c**), para que no se confunda con el verbo *tacciare*.
    En el participio pasivo estos verbos añaden también una **i** antes de la **u**, pero no duplican la **c**: *piac-i-uto, tac-i-uto*

3ª. Los verbos en **-scere** no mantienen el sonido palatal de **sc** ante las vocales **a, o**, pero sí ante la **u**, añadiendo en este caso una **i**:
    conoscere: conosco, conosca, conosciuto

4ª. Los verbos terminados en **-iere** pierden la **i** de la raíz ante las desinencias que comienzan por **i**, (excepto en el pretérito indefinido (passato remoto), que tienen una forma en **ii**: compii)

compiere:compi (no: *compii*); *compiamo* (no: *compiiamo*)

5ª. Los verbos regulares de la segunda conjugación son muy pocos. Estos son los principales:

báttere	pegar, batir	piángere	llorar
cédere	ceder	prémere	oprimir, apretar
cómpiere	realizar	resístere	resistir (part. *-ito*)
crédere	creer	ricévere	recibir
esístere	existir (part. *-ito*)	rifléttere	reflexionar, reflejar
frémere	estremecerse	ripétere	repetir
gémere	gemir	sbáttere	sacudir
godére	gozar	spléndere	brillar
méscere	escanciar	sprémere	exprimir
miétere	segar	temére	temer
páscere	apacentar, pacer	téssere	tejer
péndere	colgar, pender	véndere	vender
persístere	persistir (part. *-ito*)		

TERCERA CONJUGACIÓN

En la tercera conjugación se distinguen tres tipos de verbos regulares:

1º. Aquellos que añaden las desinencias directamente a la raíz:
sent-o; sent-i; sent-e; sent-ono
Son pocos, pero de uso muy común

2º. Aquellos que introducen entre la raíz y las desinencias las letras **isc** en la 1ª, 2ª y 3ª personas del singular y 3ª del plural de los presentes de indicativo y subjuntivo y en la 2ª y 3ª personas del singular y 3ª del plural del imperativo

*fin-**isc**-o; fin-**isc**-i; fin-**isc**-e; fin-**isc**-ono*

3º. Aquellos que admiten las dos modalidades:
nutr-o; nutr-i; nutr-e; nutr-ono
*nutr-**isc**-o, nutr-**isc**-i; nutr-**isc**-e, nutr-**isc**-ono*

Como modelos de la tercera conjugación véanse los cuadros nº 91 (*sentire*) y 63 (*partire*) para los verbos sin infijo y el nº 45 (*finire*) para los que llevan infijo

---

Elenco de los principales verbos que no introducen el infijo (modelos *sentire* y *partire*):

applaudire	aplaudir	pervertire	pervertir
aprire	abrir	plaudire	aplaudir
assentire	asentir	presentire	presentir
avvertire	advertir	proseguire	continuar
bollire	hervir	ribollire	hervir, rebullir
compartire	compartir	ricoprire	cubrir
conseguire	conseguir	ripartire	repartir
consentire	consentir	risentire	volver a oír
convertire	convertir	rivestire	revestir
coprire	cubrir	scoprire	descubrir
dissentire	disentir	seguire	seguir
disservire	servir mal	sentire	sentir, escuchar
divertire	divertir	servire	servir
dormire	dormir	sfuggire	evitar, escapar
fuggire	huir	soffrire	sufrir
inseguire	perseguir	sovvertire	perturbar
invertire	invertir	susseguire	suceder
investire	invertir, embestir	vestire	vestir
offrire	ofrecer		
pentirsi	arrepentirse	Y sus compuestos.	
perseguire	perseguir		

Los principales verbos que llevan infijo (modelo *finire*) son:

abbellire	embellecer	esaudire	atender
abbrustolire	tostar	esaurire	agotar
abbrutire	embrutecer	esibire	exhibir
abolire	abolir	esordire	empezar
acuire	agudizar	fallire	quebrar
addolcire	endulzar	favorire	favorecer
aderire	adherirse	ferire	herir
agire	actuar	finire	terminar
alleggerire	aligerar	fiorire	florecer
ammollire	reblandecer	fornire	suministrar
ammonire	amonestar	ghermire	asir
annerire	enegrecer	gioire	alegrarse
approfondire	profundizar	gradire	agradecer
arricchire	enriquecer	gualcire	ajar, arrugar
arrossire	enrojecer	guarire	curar
asserire	afirmar	guarnire	guarnecer
attecchire	arraigar	illanguidire	languidecer
atterrire	aterrorizar	impallidire	palidecer
attribuire	atribuir	impaurire	asustar
avvilire	envilecer	impoverire	empobrecer
bandire	desterrar	impedire	impedir
blandire	halagar	incrudelire	ser cruel
capire	comprender	indebolire	debilitar
carpire	arrebatar	indurire	endurecer
chiarire	esclarecer	inferire	inferir
circuire	rodear	inserire	insertar
compatire	compadecer	insignire	condecorar
concepire	concebir	intenerire	enternecer
condire	condimentar	intorpidire	entorpecer
conferire	conferir, otorgar	istituire	instituir
costituire	constituir	istruire	instruir
costruire	construir	lenire	aliviar
custodire	guardar	munire	abastecer
definire	definir	nitrire	relichar
digerire	digerir	obbedire	obedecer
diminuire	disminuir	ostruire	obstruir
distribuire	distribuir	patire	padecer

percepire	percibir	scomparire	desaparecer
perire	perecer	seppellire	sepultar
perquisire	registrar	sgualcire	arrugar
preferire	preferir	smarrire	extraviar
presagire	presagiar	smentire	desmentir
profferire	proferir	sminuire	disminuir
proibire	prohibir	sorbire	sorber
prostituire	prostituir	sortire	salir
pulire	limpiar	sparire	desaparecer
punire	castigar	spartire	dividir
rabbrividire	estremecerse	spedire	enviar
rammollire	reblandecer	stabilire	establecer
rapire	raptar	statuire	estatuir
reagire	reaccionar	stizzire	exasperar
restituire	restituir	stordire	aturdir
riferire	referir	stormire	susurrar
ringiovanire	rejuvenecer	stupire	asombrarse
rinverdire	reverdecer	subire	sufrir
risarcire	resarcir	suggerire	sugerir
riverire	reverenciar	svanire	desvanecerse
sbalordire	asombrar	tradire	traicionar
sbiadire	desteñir	trasferire	transferir
sbigottire	aterrorizar	trasgredire	transgredir
scandire	modular	ubbidire	obedecer
scaturire	surgir	unire	unir
scolpire	esculpir	vagire	emitir vagidos

Modelo **Nutrire**

INDICATIVO (indicativo) **SUBJUNTIVO** (congiuntivo)

Presente **Presente**
Presente *Presente*

io	nutro	o nutrisco	che io	nutra	o nutrisca
tu	nutri	o nutrisci	che tu	nutra	o nutrisca
egli	nutre	o nutrisce	che egli	nutra	o nutrisca
noi	nutriamo		che noi	nutriamo	
voi	nutrite		che voi	nutriate	
essi	nutrono	o nutriscono	che essi	nutrano	o nutriscano

IMPERATIVO

nutri o nutrisci	tu
nutra o nutrisca	egli
nutriamo	noi
nutrite	voi
nutrano o nutriscano	essi

Los principales verbos que siguen este modelo son:

aborrire	aborrecer	impazzire	enloquecer
adempire	cumplir	inghiottire	engullir
applaudire	aplaudir	languire	languidecer
apparire	aparecer	mentire	mentir
assalire	asaltar	nutrire	alimentar
assorbire	absorber	offrire	ofrecer
avvertire	advertir	pervertire	pervertir
comparire	comparecer	putire	heder
compartire	compartir	scomparire	desaparacer
compire	cumplir	sdrucire	descoser
convertire	convertir	sparire	desaparecer
divertire	divertir	tossire	toser
empire	llenar	trasparire	transparentarse
eseguire	ejecutar		

Algunos verbos siguen el modelo *partire* o el modelo *finire* según sea su significado. Por ejemplo:

dipartire: con el significado de «alejarse» se conjuga como partire: *diparto, diparti...*, en cambio con el significado de «separare» admite las dos formas, aunque es más usada la forma sin *isc*: *diparto* y *dipartisco*

ripartire: con el significado de «marcharse de nuevo» hace: *riparto, riparti...* mientras que con el significado de «repartir, dividir» hace: *ripartisco*

partire: con el significado de «marchar, partir» se conjuga tal como hemos visto en el modelo *parto, parti* ... Pero con el significado de «dividir» hoy se conjuga como finire: *partisco, partisci...*

sortire: con el significado de «salir» se conjuga: *sorto, sorti...*, mientras que con el significado de «lograr, obtener» se conjuga: *sortisco, sortisci...*

Observaciones:

1ª El verbo *cucire* conserva el sonido palatal de la **c** en toda la conjugación y para ello añade una **i** ante de las desinencias que comienzan por **a, o** *cuc-i-o, cuc-i-ono, cuc-i-a, cuc-i-ano*

2ª. El verbo *fuggire* modifica el sonido palatal de la **g** ante las desinencias que comienzan por **a, o**, pero sin variación gráfica: *fugg-o, fugg-i, fugg-e, fugg-iamo, fugg-ite, fugg-ono; fugg-a, fugg-iamo, fugg-iate, fugg-ano*

3ª El participio presente de los verbos de la tercera conjugación termina en **-ente**: *fugg-ente, serv-ente*. Pero muchos verbos lo hacen en **-iente**: *obbed-iente, proven- iente, sal-iente*. Algunos verbos tienen un participio presente en **-ente** con valor verbal y otro en **-iente** usado como sustantivo o adjetivo: *La fanciulla dormente* (que duerme); *Molti erano i dormienti* (aquellos que dormían). Directamente del latín provienen: *paziente* (de patire) y *senziente* (de sentire)

VIII. LOS VERBOS IRREGULARES

Son irregulares todos aquellos verbos que se apartan en algún tiempo o forma del modelo de la conjugación a que pertenecen.

En italiano hay muchos verbos irregulares. La mayor parte pertenecen a la segunda y tercera conjugación.

LOS VERBOS IRREGULARES DE LA PRIMERA CONJUGACIÓN

En la primera conjugación sólo existen tres verbos irregulares: *andare, dare, stare* y sus compuestos. Pero hay que tener en cuenta que no todos los verbos terminados en *-stare, -dare* son compuestos de stare o dare. No lo son, por ejemplo: *contrastare* (contrastar), *restare* (quedarse), *ridondare* (redundar) etc.

El verbo *fare*, que es también irregular, es una contracción de *facere* y sigue por ello el modelo de la segunda conjugación.

La conjugación de **andare, dare, stare y fare** se puede ver en el lugar que les corresponde dentro de la lista de esquemas de verbos conjugados.

LOS VERBOS IRREGULARES DE LA SEGUNDA CONJUGACIÓN

Los podemos dividir en dos grandes grupos:

1º. Verbos cuya irregularidad se limita a la 1ª y 3ª personas del singular y a la 3ª persona del plural del pretérito indefinido (passato remoto) y al participio pasado. Se llaman verbos **fuertes** (**forti**), porque modifican la raíz.

2º. Verbos que se alejan del modelo regular en varios tiempos. Se llaman en italiano **anomali**, simplemente irregulares.

Verbos irregulares fuertes

Los podemos distribuir en los siguientes grupos:

> 1º. Verbos que duplican la consonante final de la raíz:

bere	(beber)	*bevvi*	*bevuto*
cadere	(caer)	*caddi*	*caduto*
piovere	(llover)	*piovve*	*piovuto*
rompere	(romper)	*ruppi*	*rotto*
sapere	(saber)	*seppi*	*saputo*
tenere	(tener)	*tenni*	*tenuto*
volere	(querer)	*volli*	*voluto*

> 2º. Verbos terminados en -**DERE**

Los verbos en **-dere** cambian la **d** en **s**

accludere	(incluir)	*acclusi*	*accluso*
alludere	(aludir)	*allusi*	*alluso*
ardere	(arder)	*arsi*	*arso*
chiedere	(pedir)	*chiesi*	*chiesto*
chiudere	(cerrar)	*chiusi*	*chiuso*
circoncidere	(circuncidar)	*circoncisi*	*circonciso*
deludere	(defraudar)	*delusi*	*deluso*
disperdere	(dispersar)	*dispersi*	*disperso*
dividere	(dividir)	*divisi*	*diviso*
esplodere	(explotar)	*esplosi*	*esploso*
evadere	(evadir)	*evasi*	*evaso*
invadere	(invadir)	*invasi*	*invaso*
mordere	(morder)	*morsi*	*morso*
perdere	(perder)	*persi*	*perso*
persuadere	(persuadir)	*persuasi*	*persuaso*
ridere	(reír)	*risi*	*riso*

Cuando terminan en **-ndere** pierden la **n**

accendere	(encender)	*accesi*	*acceso*
appendere	(colgar)	*appesi*	*appeso*
comprendere	(comprender)	*compresi*	*compreso*
contundere	(magullar)	*contusi*	*contuso*
difendere	(defender)	*difesi*	*difeso*
dipendere	(depender)	*dipesi*	*dipeso*
intendere	(entender)	*intesi*	*inteso*
nascondere	(esconder)	*nascosi*	*nascosto*
offendere	(ofender)	*offesi*	*offeso*
prendere	(tomar)	*presi*	*preso*
pretendere	(pretender)	*pretesi*	*preteso*
rendere	(devolver)	*resi*	*reso*
rispondere	(responder)	*risposi*	*risposto*
scendere	(descender)	*scesi*	*sceso*
sospendere	(suspender)	*sospesi*	*sospeso*
spendere	(gastar)	*spesi*	*speso*
tendere	(tender)	*tesi*	*teso*

Pero: fendere (hender) *fendei, fendetti (fessi) fenduto (fesso)*
rescindere (rescindir) *rescissi rescisso*
scindere (separar) *scissi scisso*

Los verbos en **fondere** hacen *usi*

fondere	(fundir)	*fusi*	*fuso*
confondere	(confundir)	*confusi*	*confuso*
diffondere	(difundir)	*diffusi*	*diffuso*
effondere	(derramar)	*effusi*	*effuso*
infondere	(infundir)	*infusi*	*infuso*

Los verbos en **cédere** toman dos eses, aunque tienden a hacerse regulares:

cedere	(ceder)	*(cessi) cedei, cedetti*	*ceduto*
concedere	(conceder)	*concessi, concedei concesso*	*concedetti (conceduto)*
intercedere	(interceder)	*(intercessi) intercedei, intercedetti, intercedutto*	*intercesso*
procedere	(proceder)	*processi, procedetti*	*proceduto*

	retrocedere	(retroceder)	*retrocessi*	*retrocesso*
	succedere	(suceder)	*successe*	*successo*
Pero:	decedere	(fallecer)	*decedetti*	*deceduto*

3º. Los verbos en (T)TERE cambian la t o tt en s o ss

annettere	(anexionar)	*(annessi) annettei*	*annesso*
connettere	(unir)	*(connessi) connettei*	*connesso*
discutere	(discutir)	*discussi*	*discusso*
incutere	(infundir)	*incussi*	*incusso*
mettere	(poner)	*misi*	*messo*
omettere	(omitir)	*omisi*	*omesso*
percuotere	(pegar)	*percossi*	*percosso*
promettere	(prometer)	*promisi*	*promesso*
riflettere	(reflexionar)	*(riflessi)* *riflettei*	*riflesso,* *riflettuto*
rimettere	(remitir)	*rimisi*	*rimesso*
riscuotere	(cobrar)	*riscossi*	*riscosso*
scuotere	(sacudir)	*scossi*	*scosso*

4º Los verbos terminados en -GERE

Los verbos en **-gere** cambian la **g** en **s** en el pretérito indefinido y en **t** en el participio, menos la mayor parte de los terminados en **ergere** que hacen el participio en **so**

accorgere	(darse cuenta)	*accorsi*	*accorto*
cingere	(ceñir)	*cinsi*	*cinto*
dipingere	(pintar)	*dipinsi*	*dipinto*
fingere	(fingir)	*finsi*	*finto*
frangere	(romper)	*fransi*	*franto*
fungere	(suplir)	*funsi*	no se usa
giungere	(llegar)	*giunsi*	*giunto*
piangere	(llorar)	*piansi*	*pianto*
pingere	(pintar)	*pinsi*	*pinto*

porgere	(entregar)	*porsi*	*porto*
pungere	(picar)	*punsi*	*punto*
respingere	(rechazar)	*respinsi*	*respinto*
scorgere	(divisar)	*scorsi*	*scorto*
sorgere	(surgir)	*sorsi*	*sorto*
spegnere	(apagar)	*spensi*	*spento*
spingere	(empujar)	*spinsi*	*spinto*
stringere	(estrechar)	*strinsi*	*strinto* (raro) *stretto*
tingere	(teñir)	*tinsi*	*tinto*
ungere	(ungir)	*unsi*	*unto*
volgere	(volver)	*volsi*	*volto*
convergere	(convergir)	*conversi*	*converso*
emergere	(sobresalir)	*emersi*	*emerso*
immergere	(sumergir)	*immersi*	*immerso*
rifulgere	(resplandecer)	*rifulsi*	*rifulso*
sommergere	(sumergir)	*sommersi*	*sommerso*
spargere	(esparcir)	*sparsi*	*sparso*

Los verbos en **-ggere** cambian las **gg** por **ss** en el pretérito indefinido y el participio lo hacen en **-sso** o en **-tto**.

affliggere	(afligir)	*afflissi*	*afflitto*
correggere	(corregir)	*corressi*	*corretto*
crocifiggere	(crucificar)	*crocifissi*	*crocifisso*
distruggere	(destruir)	*distrussi*	*distrutto*
eleggere	(elegir)	*elessi*	*eletto*
figgere	(fijar)	*fissi*	*fisso o fitto*
friggere	(freír)	*frissi*	*fritto*
infliggere	(inflingir)	*inflissi*	*inflitto*
leggere	(leer)	*lesi*	*letto*
proteggere	(proteger)	*protessi*	*protetto*
reggere	(regir)	*ressi*	*retto*
sconfiggere	(derrotar)	*sconfissi*	*sconfitto*
sorreggere	(sostener)	*sorressi*	*sorretto*
trafiggere	(traspasar)	*trafissi*	*trafitto*

Los verbos terminados en **-igere** cambian **ig** por **ess** en el pretérito indefinido y por **etto** en el participio:

dirigere	(dirigir)	*diressi*	*diretto*
erigere	(erigir)	*eressi*	*eretto*
negligere	(descuidar)	*neglessi*	*negletto*
prediligere	(preferir)	*predilessi*	*prediletto*

Pero redigere (redactar) hace *redassi*, *redatto*

5º. Los verbos terminados en -VERE

Los verbos en **-vere** cambian la **v** en **s**

assolvere	(absolver)	*assolsi (assolvei)*	*assolto*
devolvere	(transferir)	*(devolsi) devolvei*	*devoluto*
dissolvere	(disolver)	*dissolsi (dissolvei)*	*dissolto*
evolvere	(evolucionar)	*evolsi*	*evoluto*
risolvere	(resolver)	*risolsi (risolvei)*	*risolto, risoluto*

Los verbos en **-ivere** (casi todos compuestos de scrivere) cambian la **v** en **ss** y el participio en **tt**:

circoscrivere	(circunscribir)	*circoscrissi*	*circoscritto*
descrivere	(describir)	*descrissi*	*descritto*
iscrivere	(inscribir)	*iscrissi*	*iscritto*
proscrivere	(proscribir)	*proscrissi*	*proscritto*
scrivere	(escribir)	*scrissi*	*scritto*
sottoscrivere	(suscribir)	*sottoscrissi*	*sottoscritto*
trascrivere	(transcribir)	*trascrissi*	*trascritto*
vivere	(vivir)	*vissi*	pero *vissuto*

Muovere y sus compuestos y derivados hacen el pretérito indefinido en **-ssi** y el participio en **-sso**

muovere	(mover)	*mossi*	*mosso*
commuovere	(conmover)	*commossi*	*commosso*
promuovere	(promover)	*promossi*	*promosso*
rimuovere	(remover)	*rimossi*	*rimosso*
smuovere	(mover)	*smossi*	*smosso*

> 6º. La mayor parte de los verbos terminados en **-ÍMERE** cambian **im** por **ess** tanto en el pretérito indefinido como en el participio:

comprimere	(comprimir)	*compressi*	*compresso*
deprimere	(deprimir)	*depressi*	*depresso*
esprimere	(expresar)	*espressi*	*espresso*
imprimere	(imprimir)	*impressi*	*impresso*
opprimere	(oprimir)	*oppressi*	*oppresso*
reprimere	(reprimir)	*repressi*	*represso*
sopprimere	(suprimir)	*soppressi*	*soppresso*

En cambio se apartan de esta irregularidad:

dirimere	(dirimir)	*dirensi*	no tiene
redimere	(redimir)	*redensi*	*redento*
esimere	(eximir)	*esimei*	no tiene

> 7º. Los verbos terminados en **-DURRE** cambian las dos **rr** en dos **ss** en el pretérito indefinido, y el participio es siempre en **otto** y además son irregulares en otras formas:

addurre	(aducir)	*addussi*	*addotto*
condurre	(conducir)	*condussi*	*condotto*
dedurre	(deducir)	*dedussi*	*dedotto*
indurre	(inducir)	*indussi*	*indotto*
introdurre	(introducir)	*introdussi*	*introdotto*
produrre	(producir)	*produssi*	*prodotto*
ricondurre	(reconducir)	*ricondussi*	*ricondotto*
ridurre	(reducir)	*ridussi*	*ridotto*
riprodurre	(reproducir)	*riprodussi*	*riprodotto*
sedurre	(seducir)	*sedussi*	*sedotto*
tradurre	(traducir)	*tradussi*	*tradotto*

8º. Otros verbos irregulares de la segunda conjugación no incluidos en los grupos anteriores:

distinguere	(distinguir)	*distinsi*	*distinto*
estinguere	(extinguir)	*estinsi*	*estinto*
avellere	(arrancar)	*avulsi*	*avulso*
divellere	(desarraigar)	*divelsi*	*divelto*
eccellere	(sobresalir)	*eccelsi*	*eccelso*
espellere	(expulsar)	*espulsi*	*espulso*
impellere	(empujar)	*impulsi*	*impulso*
repellere	(repeler)	*repulsi*	*repulso*
svellere	(desarraigar)	*svelsi*	*svelto*
assumere	(asumir)	*assunsi*	*assunto*
consumere	(consumar)	*consunsi*	*consunto*
desumere	(inferir)	*desunsi*	*desunto*
presumere	(presumir)	*presunsi*	*presunto*
riassumere	(resumir)	*riassunsi*	*riassunto*
sumere	(sumir)	*sunsi*	*sunto*

Verbos de la segunda que tienen sólo irregular el participio pasivo

antecedere	(preceder)	*antecesso (anteceduto)*
assistere	(asistir)	*assistito*
consistere	(consistir)	*consistito*
contessere	(entretejer)	*contesto (contessuto)*
esigere	(exigir)	*esatto*
flettere	(doblar)	*flesso (flettuto)*
insistere	(insistir)	*insistito*
intessere	(entretejer)	*(intesto) intessuto*
mescere	(escanciar)	*(misto) mesciuto*
persistere	(persistir)	*persistito*
resistere	(resistir)	*resistito*
spandere	(derramar)	*spanto (spanduto)*
sussistere	(subsistir)	*sussistito*

Verbos irregulares de la segunda conjugación con irregularidades en varios o en todo los tiempos:

addurre (adducere)	(aducir)
bere (bevere)	(beber)
cadere	(caer)
chiedere	(pedir)
cogliere	(coger)
condurre	(conducir)
cuocere	(cocer)
dire	(decir)
dolere(si)	(doler)
dovere	(deber)
fare (facere)	(hacer)
giacere	(yacer)
godere	(gozar)
n(u)ocere	(dañar)
parere	(parecer)
piacere	(agradar)
porre (ponere)	(poner)
potere	(poder)
rimanere	(permanecer)
sapere	(saber)
scegliere	(elegir)
sciogliere	(desatar)
scuotere	(sacudir)
sedere	(sentar)
spegnere	(apagar)
svellere	(arrancar)
tacere	(callar)
tenere	(tener)
togliere	(quitar)
trarre (traere)	(sacar)
valere	(valer)
vedere	(ver)
vivere	(vivir)
volere	(querer)

Y sus respectivos compuestos

LOS VERBOS IRREGULARES DE LA TERCERA CONJUGACIÓN

Verbos fuertes: con pretérito indefinido y/o el participio pasivo irregulares

aprire	(abrir)	*aprii / apersi*	*aperto*
coprire	(cubrir)	*coprii / copersi*	*coperto*
costruire	(construir)	*costruii / costrussi*	*costruito / costrutto*
esaurire	(agotar)	*esaurii*	*esausto / esaurito*
inferire	(inferir)	*infersi / inferii*	*inferto / inferito*
offrire	(ofrecer)	*offrii / offersi*	*offerto*
profferire	(proferir)	*profferii / proffersi*	*profferito / profferto*
scolpire	(esculpir)	*scolpii / (sculsi)*	*scolpito / (sculto, scolto)*
seppellire	(sepultar)	*seppellii*	*sepolto / seppellito*
soffrire	(sufrir)	*soffrii / soffersi*	*sofferto*
sparire	(desaparecer)	*sparii / sparvi*	*sparito*

Verbos con múltiples tiempos o formas irregulares

apparire	(aparecer)
assalire	(asaltar)
compire /compiere	(cumplir)
cucire	(coser)
dire /dicere	(decir)
empire	(llenar)
morire	(morir)
salire	(subir)
udire	(oír)
uscire	(salir)
venire	(venir)

IX. VERBOS ITALIANOS CON DOBLE CONJUGACIÓN (VERBI SOVRABBONDANTI)

Algunos verbos italianos tienen dos formas distintas que pertenecen a dos diversas conjugaciones. A veces el significado cambia o tiene matices diferentes en una o en la otra conjugación. Los principales son:

abbrunare / abbrunire	(enlutar /ponerse moreno)
adempiere / adempire	(cumplir)
ammansare / ammansire	(amansar)
ammosciare / ammoscire	(marchitarse)
annerare / annerire	(ennegrecer)
arrossare / arrossire	(enrojecer / ruborizarse)
assordare / assordire	(aturdir / ensordecer)
colorare / colorire	(colorear)
compiere / compire	(realizar)
dimagrare / dimagrire	(adelgazar)
empiere / empire	(llenar)
fallare / fallire	(errar / quebrar)
imbiancare / imbianchire	(blanquear)
imboscare / imboschire	(esconder / embosquecer)
impazzare / impazzire	(enloquecer)
incapricciarsi / incapricersi	(encapricharse)
incoraggiare / incoraggire	(animar)
indurare / indurire	(endurecer)
infradiciare / infradicire	(empapar / pudrirse)
ingrossare / ingrossire	(engordar)
intorbidare / intorbidire	(enturbiar)
raggrinzare / raggrinzire	(fruncir)
rischiarare / rischiarire	(aclarar)
sbandare / sbandire	(desbandarse / desterrar)
scolorare / scolorire	(descolorar/ palidecer)
sfiorare / sfiorire	(rozar / marchitarse)
sgranchiare / sgranchire	(estirar los miembros)
starnutare / starnutire	(estornudar)

X. VERBOS DEFECTIVOS

Defectivos son aquellos verbos que no tienen conjugación completa, es decir, les faltan algunos modos o algunos tiempos o personas, bien porque no los hayan tenido nunca, bien porque hayan dejado de usarse.

Todos aquellos verbos que carecen de participio pasivo, carecen también de todos los tiempos compuestos.

Muchas de las formas todavía vivas de los verbos defectivos tienen un uso limitado en el lenguaje literario o poético.

Elencamos los más importantes y aquellos que han sido frecuentemente usados en la poesía más o menos antigua.

addirsi (convenir): Se usa en las terceras personas de los presentes e imperfectos de indicativo y subjuntivo: *si addice, si addicono; si addiceva, si addicevano; si addica, si addicano; si addicesse, si addicessero.*

affarsi (sentar, convenir): Se usa sólo en las formas *si affà; si affaceva, si affacesse*; raro en tercera persona del plural.

aggradare (agradar): Se usa sólo en la 3ª pers. sing. del presente de indicativo: *aggrada*

algere (helar): Usado por los poetas en el pretérito indefinido: *alsi, algesti...*

angere (afligir): Se usa sólo en la 3ª pers. sing. del presente de indicativo: *ange*

arrogere (agregar): Queda sólo la forma del imperativo, usada en documentos notariales *arroge* o *arrogi*

aulire (oler): Se usa sólo en presente e imperfecto de indicativo: *aulisco, aulivo*, y participio presente: *aulente*

bisognare (hacer falta): Se usa sólo en las terceras personas: *bisogna. bisognano...*

calére (importar): Se usa sólo en la 3ª pers. sing. del presente de indicativo, imperfecto y presente de subjuntivo, precedido de las partículas pronominales *mi, ti ci...* y frecuentemente de una negación: *non mi cale*

capere (caber): Se usan sólamente las terceras personas singular y plural: *cape, capono, capeva, capevano*

colere (honrar): Los poetas han usado tres personas del presente de indicativo: *io colo, tu coli, egli cole* y el participio *cólto*

competere (competer): No tiene participio pasivo y, por tanto, carece de tiempos compuestos

concernere (concernir): Es raro en el pretérito indefinido: *concernei/concernetti*, carece de participio pasivo y, por tanto, de tiempos compuestos

consumere (consumir): Sólo se usan algunas personas del pretérito indefinido: *consunsi, consunse, consunsero*; participio pasivo: *consunto* y en los tiempos compuestos

controvertere (controvertir): Se usa sólo en el presente de indicativo y el imperfecto de subjuntivo: *controverto, controverti...; controvertissi...*

convellere (contraer): Se usa sólo en el presente de indicativo, pretérito indefinido y participio: *convello, convelli...; convulsi, convellesti...; convulso*

convergere (converger): Es raro en el participio pasivo: *converso*

delinquere (delinquir) : Hoy se usa el infinitivo: *delinquere*; presente de indicativo: *delinquo*, el participio presente se ha convertido en un sustantivo: *delinquente*

detrudere (echar abajo): Usado en el participio pasivo y en los tiempos compuesto: *detròso*

dirimere (dirimir): Carece de participio pasivo y de tiempos compuestos

disaggradare (desagradar): Se usa sólo en la tercera pers. sing. de los tiempos simples

discernere (discernir): Carece de participio pasivo y de tiempos compuestos

distare (distar): Carece de participio pasivo y de tiempos compuestos

divergere (divergir): No se usa el pretérito indefinido, participio pasivo y tiempos compuestos

esimere (eximir): Carece de participio pasivo y de tiempos compuestos

estollere (alzar): Carece de pretérito indefinido, participio pasivo y tiempos compuestos

estrovertere (extrovertir): Carece de pretérito indefinido; el participio es *estroverso*

fallare (fallar): Se usan el presente de indicativo: *falla*, y el participio pasivo: *fallato* y en los tiempos compuestos

fedire (herir): Poético. Se usa el presente de indicativo: *fiedo, fiedi, fiede, fiedono*; el presente de subjuntivo: *fieda*; el participio: *fedito*

fervere (hervir): Se usa en sentido figurado y se mantiene sólo en el presente de indicativo: *ferve, fervono*; en el imperfecto de indicativo: *ferveva, fervevano*; en el imperfecto de subjuntivo: *fervesse, fervessero*; en el participio presente: *fervente*; y en el gerundio: *fervendo*.

fulgere (brillar): Se usa poco en los tiempos simples: *fulgeva*; y en el participio presente: *fulgente*. Carece de participio pasivo y, por tanto, de tiempos compuestos

gire (ir): Poético. Además del infinitivo, subsisten algunas formas del imperfecto de indicativo: *gía/ giva, givano*; del pretérito indefinido: *gisti, gì*; el participio pasivo: *gito* y alguna otra raramente usada

impellere (impeler): Se usa sólo en el pretérito indefinido y en los participios pasivo y presente: *impulsi, impellesti...; impulso, impellente*

incombere (incumbir): Carece de participio pasivo y de tiempos compuestos

ire (ir): Poéticamente se usan la 2ª persona plural del presente de indicativo y del imperativo, la 3ª persona singular y plural del imperfecto de indicativo, el participio pasivo y los tiempos compuestos: *ite, ito, iva, ivano, è ito...*

licere (ser lícito): Poéticamente se usa en algunas formas: 3ª persona singular del presente de indicativo: *lice* y del imperfecto de indicativo: *liceva*. Su uso es corriente en el participio: *lécito* (ant. *licito*) y en todos los tiempos compuestos

liquare (derretir): Se conservan las formas: *liquante, liquato*. En el presente de indicativo es usado por los escritores como verbo reflexivo: *si liqua*

lucere	(lucir): Se mantienen las formas de las terceras personas del presente y de imperfecto de indicativo: *luce, lucono; luceva, lucevano*; y el participio presente: *lucente*
malandare	(echarse a perder): Usado sólo en el participio pasivo: *malandato*
malvolere	(malquerer): Usado sólo en los participios presente y pasivo: *malvolente, malvoluto*
molcere	(endulzar): Poético en todas las formas simples: *molce, molceva, molcerò, molca, molcesse, molcendo*. Carece de participio pasivo y de tiempos compuestos
negligere	(descuidar): Se usan sólo los participios presente y pasivo: *negligente, negletto*
olire	(oler): En poesía ha sido usado en el presente de indicativo: *olisco* y en el imperfecto de indicativo: *oliva*
ostare	(obstar): Se usa en los tiempos simples del indicativo (menos en el pretérito indefinido) y en el potencial: *osta, ostava, osterá, osterebbe*. Carece de participio pasivo y de tiempos compuestos. El participio presente, *ostante* se ha gramaticalizado en la forma preposicional *nonostante*
prediligere	(preferir): Carece de participio presente
prudere	(picar): Es usado sobretodo en la las terceras persona del sing. y del plural; es raro el pretérito indefinido y carece de participio pasivo y de tiempos compuestos.
redire/riedere	(volver): Poético. Se encuentran sobre todo las formas: *riedo, riedi, riede, rediva, redivano, rieda*
rifulgere	(relucir): Es raro el participio pasivo: *rifulso*
risplendere	(resplandecer): Carece de participio pasivo y de tiempos compuestos
secernere	(segregar): Tiene una conjugación completa (el participio es *secreto*), pero hoy se usa casi solamente en las terceras personas singular y plural de los tiempos simples
serpere	(serpentear): Muy poco usado. Hoy se usa *serpeggiare*
soccombere	(sucumbir): Es raro el participio pasivo: *soccombuto*
solere	(soler): Se conjuga en los siguientes modos y tiempos: Presente de indicativo: *soglio, suoli, suole, sogliamo, solete, sogliono*

Pretérito imperfecto: *solevo, solevi, soleva*....
Pretérito indefinido: *solei, solesti, solè, solemmo, soleste, solerono*
Presente de subjuntivo: *soglia, soglia, soglia, sogliamo, sogliate, sogliano*
Pretérito imperfecto: *solessi, solessi, solesse, solessimo, soleste, solessero*
Gerundio: *solendo*
Participio pasivo: *sòlito*
Nota: Hoy se usa normalmente sólo la forma *suole*. Las demás se sustituyen con *essere solito*

splendere (lucir): Carece de participio pasivo y de tiempos compuestos

stridere (chillar): Carece de participio pasivo y de tiempos compuestos

suggere (chupar): Su uso es literario. Carece de participio pasivo y tiempos compuestos

tangere (tocar): Usado solamente en las terceras personas del singular y del plural y en el participio presente: *tangente*; carece de pretérito indefinido, de participio pasivo y de tiempos compuestos

urgere (urgir): Hoy es usado sobre todo en las terceras personas del singular y del plural, en el participio presente: *urgente* y en el gerundio: *urgendo*; carece de pretérito indefinido, de participio pasivo y de tiempos compuestos

vertere (versar): Se usa en la tercera persona, singular y plural, de los tiempos simples, en el participio presente: *vertente* y en el gerundio: *vertendo*. Carece de participio pasivo y, por tanto, de tiempos compuestos

vigere (estar vigente): Es usado en las terceras personas del singular y del plural del presente de indicativo: *vige, vigono*; del imperfecto de indicativo: *vigeva, vigevano*; del futuro: *vigerò, vigeranno*, del potencial: *vigerebbe, vigerebbero*, del presente de subjuntivo: *viga, vigano*; del imperfecto de subjuntivo: *vigesse, vigessero*; en el gerundio: *vigendo*; y en el participio presente: *vigente*

SEGUNDA PARTE

CUADRO DE CONJUGACIONES

ABITARE 1

INDICATIVO (Indicativo)

Presente		**Pretérito perfecto**	
Presente		*Passato prossimo*	
io	abito	ho	abitato
tu	abiti	hai	abitato
egli	abita	ha	abitato
noi	abitiamo	abbiamo	abitato
voi	abitate	avete	abitato
essi	abitano	hanno	abitato

Pretérito imperfecto		**Pret. pluscuamperf.**	
Imperfetto		*Trapassato prossimo*	
io	abitavo	avevo	abitato
tu	abitavi	avevi	abitato
egli	abitava	aveva	abitato
noi	abitavamo	avevamo	abitato
voi	abitavate	avevate	abitato
essi	abitavano	avevano	abitato

Pretérito indefinido		**Pretérito anterior**	
Passato remoto		*Trapassato remoto*	
io	abitai	ebbi	abitato
tu	abitasti	avesti	abitato
egli	abitò	ebbe	abitato
noi	abitammo	avemmo	abitato
voi	abitaste	aveste	abitato
essi	abitarono	ebbero	abitato

Futuro imperfecto		**Futuro perfecto**	
Futuro semplice		*Futuro anteriore*	
io	abiterò	avrò	abitato
tu	abiterai	avrai	abitato
egli	abiterà	avrà	abitato
noi	abiteremo	avremo	abitato
voi	abiterete	avrete	abitato
essi	abiteranno	avranno	abitato

POTENCIAL (Condizionale)

Simple		**Compuesto**	
Presente		*Passato*	
io	abiterei	avrei	abitato
tu	abiteresti	avresti	abitato
egli	abiterebbe	avrebbe	abitato
noi	abiteremmo	avremmo	abitato
voi	abitereste	avreste	abitato
essi	abiterebbero	avrebbero	abitato

SUBJUNTIVO (Congiuntivo)

Presente		**Pretérito perfecto**	
Presente		*Passato*	
che io	abiti	abbia	abitato
che tu	abiti	abbia	abitato
che egli	abiti	abbia	abitato
che noi	abitiamo	abbiamo	abitato
che voi	abitiate	abbiate	abitato
che essi	abitino	abbiano	abitato

Pretérito imperfecto		**Pret. pluscuamperf.**	
Imperfetto		*Trapassato*	
che io	abitassi	avessi	abitato
che tu	abitassi	avessi	abitato
che egli	abitasse	avesse	abitato
che noi	abitassimo	avessimo	abitato
che voi	abitaste	aveste	abitato
che essi	abitassero	avessero	abitato

IMPERATIVO

abita	tu
abiti	egli
abitiamo	noi
abitate	voi
abitino	essi

FORMAS NO PERSONALES
(Modi indefiniti)

Infinitivo	**Simple**	**Compuesto**
Infinito	*Semplice*	*Composto*
	abitare	avere abitato

Gerundio	**Simple**	**Compuesto**
Gerundio	*Semplice*	*Composto*
	abitando	avendo abitato

Participio	**Pasado**	**Presente**
Participio	*Passato*	*Presente*
	abitato	abitante

ACCORGERSI

INDICATIVO (Indicativo)

Presente
Presente

io mi	accorgo	sono	accorto
tu ti	accorgi	sei	accorto
egli si	accorge	è	accorto
noi ci	accorgiamo	siamo	accorti
voi vi	accorgete	siete	accorti
essi si	accorgono	sono	accorti

Pretérito perfecto
Passato prossimo

Pretérito imperfecto
Imperfetto

io mi	accorgevo	ero	accorto
tu ti	accorgevi	eri	accorto
egli si	accorgeva	era	accorto
noi ci	accorgevamo	eravamo	accorti
voi vi	accorgevate	eravate	accorti
essi si	accorgevano	erano	accorti

Pret. pluscuamperf.
Trapassato prossimo

Pretérito indefinido
Passato remoto

io mi	accorsi	fui	accorto
tu ti	accorgesti	fosti	accorto
egli si	accorse	fu	accorto
noi ci	accorgemmo	fummo	accorti
voi vi	accorgeste	foste	accorti
essi si	accorsero	furono	accorti

Pretérito anterior
Trapassato remoto

Futuro imperfecto
Futuro semplice

io mi	accorgerò	sarò	accorto
tu ti	accorgerai	sarai	accorto
egli si	accorgerà	sarà	accorto
noi ci	accorgeremo	saremo	accorti
voi vi	accorgerete	sarete	accorti
essi si	accorgeranno	saranno	accorti

Futuro perfecto
Futuro anteriore

POTENCIAL (Condizionale)

Simple
Presente

io mi	accorgerei	sarei	accorto
tu ti	accorgeresti	saresti	accorto
egli si	accorgerebbe	sarebbe	accorto
noi ci	accorgeremmo	saremmo	accorti
voi vi	accorgereste	sareste	accorti
essi si	accorgerebbero	sarebbero	accorti

Compuesto
Passato

SUBJUNTIVO (Congiuntivo)

Presente
Presente

che io	mi accorga	sia	accorto
che tu	ti accorga	sia	accorto
che egli	si accorga	sia	accorto
che noi	ci accorgiamo	siamo	accorti
che voi	vi accorgiate	siate	accorti
che essi	si accorgano	siano	accorti

Pretérito perfecto
Passato

Pretérito imperfecto
Imperfetto

che io	mi accorgessi	fossi	accorto
che tu	ti accorgessi	fossi	accorto
che egli	si accorgesse	fosse	accorto
che noi	ci accorgessimo	fossimo	accorti
che voi	vi accorgeste	foste	accorti
che essi	si accorgessero	fossero	accorti

Pret. pluscuamperf.
Trapassato

IMPERATIVO

	accorgiti	tu
si	accorga	egli
	accorgiamoci	noi
	accorgetevi	voi
si	accorgano	essi

FORMAS NO PERSONALES
(Modi indefiniti)

Infinitivo	Simple	Compuesto
Infinito	*Semplice*	*Composto*
	accorgersi	essersi accorto

Gerundio	Simple	Compuesto
Gerundio	*Semplice*	*Composto*
	accorgendosi	essendosi accorto

Participio	Pasado	Presente
Participio	*Passato*	*Presente*
	accortosi	–

AFFIGGERE 3

INDICATIVO (Indicativo)

Presente	**Pretérito perfecto**
Presente	*Passato prossimo*

io	affiggo	ho	affisso
tu	affiggi	hai	affisso
egli	affigge	ha	affisso
noi	affiggiamo	abbiamo	affisso
voi	affiggete	avete	affisso
essi	affiggono	hanno	affisso

Pretérito imperfecto	**Pret. pluscuamperf.**
Imperfetto	*Trapassato prossimo*

io	affiggevo	avevo	affisso
tu	affiggevi	avevi	affisso
egli	affiggeva	aveva	affisso
noi	affiggevamo	avevamo	affisso
voi	affiggevate	avevate	affisso
essi	affiggevano	avevano	affisso

Pretérito indefinido	**Pretérito anterior**
Passato remoto	*Trapassato remoto*

io	affissi	ebbi	affisso
tu	affiggesti	avesti	affisso
egli	affisse	ebbe	affisso
noi	affiggemmo	avemmo	affisso
voi	affiggeste	aveste	affisso
essi	affissero	ebbero	affisso

Futuro imperfecto	**Futuro perfecto**
Futuro semplice	*Futuro anteriore*

io	affiggerò	avrò	affisso
tu	affiggerai	avrai	affisso
egli	affiggerà	avrà	affisso
noi	affiggeremo	avremo	affisso
voi	affiggerete	avrete	affisso
essi	affiggeranno	avranno	affisso

POTENCIAL (Condizionale)

Simple	**Compuesto**
Presente	*Passato*

io	affiggerei	avrei	affisso
tu	affiggeresti	avresti	affisso
egli	affiggerebbe	avrebbe	affisso
noi	affiggeremmo	avremmo	affisso
voi	affiggereste	avreste	affisso
essi	affiggerebbero	avrebbero	affisso

SUBJUNTIVO (Congiuntivo)

Presente	**Pretérito perfecto**
Presente	*Passato*

che io	affigga	abbia	affisso
che tu	affigga	abbia	affisso
che egli	affigga	abbia	affisso
che noi	affiggiamo	abbiamo	affisso
che voi	affiggiate	abbiate	affisso
che essi	affiggano	abbiano	affisso

Pretérito imperfecto	**Pret. pluscuamperf.**
Imperfetto	*Trapassato*

che io	affiggessi	avessi	affisso
che tu	affiggessi	avessi	affisso
che egli	affiggesse	avesse	affisso
che noi	affiggessimo	avessimo	affisso
che voi	affiggeste	aveste	affisso
che essi	affiggessero	avessero	affisso

IMPERATIVO

affiggi	tu
affigga	egli
affiggiamo	noi
affiggete	voi
affiggano	essi

FORMAS NO PERSONALES
(Modi indefiniti)

Infinitivo	**Simple**	**Compuesto**
Infinito	*Semplice*	*Composto*
	affiggere	avere affisso

Gerundio	**Simple**	**Compuesto**
Gerundio	*Semplice*	*Composto*
	affiggendo	avendo affisso

Participio	**Pasado**	**Presente**
Participio	*Passato*	*Presente*
	affisso	–

4 AFFLIGGERE

INDICATIVO (Indicativo)

Presente
Presente

io	affliggo		
tu	affliggi		
egli	affligge		
noi	affliggiamo		
voi	affliggete		
essi	affliggono		

Pretérito perfecto
Passato prossimo

ho	afflitto
hai	afflitto
ha	afflitto
abbiamo	afflitto
avete	afflitto
hanno	afflitto

Pretérito imperfecto
Imperfetto

io	affliggevo
tu	affliggevi
egli	affliggeva
noi	affliggevamo
voi	affliggevate
essi	affliggevano

Pret. pluscuamperf.
Trapassato prossimo

avevo	afflitto
avevi	afflitto
aveva	afflitto
avevamo	afflitto
avevate	afflitto
avevano	afflitto

Pretérito indefinido
Passato remoto

io	afflissi
tu	affliggesti
egli	afflisse
noi	affliggemmo
voi	affliggeste
essi	afflissero

Pretérito anterior
Trapassato remoto

ebbi	afflitto
avesti	afflitto
ebbe	afflitto
avemmo	afflitto
aveste	afflitto
ebbero	afflitto

Futuro imperfecto
Futuro semplice

io	affliggerò
tu	affliggerai
egli	affliggerà
noi	affliggeremo
voi	affliggerete
essi	affliggeranno

Futuro perfecto
Futuro anteriore

avrò	afflitto
avrai	afflitto
avrà	afflitto
avremo	afflitto
avrete	afflitto
avranno	afflitto

POTENCIAL (Condizionale)

Simple
Presente

io	affliggerei
tu	affliggeresti
egli	affliggerebbe
noi	affliggeremmo
voi	affliggereste
essi	affliggerebbero

Compuesto
Passato

avrei	afflitto
avresti	afflitto
avrebbe	afflitto
avremmo	afflitto
avreste	afflitto
avrebbero	afflitto

SUBJUNTIVO (Congiuntivo)

Presente
Presente

che io	affligga
che tu	affligga
che egli	affligga
che noi	affliggiamo
che voi	affliggiate
che essi	affliggano

Pretérito perfecto
Passato

abbia	afflitto
abbia	afflitto
abbia	afflitto
abbiamo	afflitto
abbiate	afflitto
abbiano	afflitto

Pretérito imperfecto
Imperfetto

che io	affliggessi
che tu	affliggessi
che egli	affliggesse
che noi	affliggessimo
che voi	affliggeste
che essi	affliggessero

Pret. pluscuamperf.
Trapassato

avessi	afflitto
avessi	afflitto
avesse	afflitto
avessimo	afflitto
aveste	afflitto
avessero	afflitto

IMPERATIVO

affliggi	tu
affligga	egli
affliggiamo	noi
affliggete	voi
affliggano	essi

FORMAS NO PERSONALES
(Modi indefiniti)

Infinitivo	**Simple**	**Compuesto**
Infinito	*Semplice*	*Composto*
	affliggere	avere afflitto

Gerundio	**Simple**	**Compuesto**
Gerundio	*Semplice*	*Composto*
	affliggendo	avendo afflitto

Participio	**Pasado**	**Presente**
Participio	*Passato*	*Presente*
	afflitto	–

AMARE 5

INDICATIVO (Indicativo)

Presente		**Pretérito perfecto**	
Presente		*Passato prossimo*	
io	amo	ho	amato
tu	ami	hai	amato
egli	ama	ha	amato
noi	amiamo	abbiamo	amato
voi	amate	avete	amato
essi	amano	hanno	amato

Pretérito imperfecto		**Pret. pluscuamperf.**	
Imperfetto		*Trapassato prossimo*	
io	amavo	avevo	amato
tu	amavi	avevi	amato
egli	amava	aveva	amato
noi	amavamo	avevamo	amato
voi	amavate	avevate	amato
essi	amavano	avevano	amato

Pretérito indefinido		**Pretérito anterior**	
Passato remoto		*Trapassato remoto*	
io	amai	ebbi	amato
tu	amasti	avesti	amato
egli	amò	ebbe	amato
noi	amammo	avemmo	amato
voi	amaste	aveste	amato
essi	amarono	ebbero	amato

Futuro imperfecto		**Futuro perfecto**	
Futuro semplice		*Futuro anteriore*	
io	amerò	avrò	amato
tu	amerai	avrai	amato
egli	amerà	avrà	amato
noi	ameremo	avremo	amato
voi	amerete	avrete	amato
essi	ameranno	avranno	amato

POTENCIAL (Condizionale)

Simple		**Compuesto**	
Presente		*Passato*	
io	amerei	avrei	amato
tu	ameresti	avresti	amato
egli	amerebbe	avrebbe	amato
noi	ameremmo	avremmo	amato
voi	amereste	avreste	amato
essi	amerebbero	avrebbero	amato

SUBJUNTIVO (Congiuntivo)

Presente		**Pretérito perfecto**	
Presente		*Passato*	
che io	ami	abbia	amato
che tu	ami	abbia	amato
che egli	ami	abbia	amato
che noi	amiamo	abbiamo	amato
che voi	amiate	abbiate	amato
che essi	amino	abbiano	amato

Pretérito imperfecto		**Pret. pluscuamperf.**	
Imperfetto		*Trapassato*	
che io	amassi	avessi	amato
che tu	amassi	avessi	amato
che egli	amasse	avesse	amato
che noi	amassimo	avessimo	amato
che voi	amaste	aveste	amato
che essi	amassero	avessero	amato

IMPERATIVO

ama	tu
ami	egli
amiamo	noi
amate	voi
amino	essi

FORMAS NO PERSONALES
(Modi indefiniti)

Infinitivo	**Simple**	**Compuesto**
Infinito	*Semplice*	*Composto*
	amare	avere amato

Gerundio	**Simple**	**Compuesto**
Gerundio	*Semplice*	*Composto*
	amando	avendo amato

Participio	**Pasado**	**Presente**
Participio	*Passato*	*Presente*
	amato	amante

6 ANDARE

INDICATIVO (Indicativo)

Presente
Presente

		Pretérito perfecto *Passato prossimo*	
io	vado	sono	andato
tu	vai	sei	andato
egli	va	è	andato
noi	andiamo	siamo	andati
voi	andate	siete	andati
essi	vanno	sono	andati

Pretérito imperfecto
Imperfetto

		Pret. pluscuamperf. *Trapassato prossimo*	
io	andavo	ero	andato
tu	andavi	eri	andato
egli	andava	era	andato
noi	andavamo	eravamo	andati
voi	andavate	eravate	andati
essi	andavano	erano	andati

Pretérito indefinido
Passato remoto

		Pretérito anterior *Trapassato remoto*	
io	andai	fui	andato
tu	andasti	fosti	andato
egli	andò	fu	andato
noi	andammo	fummo	andati
voi	andaste	foste	andati
essi	andarono	furono	andati

Futuro imperfecto
Futuro semplice

		Futuro perfecto *Futuro anteriore*	
io	andrò	sarò	andato
tu	andrai	sarai	andato
egli	andrà	sarà	andato
noi	andremo	saremo	andati
voi	andrete	sarete	andati
essi	andranno	saranno	andati

POTENCIAL (Condizionale)

Simple
Presente

		Compuesto *Passato*	
io	andrei	sarei	andato
tu	andresti	saresti	andato
egli	andrebbe	sarebbe	andato
noi	andremmo	saremmo	andati
voi	andreste	sareste	andati
essi	andrebbero	sarebbero	andati

SUBJUNTIVO (Congiuntivo)

Presente
Presente

			Pretérito perfecto *Passato*	
che io	vada		sia	andato
che tu	vada		sia	andato
che egli	vada		sia	andato
che noi	andiamo		siamo	andati
che voi	andiate		siate	andati
che essi	vadano		siano	andati

Pretérito imperfecto
Imperfetto

			Pret. pluscuamperf. *Trapassato*	
che io	andassi		fossi	andato
che tu	andassi		fossi	andato
che egli	andasse		fosse	andato
che noi	andassimo		fossimo	andati
che voi	andaste		foste	andati
che essi	andassero		fossero	andati

IMPERATIVO

va	tu
vada	egli
andiamo	noi
andate	voi
vadano	essi

FORMAS NO PERSONALES
(Modi indefiniti)

Infinitivo *Infinito*	**Simple** *Semplice* andare	**Compuesto** *Composto* essere andato
Gerundio *Gerundio*	**Simple** *Semplice* andando	**Compuesto** *Composto* essendo andato
Participio *Participio*	**Pasado** *Passato* andato	**Presente** *Presente* andante

APPARIRE 7

INDICATIVO (Indicativo)

Presente
Presente

io	appaio	sono	apparso
tu	appari	sei	apparso
egli	appare	è	apparso
noi	appariamo	siamo	apparsi
voi	apparite	siete	apparsi
essi	appaiono	sono	apparsi

Pretérito perfecto
Passato prossimo

Pretérito imperfecto
Imperfetto

io	apparivo	ero	apparso
tu	apparivi	eri	apparso
egli	appariva	era	apparso
noi	apparivamo	eravamo	apparsi
voi	apparivate	eravate	apparsi
essi	apparivano	erano	apparsi

Pret. pluscuamperf.
Trapassato prossimo

Pretérito indefinido
Passato remoto

io	apparvi	fui	apparso
tu	apparisti	fosti	apparso
egli	apparve	fu	apparso
noi	apparimmo	fummo	apparsi
voi	appariste	foste	apparsi
essi	apparvero	furono	apparsi

Pretérito anterior
Trapassato remoto

Futuro imperfecto
Futuro semplice

io	apparirò	sarò	apparso
tu	apparirai	sarai	apparso
egli	apparirà	sarà	apparso
noi	appariremo	saremo	apparsi
voi	apparirete	sarete	apparsi
essi	appariranno	saranno	apparsi

Futuro perfecto
Futuro anteriore

POTENCIAL (Condizionale)

Simple
Presente

Compuesto
Passato

io	apparirei	sarei	apparso
tu	appariresti	saresti	apparso
egli	apparirebbe	sarebbe	apparso
noi	appariremmo	saremmo	apparsi
voi	apparireste	sareste	apparsi
essi	apparirebbero	sarebbero	apparsi

SUBJUNTIVO (Congiuntivo)

Presente
Presente

che io	appaia	sia	apparso
che tu	appaia	sia	apparso
che egli	appaia	sia	apparso
che noi	appariamo	siamo	apparsi
che voi	appariate	siate	apparsi
che essi	appaiano	siano	apparsi

Pretérito perfecto
Passato

Pretérito imperfecto
Imperfetto

che io	apparissi	fossi	apparso
che tu	apparissi	fossi	apparso
che egli	apparisse	fosse	apparso
che noi	apparissimo	fossimo	apparsi
che voi	appariste	foste	apparsi
che essi	apparissero	fossero	apparsi

Pret. pluscuamperf.
Trapassato

IMPERATIVO

appari	tu
appaia	egli
appariamo	noi
apparite	voi
appaiano	essi

FORMAS NO PERSONALES
(Modi indefiniti)

Infinitivo	**Simple**	**Compuesto**
Infinito	*Semplice*	*Composto*
	apparire	essere apparso

Gerundio	**Simple**	**Compuesto**
Gerundio	*Semplice*	*Composto*
	apparendo	essendo apparso

Participio	**Pasado**	**Presente**
Participio	*Passato*	*Presente*
	apparso	apparente

8 APRIRE

INDICATIVO (Indicativo)

Presente
Presente

io	apro	ho	aperto
tu	apri	hai	aperto
egli	apre	ha	aperto
noi	apriamo	abbiamo	aperto
voi	aprite	avete	aperto
essi	aprono	hanno	aperto

Pretérito perfecto / *Passato prossimo*

Pretérito imperfecto
Imperfetto

io	aprivo	avevo	aperto
tu	aprivi	avevi	aperto
egli	apriva	aveva	aperto
noi	aprivamo	avevamo	aperto
voi	aprivate	avevate	aperto
essi	aprivano	avevano	aperto

Pret. pluscuamperf. / *Trapassato prossimo*

Pretérito indefinido
Passato remoto

io	aprii	ebbi	aperto
tu	apristi	avesti	aperto
egli	aprì	ebbe	aperto
noi	aprimmo	avemmo	aperto
voi	apriste	aveste	aperto
essi	aprirono	ebbero	aperto

Pretérito anterior / *Trapassato remoto*

Futuro imperfecto
Futuro semplice

io	aprirò	avrò	aperto
tu	aprirai	avrai	aperto
egli	aprirà	avrà	aperto
noi	apriremo	avremo	aperto
voi	aprirete	avrete	aperto
essi	apriranno	avranno	aperto

Futuro perfecto / *Futuro anteriore*

POTENCIAL (Condizionale)

Simple
Presente

io	aprirei	avrei	aperto
tu	apriresti	avresti	aperto
egli	aprirebbe	avrebbe	aperto
noi	apriremmo	avremmo	aperto
voi	aprireste	avreste	aperto
essi	aprirebbero	avrebbero	aperto

Compuesto / *Passato*

SUBJUNTIVO (Congiuntivo)

Presente
Presente

che io	apra	abbia	aperto
che tu	apra	abbia	aperto
che egli	apra	abbia	aperto
che noi	apriamo	abbiamo	aperto
che voi	apriate	abbiate	aperto
che essi	aprano	abbiano	aperto

Pretérito perfecto / *Passato*

Pretérito imperfecto
Imperfetto

che io	aprissi	avessi	aperto
che tu	aprissi	avessi	aperto
che egli	aprisse	avesse	aperto
che noi	aprissimo	avessimo	aperto
che voi	apriste	aveste	aperto
che essi	aprissero	avessero	aperto

Pret. pluscuamperf. / *Trapassato*

IMPERATIVO

apri	tu
apra	egli
apriamo	noi
aprite	voi
aprano	essi

FORMAS NO PERSONALES
(Modi indefiniti)

Infinitivo	**Simple**	**Compuesto**
Infinito	*Semplice*	*Composto*
	aprire	avere aperto

Gerundio	**Simple**	**Compuesto**
Gerundio	*Semplice*	*Composto*
	aprendo	avendo aperto

Participio	**Pasado**	**Presente**
Participio	*Passato*	*Presente*
	aperto	–

ARDERE

INDICATIVO (Indicativo)

Presente
Presente

io	ardo	ho	arso
tu	ardi	hai	arso
egli	arde	ha	arso
noi	ardiamo	abbiamo	arso
voi	ardete	avete	arso
essi	ardono	hanno	arso

Pretérito perfecto
Passato prossimo

Pretérito imperfecto
Imperfetto

io	ardevo	avevo	arso
tu	ardevi	avevi	arso
egli	ardeva	aveva	arso
noi	ardevamo	avevamo	arso
voi	ardevate	avevate	arso
essi	ardevano	avevano	arso

Pret. pluscuamperf.
Trapassato prossimo

Pretérito indefinido
Passato remoto

io	arsi	ebbi	arso
tu	ardesti	avesti	arso
egli	arse	ebbe	arso
noi	ardemmo	avemmo	arso
voi	ardeste	aveste	arso
essi	arsero	ebbero	arso

Pretérito anterior
Trapassato remoto

Futuro imperfecto
Futuro semplice

io	arderò	avrò	arso
tu	arderai	avrai	arso
egli	arderà	avrà	arso
noi	arderemo	avremo	arso
voi	arderete	avrete	arso
essi	arderanno	avranno	arso

Futuro perfecto
Futuro anteriore

POTENCIAL (Condizionale)

Simple
Presente

Compuesto
Passato

io	arderei	avrei	arso
tu	arderesti	avresti	arso
egli	arderebbe	avrebbe	arso
noi	arderemmo	avremmo	arso
voi	ardereste	avreste	arso
essi	arderebbero	avrebbero	arso

SUBJUNTIVO (Congiuntivo)

Presente
Presente

che io	arda	abbia	arso
che tu	arda	abbia	arso
che egli	arda	abbia	arso
che noi	ardiamo	abbiamo	arso
che voi	ardiate	abbiate	arso
che essi	ardano	abbiano	arso

Pretérito perfecto
Passato

Pretérito imperfecto
Imperfetto

che io	ardessi	avessi	arso
che tu	ardessi	avessi	arso
che egli	ardesse	avesse	arso
che noi	ardessimo	avessimo	arso
che voi	ardeste	aveste	arso
che essi	ardessero	avessero	arso

Pret. pluscuamperf.
Trapassato

IMPERATIVO

ardi	tu
arda	egli
ardiamo	noi
ardete	voi
ardano	essi

FORMAS NO PERSONALES
(Modi indefiniti)

Infinitivo	Simple	Compuesto
Infinito	*Semplice*	*Composto*
	ardere	avere arso

Gerundio	Simple	Compuesto
Gerundio	*Semplice*	*Composto*
	ardendo	avendo arso

Participio	Pasado	Presente
Participio	*Passato*	*Presente*
	arso	ardente

10 ASSISTERE

INDICATIVO (Indicativo)

Presente
Presente

io	assisto	ho	assistito
tu	assisti	hai	assistito
egli	assiste	ha	assistito
noi	assistiamo	abbiamo	assistito
voi	assistete	avete	assistito
essi	assistono	hanno	assistito

Pretérito perfecto
Passato prossimo

Pretérito imperfecto
Imperfetto

io	assistevo	avevo	assistito
tu	assistevi	avevi	assistito
egli	assisteva	aveva	assistito
noi	assistevamo	avevamo	assistito
voi	assistevate	avevate	assistito
essi	assistevano	avevano	assistito

Pret. pluscuamperf.
Trapassato prossimo

Pretérito indefinido
Passato remoto

io	assistei	ebbi	assistito
tu	assistesti	avesti	assistito
egli	assistè	ebbe	assistito
noi	assistemmo	avemmo	assistito
voi	assisteste	aveste	assistito
essi	assisterono	ebbero	assistito

Pretérito anterior
Trapassato remoto

Futuro imperfecto
Futuro semplice

io	assisterò	avrò	assistito
tu	assisterai	avrai	assistito
egli	assisterà	avrà	assistito
noi	assisteremo	avremo	assistito
voi	assisterete	avrete	assistito
essi	assisteranno	avranno	assistito

Futuro perfecto
Futuro anteriore

POTENCIAL (Condizionale)

Simple
Presente

Compuesto
Passato

io	assisterei	avrei	assistito
tu	assisteresti	avresti	assistito
egli	assisterebbe	avrebbe	assistito
noi	assisteremmo	avremmo	assistito
voi	assistereste	avreste	assistito
essi	assisterebbero	avrebbero	assistito

SUBJUNTIVO (Congiuntivo)

Presente
Presente

che io	assista	abbia	assistito
che tu	assista	abbia	assistito
che egli	assista	abbia	assistito
che noi	assistiamo	abbiamo	assistito
che voi	assistiate	abbiate	assistito
che essi	assistano	abbiano	assistito

Pretérito perfecto
Passato

Pretérito imperfecto
Imperfetto

che io	assistessi	avessi	assistito
che tu	assistessi	avessi	assistito
che egli	assistesse	avesse	assistito
che noi	assistessimo	avessimo	assistito
che voi	assisteste	aveste	assistito
che essi	assistessero	avessero	assistito

Pret. pluscuamperf.
Trapassato

IMPERATIVO

assisti	tu
assista	egli
assistiamo	noi
assistete	voi
assistano	essi

FORMAS NO PERSONALES
(Modi indefiniti)

Infinitivo	Simple	Compuesto
Infinito	*Semplice*	*Composto*
	assistere	avere assistito

Gerundio	Simple	Compuesto
Gerundio	*Semplice*	*Composto*
	assistendo	avendo assistito

Participio	Pasado	Presente
Participio	*Passato*	*Presente*
	assistito	assistente

ASSUMERE

INDICATIVO (Indicativo)

Presente
Presente

io	assumo	ho	assunto
tu	assumi	hai	assunto
egli	assume	ha	assunto
noi	assumiamo	abbiamo	assunto
voi	assumete	avete	assunto
essi	assumono	hanno	assunto

Pretérito perfecto
Passato prossimo

Pretérito imperfecto
Imperfetto

io	assumevo	avevo	assunto
tu	assumevi	avevi	assunto
egli	assumeva	aveva	assunto
noi	assumevamo	avevamo	assunto
voi	assumevate	avevate	assunto
essi	assumevano	avevano	assunto

Pret. pluscuamperf.
Trapassato prossimo

Pretérito indefinido
Passato remoto

io	assunsi	ebbi	assunto
tu	assumesti	avesti	assunto
egli	assunse	ebbe	assunto
noi	assumemmo	avemmo	assunto
voi	assumeste	aveste	assunto
essi	assunsero	ebbero	assunto

Pretérito anterior
Trapassato remoto

Futuro imperfecto
Futuro semplice

io	assumerò	avrò	assunto
tu	assumerai	avrai	assunto
egli	assumerà	avrà	assunto
noi	assumeremo	avremo	assunto
voi	assumerete	avrete	assunto
essi	assumeranno	avranno	assunto

Futuro perfecto
Futuro anteriore

POTENCIAL (Condizionale)

Simple
Presente

Compuesto
Passato

io	assumerei	avrei	assunto
tu	assumeresti	avresti	assunto
egli	assumerebbe	avrebbe	assunto
noi	assumeremmo	avremmo	assunto
voi	assumereste	avreste	assunto
essi	assumerebbero	avrebbero	assunto

SUBJUNTIVO (Congiuntivo)

Presente
Presente

che io	assuma	abbia	assunto
che tu	assuma	abbia	assunto
che egli	assuma	abbia	assunto
che noi	assumiamo	abbiamo	assunto
che voi	assumiate	abbiate	assunto
che essi	assumano	abbiano	assunto

Pretérito perfecto
Passato

Pretérito imperfecto
Imperfetto

che io	assumessi	avessi	assunto
che tu	assumessi	avessi	assunto
che egli	assumesse	avesse	assunto
che noi	assumessimo	avessimo	assunto
che voi	assumeste	aveste	assunto
che essi	assumessero	avessero	assunto

Pret. pluscuamperf.
Trapassato

IMPERATIVO

assumi	tu
assuma	egli
assumiamo	noi
assumete	voi
assumano	essi

FORMAS NO PERSONALES
(Modi indefiniti)

Infinitivo	Simple	Compuesto
Infinito	*Semplice*	*Composto*
	assumere	avere assunto

Gerundio	Simple	Compuesto
Gerundio	*Semplice*	*Composto*
	assumendo	avendo assunto

Participio	Pasado	Presente
Participio	*Passato*	*Presente*
	assunto	–

12 AVERE

INDICATIVO (Indicativo)

Presente
Presente

io	ho
tu	hai
egli	ha
noi	abbiamo
voi	avete
essi	hanno

Pretérito perfecto
Passato prossimo

ho	avuto	
hai	avuto	
ha	avuto	
abbiamo	avuto	
avete	avuto	
hanno	avuto	

Pretérito imperfecto
Imperfetto

io	avevo
tu	avevi
egli	aveva
noi	avevamo
voi	avevate
essi	avevano

Pret. pluscuamperf.
Trapassato prossimo

avevo	avuto
avevi	avuto
aveva	avuto
avevamo	avuto
avevate	avuto
avevano	avuto

Pretérito indefinido
Passato remoto

io	ebbi
tu	avesti
egli	ebbe
noi	avemmo
voi	aveste
essi	ebbero

Pretérito anterior
Trapassato remoto

ebbi	avuto
avesti	avuto
ebbe	avuto
avemmo	avuto
aveste	avuto
ebbero	avuto

Futuro imperfecto
Futuro semplice

io	avrò
tu	avrai
egli	avrà
noi	avremo
voi	avrete
essi	avranno

Futuro perfecto
Futuro anteriore

avrò	avuto
avrai	avuto
avrà	avuto
avremo	avuto
avrete	avuto
avranno	avuto

POTENCIAL (Condizionale)

Simple
Presente

io	avrei
tu	avresti
egli	avrebbe
noi	avremmo
voi	avreste
essi	avrebbero

Compuesto
Passato

avrei	avuto
avresti	avuto
avrebbe	avuto
avremmo	avuto
avreste	avuto
avrebbero	avuto

SUBJUNTIVO (Congiuntivo)

Presente
Presente

che io	abbia
che tu	abbia
che egli	abbia
che noi	abbiamo
che voi	abbiate
che essi	**abbiano**

Pretérito perfecto
Passato

abbia	avuto
abbia	avuto
abbia	avuto
abbiamo	avuto
abbiate	avuto
abbiano	avuto

Pretérito imperfecto
Imperfetto

che io	avessi
che tu	avessi
che egli	avesse
che noi	avessimo
che voi	aveste
che essi	avessero

Pret. pluscuamperf.
Trapassato

avessi	avuto
avessi	avuto
avesse	avuto
avessimo	avuto
aveste	avuto
avessero	avuto

IMPERATIVO

abbi	tu
abbia	egli
abbiamo	noi
abbiate	voi
abbiano	essi

FORMAS NO PERSONALES
(Modi indefiniti)

Infinitivo	Simple	Compuesto
Infinito	*Semplice*	*Composto*
	avere	avere avuto

Gerundio	Simple	Compuesto
Gerundio	*Semplice*	*Composto*
	avendo	avendo avuto

Participio	Pasado	Presente
Participio	*Passato*	*Presente*
	avuto	avente

BERE 13

INDICATIVO (Indicativo)

Presente		Pretérito perfecto	
Presente		*Passato prossimo*	
io	bevo	ho	bevuto
tu	bevi	hai	bevuto
egli	beve	ha	bevuto
noi	beviamo	abbiamo	bevuto
voi	bevete	avete	bevuto
essi	bevono	hanno	bevuto

Pretérito imperfecto		Pret. pluscuamperf.	
Imperfetto		*Trapassato prossimo*	
io	bevevo	avevo	bevuto
tu	bevevi	avevi	bevuto
egli	beveva	aveva	bevuto
noi	bevevamo	avevamo	bevuto
voi	bevevate	avevate	bevuto
essi	bevevano	avevano	bevuto

Pretérito indefinido		Pretérito anterior	
Passato remoto		*Trapassato remoto*	
io	bevvi	ebbi	bevuto
tu	bevesti	avesti	bevuto
egli	bevve	ebbe	bevuto
noi	bevemmo	avemmo	bevuto
voi	beveste	aveste	bevuto
essi	bevvero	ebbero	bevuto

Futuro imperfecto		Futuro perfecto	
Futuro semplice		*Futuro anteriore*	
io	berrò	avrò	bevuto
tu	berrai	avrai	bevuto
egli	berrà	avrà	bevuto
noi	berremo	avremo	bevuto
voi	berrete	avrete	bevuto
essi	berranno	avranno	bevuto

POTENCIAL (Condizionale)

Simple		Compuesto	
Presente		*Passato*	
io	berrei	avrei	bevuto
tu	berresti	avresti	bevuto
egli	berrebbe	avrebbe	bevuto
noi	berremmo	avremmo	bevuto
voi	berreste	avreste	bevuto
essi	berrebbero	avrebbero	bevuto

SUBJUNTIVO (Congiuntivo)

Presente		Pretérito perfecto	
Presente		*Passato*	
che io	beva	abbia	bevuto
che tu	beva	abbia	bevuto
che egli	beva	abbia	bevuto
che noi	beviamo	abbiamo	bevuto
che voi	beviate	abbiate	bevuto
che essi	bevano	abbiano	bevuto

Pretérito imperfecto		Pret. pluscuamperf.	
Imperfetto		*Trapassato*	
che io	bevessi	avessi	bevuto
che tu	bevessi	avessi	bevuto
che egli	bevesse	avesse	bevuto
che noi	bevessimo	avessimo	bevuto
che voi	beveste	aveste	bevuto
che essi	bevessero	avessero	bevuto

IMPERATIVO

bevi	tu
beva	egli
beviamo	noi
bevete	voi
bevano	essi

FORMAS NO PERSONALES
(Modi indefiniti)

Infinitivo	Simple	Compuesto
Infinito	*Semplice*	*Composto*
	bere	avere bevuto

Gerundi	Simple	Compuesto
Gerundio	*Semplice*	*Composto*
	bevendo	avendo bevuto

Participi	Pasado	Presente
Participi	*Passato*	*Presente*
	bevuto	–

14 — CADERE

INDICATIVO (Indicativo)

Presente / *Presente*

		Pretérito perfecto / *Passato prossimo*	
io	cado	sono	caduto
tu	cadi	sei	caduto
egli	cade	è	caduto
noi	cadiamo	siamo	caduti
voi	cadete	siete	caduti
essi	cadono	sono	caduti

Pretérito imperfecto / *Imperfetto*

		Pret. pluscuamperf. / *Trapassato prossimo*	
io	cadevo	ero	caduto
tu	cadevi	eri	caduto
egli	cadeva	era	caduto
noi	cadevamo	eravamo	caduti
voi	cadevate	eravate	caduti
essi	cadevano	erano	caduti

Pretérito indefinido / *Passato remoto*

		Pretérito anterior / *Trapassato remoto*	
io	caddi	fui	caduto
tu	cadesti	fosti	caduto
egli	cadde	fu	caduto
noi	cademmo	fummo	caduti
voi	cadeste	foste	caduti
essi	caddero	furono	caduti

Futuro imperfecto / *Futuro semplice*

		Futuro perfecto / *Futuro anteriore*	
io	cadrò	sarò	caduto
tu	cadrai	sarai	caduto
egli	cadrà	sarà	caduto
noi	cadremo	saremo	caduti
voi	cadrete	sarete	caduti
essi	cadranno	saranno	caduti

POTENCIAL (Condizionale)

Simple / *Presente*

		Compuesto / *Passato*	
io	cadrei	sarei	caduto
tu	cadresti	saresti	caduto
egli	cadrebbe	sarebbe	caduto
noi	cadremmo	saremmo	caduti
voi	cadreste	sareste	caduti
essi	cadrebbero	sarebbero	caduti

SUBJUNTIVO (Congiuntivo)

Presente / *Presente*

		Pretérito perfecto / *Passato*	
che io	cada	sia	caduto
che tu	cada	sia	caduto
che egli	cada	sia	caduto
che noi	cadiamo	siamo	caduti
che voi	cadiate	siate	caduti
che essi	cadano	siano	caduti

Pretérito imperfecto / *Imperfetto*

		Pret. pluscuamperf. / *Traspassato*	
che io	cadessi	fossi	caduto
che tu	cadessi	fossi	caduto
che egli	cadesse	fosse	caduto
che noi	cadessimo	fossimo	caduti
che voi	cadeste	foste	caduti
che essi	cadessero	fossero	caduti

IMPERATIVO

cadi	tu
cada	egli
cadiamo	noi
cadete	voi
cadano	essi

FORMAS NO PERSONALES (Modi indefiniti)

Infinitivo / *Infinito*	Simple / *Semplice*	Compuesto / *Composto*
	cadere	essere caduto

Gerundio / *Gerundio*	Simple / *Semplice*	Compuesto / *Composto*
	cadendo	essendo caduto

Participio / *Participio*	Pasado / *Passato*	Presente / *Presente*
	caduto	cadente

CERCARE 15

INDICATIVO (Indicativo)

Presente		**Pretérito perfecto**	
Presente		*Passato prossimo*	
io	cerco	ho	cercato
tu	cerchi	hai	cercato
egli	cerca	ha	cercato
noi	cerchiamo	abbiamo	cercato
voi	cercate	avete	cercato
essi	cercano	hanno	cercato

Pretérito imperfecto		**Pret. pluscuamperf.**	
Imperfetto		*Trapassato prossimo*	
io	cercavo	avevo	cercato
tu	cercavi	avevi	cercato
egli	cercava	aveva	cercato
noi	cercavamo	avevamo	cercato
voi	cercavate	avevate	cercato
essi	cercavano	avevano	cercato

Pretérito indefinido		**Pretérito anterior**	
Passato remoto		*Trapassato remoto*	
io	cercai	ebbi	cercato
tu	cercaste	avesti	cercato
egli	cercò	ebbe	cercato
noi	cercammo	avemmo	cercato
voi	cercaste	aveste	cercato
essi	cercarono	ebbero	cercato

Futuro imperfecto		**Futuro perfecto**	
Futuro semplice		*Futuro anteriore*	
io	cercherò	avrò	cercato
tu	cercherai	avrai	cercato
egli	cercherà	avrà	cercato
noi	cercheremo	avremo	cercato
voi	cercherete	avrete	cercato
essi	cercheranno	avranno	cercato

POTENCIAL (Condizionale)

Simple		**Compuesto**	
Presente		*Passato*	
io	cercherei	avrei	cercato
tu	cercheresti	avresti	cercato
egli	cercherebbe	avrebbe	cercato
noi	cercheremmo	avremmo	cercato
voi	cerchereste	avreste	cercato
essi	cercherebbero	avrebbero	cercato

SUBJUNTIVO (Congiuntivo)

Presente		**Pretérito perfecto**	
Presente		*Passato*	
che io	cerchi	abbia	cercato
che tu	cerchi	abbia	cercato
che egli	cerchi	abbia	cercato
che noi	cerchiamo	abbiamo	cercato
che voi	cerchiate	abbiate	cercato
che essi	cerchino	abbiano	cercato

Pretérito imperfecto		**Pret. pluscuamperf.**	
Imperfetto		*Trapassato*	
che io	cercassi	avessi	cercato
che tu	cercassi	avessi	cercato
che egli	cercasse	avesse	cercato
che noi	cercassimo	avessimo	cercato
che voi	cercaste	aveste	cercato
che essi	cercassero	avessero	cercato

IMPERATIVO

cerca	tu
cerchi	egli
cerchiamo	noi
cercate	voi
cerchino	essi

FORMAS NO PERSONALES
(Modi indefiniti)

Infinitivo	**Simple**	**Compuesto**
Infinito	*Semplice*	*Composto*
	cercare	avere cercato

Gerundio	**Simple**	**Compuesto**
Gerundio	*Semplice*	*Composto*
	cercando	avendo cercato

Participio	**Pasado**	**Presente**
Participio	*Passato*	*Presente*
	cercato	–

16 CHIEDERE

INDICATIVO (Indicativo)

Presente
Presente

io	chiedo	ho	chiesto
tu	chiedi	hai	chiesto
egli	chiede	ha	chiesto
noi	chiediamo	abbiamo	chiesto
voi	chiedete	avete	chiesto
essi	chiedono	hanno	chiesto

Pretérito perfecto
Passato prossimo

Pretérito imperfecto
Imperfetto

io	chiedevo	avevo	chiesto
tu	chiedevi	avevi	chiesto
egli	chiedeva	aveva	chiesto
noi	chiedevamo	avevamo	chiesto
voi	chiedevate	avevate	chiesto
essi	chiedevano	avevano	chiesto

Pret. pluscuamperf.
Trapassato prossimo

Pretérito indefinido
Passato remoto

io	chiesi	ebbi	chiesto
tu	chiedesti	avesti	chiesto
egli	chiese	ebbe	chiesto
noi	chiedemmo	avemmo	chiesto
voi	chiedeste	aveste	chiesto
essi	chiesero	ebbero	chiesto

Pretérito anterior
Trapassato remoto

Futuro imperfecto
Futuro semplice

io	chiederò	avrò	chiesto
tu	chiederai	avrai	chiesto
egli	chiederà	avrà	chiesto
noi	chiederemo	avremo	chiesto
voi	chiederete	avrete	chiesto
essi	chiederanno	avranno	chiesto

Futuro perfecto
Futuro anteriore

POTENCIAL (Condizionale)

Simple
Presente

io	chiederei	avrei	chiesto
tu	chiederesti	avresti	chiesto
egli	chiederebbe	avrebbe	chiesto
noi	chiederemmo	avremmo	chiesto
voi	chiedereste	avreste	chiesto
essi	chiederebbero	avrebbero	chiesto

Compuesto
Passato

SUBJUNTIVO (Congiuntivo)

Presente
Presente

che io	chieda	abbia	chiesto
che tu	chieda	abbia	chiesto
che egli	chieda	abbia	chiesto
che noi	chiediamo	abbiamo	chiesto
che voi	chiediate	abbiate	chiesto
che essi	chiedano	abbiano	chiesto

Pretérito perfecto
Passato

Pretérito imperfecto
Imperfetto

che io	chiedessi	avessi	chiesto
che tu	chiedessi	avessi	chiesto
che egli	chiedesse	avesse	chiesto
che noi	chiedessimo	avessimo	chiesto
che voi	chiedeste	aveste	chiesto
che essi	chiedessero	avessero	chiesto

Pret. pluscuamperf.
Trapassato

IMPERATIVO

chiedi	tu
chieda	egli
chiediamo	noi
chiedete	voi
chiedano	essi

FORMAS NO PERSONALES
(Modi indefiniti)

Infinitivo	Simple	Compuesto
Infinito	*Semplice*	*Composto*
	chiedere	avere chiesto

Gerundio	Simple	Compuesto
Gerundio	*Semplice*	*Composto*
	chiedendo	avendo chiesto

Participio	Pasado	Presente
Participio	*Passato*	*Presente*
	chiesto	chiedente

CHIUDERE 17

INDICATIVO (Indicativo)

Presente
Presente

io	chiudo
tu	chiudi
egli	chiude
noi	chiudiamo
voi	chiudete
essi	chiudono

Pretérito perfecto
Passato prossimo

ho	chiuso
hai	chiuso
ha	chiuso
abbiamo	chiuso
avete	chiuso
hanno	chiuso

Pretérito imperfecto
Imperfetto

io	chiudevo
tu	chiudevi
egli	chiudeva
noi	chiudevamo
voi	chiudevate
essi	chiudevano

Pret. pluscuamperf.
Trapassato prossimo

avevo	chiuso
avevi	chiuso
aveva	chiuso
avevamo	chiuso
avevate	chiuso
avevano	chiuso

Pretérito indefinido
Passato remoto

io	chiusi
tu	chiudesti
egli	chiuse
noi	chiudemmo
voi	chiudeste
essi	chiusero

Pretérito anterior
Trapassato remoto

ebbi	chiuso
avesti	chiuso
ebbe	chiuso
avemmo	chiuso
aveste	chiuso
ebbero	chiuso

Futuro imperfecto
Futuro semplice

io	chiuderò
tu	chiuderai
egli	chiuderà
noi	chiuderemo
voi	chiuderete
essi	chiuderanno

Futuro perfecto
Futuro anteriore

avrò	chiuso
avrai	chiuso
avrà	chiuso
avremo	chiuso
avrete	chiuso
avranno	chiuso

POTENCIAL (Condizionale)

Simple
Presente

io	chiuderei
tu	chiuderesti
egli	chiuderebbe
noi	chiuderemmo
voi	chiudereste
essi	chiuderebbero

Compuesto
Passato

avrei	chiuso
avresti	chiuso
avrebbe	chiuso
avremmo	chiuso
avreste	chiuso
avrebbero	chiuso

SUBJUNTIVO (Congiuntivo)

Presente
Presente

che io	chiuda
che tu	chiuda
che egli	chiuda
che noi	chiudiamo
che voi	chiudiate
che essi	chiudano

Pretérito perfecto
Passato

abbia	chiuso
abbia	chiuso
abbia	chiuso
abbiamo	chiuso
abbiate	chiuso
abbiano	chiuso

Pretérito imperfecto
Imperfetto

che io	chiudessi
che tu	chiudessi
che egli	chiudesse
che noi	chiudessimo
che voi	chiudeste
che essi	chiudessero

Pret. pluscuamperf.
Trapassato

avessi	chiuso
avessi	chiuso
avesse	chiuso
avessimo	chiuso
aveste	chiuso
avessero	chiuso

IMPERATIVO

chiudi	tu
chiuda	egli
chiudiamo	noi
chiudete	voi
chiudano	essi

FORMAS NO PERSONALES
(Modi indefiniti)

Infinitivo	**Simple**	**Compuesto**
Infinito	*Semplice*	*Composto*
	chiudere	avere chiuso

Gerundio	**Simple**	**Compuesto**
Gerundio	*Semplice*	*Composto*
	chiudendo	avendo chiuso

Participio	**Pasado**	**Presente**
Participio	*Passato*	*Presente*
	chiuso	–

COGLIERE

INDICATIVO (Indicativo)

Presente
Presente

io	colgo	ho	colto
tu	cogli	hai	colto
egli	coglie	ha	colto
noi	cogliamo	abbiamo	colto
voi	cogliete	avete	colto
essi	colgono	hanno	colto

Pretérito perfecto
Passato prossimo

Pretérito imperfecto
Imperfetto

io	coglievo	avevo	colto
tu	coglievi	avevi	colto
egli	coglieva	aveva	colto
noi	coglievamo	avevamo	colto
voi	coglievate	avevate	colto
essi	coglievano	avevano	colto

Pret. pluscuamperf.
Trapassato prossimo

Pretérito indefinido
Passato remoto

io	colsi	ebbi	colto
tu	cogliesti	avesti	colto
egli	colse	ebbe	colto
noi	cogliemmo	avemmo	colto
voi	coglieste	aveste	colto
essi	colsero	ebbero	colto

Pretérito anterior
Trapassato remoto

Futuro imperfecto
Futuro semplice

io	coglierò	avrò	colto
tu	coglierai	avrai	colto
egli	coglierà	avrà	colto
noi	coglieremo	avremo	colto
voi	coglierete	avrete	colto
essi	coglieranno	avranno	colto

Futuro perfecto
Futuro anteriore

POTENCIAL (Condizionale)

Simple
Presente

io	coglierei	avrei	colto
tu	coglieresti	avresti	colto
egli	coglierebbe	avrebbe	colto
noi	coglieremmo	avremmo	colto
voi	cogliereste	avreste	colto
essi	coglierebbero	avrebbero	colto

Compuesto
Passato

SUBJUNTIVO (Congiuntivo)

Presente
Presente

che io	colga	abbia	colto
che tu	colga	abbia	colto
che egli	colga	abbia	colto
che noi	cogliamo	abbiamo	colto
che voi	cogliate	abbiate	colto
che essi	colgano	abbiano	colto

Pretérito perfecto
Passato

Pretérito imperfecto
Imperfetto

che io	cogliessi	avessi	colto
che tu	cogliessi	avessi	colto
che egli	cogliesse	avesse	colto
che noi	cogliessimo	avessimo	colto
che voi	coglieste	aveste	colto
che essi	cogliessero	avessero	colto

Pret. pluscuamperf.
Trapassato

IMPERATIVO

cogli	tu
colga	egli
cogliamo	noi
cogliete	voi
colgano	essi

FORMAS NO PERSONALES
(Modi indefiniti)

Infinitivo	**Simple**	**Compuesto**
Infinito	*Semplice*	*Composto*
	cogliere	avendo colto

Gerundio	**Simple**	**Compuesto**
Gerundio	*Semplice*	*Composto*
	cogliendo	avendo colto

Participio	**Pasado**	**Presente**
Participio	*Passato*	*Presente*
	colto	–

COMINCIARE 19

INDICATIVO (Indicativo)

Presente
Presente

io	comincio	ho	cominciato
tu	cominci	hai	cominciato
egli	comincia	ha	cominciato
noi	cominciamo	abbiamo	cominciato
voi	cominciate	avete	cominciato
essi	cominciano	hanno	cominciato

Pretérito perfecto
Passato prossimo

Pretérito imperfecto
Imperfetto

io	cominciavo	avevo	cominciato
tu	cominciavi	avevi	cominciato
egli	cominciava	aveva	cominciato
noi	cominciavamo	avevamo	cominciato
voi	cominciavate	avevate	cominciato
essi	cominciavano	avevano	cominciato

Pret. pluscuamperf.
Trapassato prossimo

Pretérito indefinido
Passato remoto

io	cominciai	ebbi	cominciato
tu	cominciasti	avesti	cominciato
egli	cominciò	ebbe	cominciato
noi	cominciammo	avemmo	cominciato
voi	cominciaste	aveste	cominciato
essi	cominciarono	ebbero	cominciato

Pretérito anterior
Trapassato remoto

Futuro imperfecto
Futuro semplice

io	comincerò	avrò	cominciato
tu	comincerai	avrai	cominciato
egli	comincerà	avrà	cominciato
noi	cominceremo	avremo	cominciato
voi	comincerete	avrete	cominciato
essi	cominceranno	avranno	cominciato

Futuro perfecto
Futuro anteriore

POTENCIAL (Condizionale)

Simple
Presente

Compuesto
Passato

io	comincerei	avrei	cominciato
tu	cominceresti	avresti	cominciato
egli	comincerebbe	avrebbe	cominciato
noi	cominceremmo	avremmo	cominciato
voi	comincereste	avreste	cominciato
essi	comincerebbero	avrebbero	cominciato

SUBJUNTIVO (Congiuntivo)

Presente
Presente

che io	cominci	abbia	cominciato
che tu	cominci	abbia	cominciato
che egli	cominci	abbia	cominciato
che noi	cominciamo	abbiamo	cominciato
che voi	cominciate	abbiate	cominciato
che essi	comincino	abbiano	cominciato

Pretérito perfecto
Passato

Pretérito imperfecto
Imperfetto

che io	cominciassi	avessi	cominciato
che tu	cominciassi	avessi	cominciato
che egli	cominciasse	avesse	cominciato
che noi	cominciassimo	avessimo	cominciato
che voi	cominciaste	aveste	cominciato
che essi	cominciassero	avessero	cominciato

Pret. pluscuamperf.
Trapassato

IMPERATIVO

comincia	tu
cominci	egli
cominciamo	noi
cominciate	voi
comincino	essi

FORMAS NO PERSONALES
(Modi indefiniti)

Infinitivo Simple Compuesto
Infinito Semplice Composto

cominciare avere cominciato

Gerundio Simple Compuesto
Gerundio Semplice Composto

cominciando avendo cominciato

Participio Pasado Presente
Participio Passato Presente

cominciato –

COMPIERE

INDICATIVO (Indicativo)

Presente
Presente

io	compio	ho	compiuto
tu	compi	hai	compiuto
egli	compie	ha	compiuto
noi	compiamo	abbiamo	compiuto
voi	compite/iete	avete	compiuto
essi	compiono	hanno	compiuto

Pretérito perfecto
Passato prossimo

Pretérito imperfecto
Imperfetto

io	compivo	avevo	compiuto
tu	compivi	avevi	compiuto
egli	compiva	aveva	compiuto
noi	compivamo	avevamo	compiuto
voi	compivate	avevate	compiuto
essi	compivano	avevano	compiuto

Pret. pluscuamperf.
Trapassato prossimo

Pretérito indefinido
Passato remoto

io	compii/ei	ebbi	compiuto
tu	compisti/iesti	avesti	compiuto
egli	compì/ie	ebbe	compiuto
noi	compi(e)mmo	avemmo	compiuto
voi	compi(e)ste	aveste	compiuto
essi	compi(e)rono	ebbero	compiuto

Pretérito anterior
Trapassato remoto

Futuro imperfecto
Futuro semplice

io	compirò	avrò	compiuto
tu	compirai	avrai	compiuto
egli	compirà	avrà	compiuto
noi	compiremo	avremo	compiuto
voi	compirete	avrete	compiuto
essi	compiranno	avranno	compiuto

Futuro perfecto
Futuro anteriore

POTENCIAL (Condizionale)

Simple
Presente

io	compirei	avrei	compiuto
tu	compiresti	avresti	compiuto
egli	compirebbe	avrebbe	compiuto
noi	compiremmo	avremmo	compiuto
voi	compireste	avreste	compiuto
essi	compirebbero	avrebbero	compiuto

Compuesto
Passato

SUBJUNTIVO (Congiuntivo)

Presente
Presente

che io	compia	abbia	compiuto
che tu	compia	abbia	compiuto
che egli	compia	abbia	compiuto
che noi	compiamo	abbiamo	compiuto
che voi	compiate	abbiate	compiuto
che essi	compiano	abbiano	compiuto

Pretérito perfecto
Passato

Pretérito imperfecto
Imperfetto

che io	compissi	avessi	compiuto
che tu	compissi	avessi	compiuto
che egli	compisse	avesse	compiuto
che noi	compissimo	avessimo	compiuto
che voi	compiste	aveste	compiuto
che essi	compissero	avessero	compiuto

Pret. pluscuamperf.
Trapassato

IMPERATIVO

compi	tu
compia	egli
compiamo	noi
compite	voi
compiano	essi

FORMAS NO PERSONALES
(Modi indefiniti)

Infinitivo	Simple	Compuesto
Infinito	*Semplice*	*Composto*
	compiere	aver compiuto

Gerundio	Simple	Compuesto
Gerundio	*Semplice*	*Composto*
	compiendo	avendo compiuto

Participio	Pasado	Presente
Participio	*Passato*	*Presente*
	compiuto	compiente

CONCEDERE 21

INDICATIVO (Indicativo)

Presente
Presente

io	concedo	ho	concesso
tu	concedi	hai	concesso
egli	concede	ha	concesso
noi	concediamo	abbiamo	concesso
voi	concedete	avete	concesso
essi	concedono	hanno	concesso

Pretérito perfecto
Passato prossimo

Pretérito imperfecto
Imperfetto

io	concedevo	avevo	concesso
tu	concedevi	avevi	concesso
egli	concedeva	aveva	concesso
noi	concedevamo	avevamo	concesso
voi	concedevate	avevate	concesso
essi	concedevano	avevano	concesso

Pret. pluscuamperf.
Trapassato prossimo

Pretérito indefinido
Passato remoto

io	concedei	ebbi	concesso
tu	concedesti	avesti	concesso
egli	concedè	ebbe	concesso
noi	concedemmo	avemmo	concesso
voi	concedeste	aveste	concesso
essi	concederono	ebbero	concesso

Pretérito anterior
Trapassato remoto

Futuro imperfecto
Futuro semplice

io	concederò	avrò	concesso
tu	concederai	avrai	concesso
egli	concederà	avrà	concesso
noi	concederemo	avremo	concesso
voi	concederete	avrete	concesso
essi	concederanno	avranno	concesso

Futuro perfecto
Futuro anteriore

POTENCIAL (Condizionale)

Simple
Presente

Compuesto
Passato

io	concederei	avrei	concesso
tu	concederesti	avresti	concesso
egli	concederebbe	avrebbe	concesso
noi	concederemmo	avremmo	concesso
voi	concedereste	avreste	concesso
essi	concederebbero	avrebbero	concesso

SUBJUNTIVO (Congiuntivo)

Presente
Presente

Pretérito perfecto
Passato

che io	conceda	abbia	concesso
che tu	conceda	abbia	concesso
che egli	conceda	abbia	concesso
che noi	concediamo	abbiamo	concesso
che voi	concediate	abbiate	concesso
che essi	concedano	abbiano	concesso

Pretérito imperfecto
Imperfetto

Pret. pluscuamperf.
Trapassato

che io	concedessi	avessi	concesso
che tu	concedessi	avessi	concesso
che egli	concedesse	avesse	concesso
che noi	concedessimo	avessimo	concesso
che voi	concedeste	aveste	concesso
che essi	concedessero	avessero	concesso

IMPERATIVO

concedi	tu
conceda	egli
concediamo	noi
concedete	voi
concedano	essi

FORMAS NO PERSONALES
(Modi indefiniti)

Infinitivo	**Simple**	**Compuesto**
Infinito	*Semplice*	*Compuesto*
	concedere	avere concesso

Gerundio	**Simple**	**Compuesto**
Gerundio	*Semplice*	*Compuesto*
	concedendo	avendo concesso

Participio	**Pasado**	**Presente**
Participio	*Passato*	*Presente*
	concesso	–

22 CONDURRE

INDICATIVO (Indicativo)

Presente
Presente

io	conduco	ho	condotto
tu	conduci	hai	condotto
egli	conduce	ha	condotto
noi	conduciamo	abbiamo	condotto
voi	conducete	avete	condotto
essi	conducono	hanno	condotto

Pretérito perfecto
Passato prossimo

Pretérito imperfecto
Imperfetto

io	conducevo	avevo	condotto
tu	conducevi	avevi	condotto
egli	conduceva	aveva	condotto
noi	conducevamo	avevamo	condotto
voi	conducevate	avevate	condotto
essi	conducevano	avevano	condotto

Pret. pluscuamperf.
Trapassato prossimo

Pretérito indefinido
Passato remoto

io	condussi	ebbi	condotto
tu	conducesti	avesti	condotto
egli	condusse	ebbe	condotto
noi	conducemmo	avemmo	condotto
voi	conduceste	aveste	condotto
essi	condussero	ebbero	condotto

Pretérito anterior
Trapassato remoto

Futuro imperfecto
Futuro semplice

io	condurrò	avrò	condotto
tu	condurrai	avrai	condotto
egli	condurrà	avrà	condotto
noi	condurremo	avremo	condotto
voi	condurrete	avrete	condotto
essi	condurranno	avranno	condotto

Futuro perfecto
Futuro anteriore

POTENCIAL (Condizionale)

Simple
Presente

io	condurrei	avrei	condotto
tu	condurresti	avresti	condotto
egli	condurrebbe	avrebbe	condotto
noi	condurremmo	avremmo	condotto
voi	condurreste	avreste	condotto
essi	condurrebbero	avrebbero	condotto

Compuesto
Passato

SUBJUNTIVO (Congiuntivo)

Presente
Presente

che io	conduca	abbia	condotto
che tu	conduca	abbia	condotto
che egli	conduca	abbia	condotto
che noi	conduciamo	abbiamo	condotto
che voi	conduciate	abbiate	condotto
che essi	conducano	abbiano	condotto

Pretérito perfecto
Passato

Pretérito imperfecto
Imperfetto

che io	conducessi	avessi	condotto
che tu	conducessi	avessi	condotto
che egli	conducesse	avesse	condotto
che noi	conducessimo	avessimo	condotto
che voi	conduceste	aveste	condotto
che essi	conducessero	avessero	condotto

Pret. pluscuamperf.
Trapassato

IMPERATIVO

conduci	tu
conduca	egli
conduciamo	noi
conducete	voi
conducano	essi

FORMAS NO PERSONALES
(Modi indefiniti)

Infinitivo **Simple** **Compuesto**
Infinito *Semplice* *Composto*
condurre avere condotto

Gerundio **Simple** **Compuesto**
Gerundio *Semplice* *Composto*
conducendo avendo condotto

Participio **Pasado** **Presente**
Participio *Passato* *Presente*
condotto conducente

CONOSCERE 23

INDICATIVO (Indicativo)

Presente
Presente

io	conosco	ho	conosciuto
tu	conosci	hai	conosciuto
egli	conosce	ha	conosciuto
noi	conosciamo	abbiamo	conosciuto
voi	conoscete	avete	conosciuto
essi	conoscono	hanno	conosciuto

Pretérito perfecto
Passato prossimo

Pretérito imperfecto
Imperfetto

io	conoscevo	avevo	conosciuto
tu	conoscevi	avevi	conosciuto
egli	conosceva	aveva	conosciuto
noi	conoscevamo	avevamo	conosciuto
voi	conoscevate	avevate	conosciuto
essi	conoscevano	avevano	conosciuto

Pret. pluscuamperf.
Trapassato prossimo

Pretérito indefinido
Passato remoto

io	conobbi	ebbi	conosciuto
tu	conoscesti	avesti	conosciuto
egli	conobbe	ebbe	conosciuto
noi	conoscemmo	avemmo	conosciuto
voi	conosceste	aveste	conosciuto
essi	conobbero	ebbero	conosciuto

Pretérito anterior
Trapassato remoto

Futuro imperfecto
Futuro semplice

io	conoscerò	avrò	conosciuto
tu	conoscerai	avrai	conosciuto
egli	conoscerà	avrà	conosciuto
noi	conosceremo	avremo	conosciuto
voi	conoscerete	avrete	conosciuto
essi	conosceranno	avranno	conosciuto

Futuro perfecto
Futuro anteriore

POTENCIAL (Condizionale)

Simple
Presente

Compuesto
Passato

io	conoscerei	avrei	conosciuto
tu	conosceresti	avresti	conosciuto
egli	conoscerebbe	avrebbe	conosciuto
noi	conosceremmo	avremmo	conosciuto
voi	conoscereste	avreste	conosciuto
essi	conoscerebbero	avrebbero	conosciuto

SUBJUNTIVO (Congiuntivo)

Presente
Presente

che io	conosca	abbia	conosciuto
che tu	conosca	abbia	conosciuto
che egli	conosca	abbia	conosciuto
che noi	conosciamo	abbiamo	conosciuto
che voi	conosciate	abbiate	conosciuto
che essi	conoscano	abbiano	conosciuto

Pretérito perfecto
Passato

Pretérito imperfecto
Imperfetto

che io	conoscessi	avessi	conosciuto
che tu	conoscessi	avessi	conosciuto
che egli	conoscesse	avesse	conosciuto
che noi	conoscessimo	avessimo	conosciuto
che voi	conosceste	aveste	conosciuto
che essi	conoscessero	avessero	conosciuto

Pret. pluscuamperf.
Trapassato

IMPERATIVO

conosci	tu
conosca	egli
conosciamo	noi
conoscete	voi
conoscano	essi

FORMAS NO PERSONALES
(Modi indefiniti)

Infinitivo	Simple	Compuesto
Infinito	*Semplice*	*Composto*
	conoscere	avere conosciuto

Gerundio	Simple	Compuesto
Gerundio	*Semplice*	*Composto*
	conoscendo	avendo conosciuto

Participio	Pasado	Presente
Participio	*Passato*	*Presente*
	conosciuto	conoscente

24 CORRERE

INDICATIVO (Indicativo)

Presente
Presente

io	corro	ho	corso
tu	corri	hai	corso
egli	corre	ha	corso
noi	corriamo	abbiamo	corso
voi	correte	avete	corso
essi	corrono	hanno	corso

Pretérito perfecto
Passato prossimo

Pretérito imperfecto
Imperfetto

io	correvo	avevo	corso
tu	correvi	avevi	corso
egli	correva	aveva	corso
noi	correvamo	avevamo	corso
voi	correvate	avevate	corso
essi	correvano	avevano	corso

Pret. pluscuamperf.
Trapassato prossimo

Pretérito indefinido
Passato remoto

io	corsi	ebbi	corso
tu	corresti	avesti	corso
egli	corse	ebbe	corso
noi	corremmo	avemmo	corso
voi	correste	aveste	corso
essi	corsero	ebbero	corso

Pretérito anterior
Trapassato remoto

Futuro imperfecto
Futuro semplice

io	correrò	avrò	corso
tu	correrai	avrai	corso
egli	correrà	avrà	corso
noi	correremo	avremo	corso
voi	correrete	avrete	corso
essi	correranno	avranno	corso

Futuro perfecto
Futuro anteriore

POTENCIAL (Condizionale)

Simple
Presente

io	correrei	avrei	corso
tu	correresti	avresti	corso
egli	correrebbe	avrebbe	corso
noi	correremmo	avremmo	corso
voi	correreste	avreste	corso
essi	correrebbero	avrebbero	corso

Compuesto
Passato

SUBJUNTIVO (Congiuntivo)

Presente
Presente

che io	corra	abbia	corso
che tu	corra	abbia	corso
che egli	corra	abbia	corso
che noi	corriamo	abbiamo	corso
che voi	corriate	abbiate	corso
che essi	corrano	abbiano	corso

Pretérito perfecto
Passato

Pretérito imperfecto
Imperfetto

che io	corressi	avessi	corso
che tu	corressi	avessi	corso
che egli	corresse	avesse	corso
che noi	corressimo	avessimo	corso
che voi	correste	aveste	corso
che essi	corressero	avessero	corso

Pret. pluscuamperf.
Trapassato

IMPERATIVO

corri	tu
corra	egli
corriamo	noi
correte	voi
corrano	essi

FORMAS NO PERSONALES
(Modi indefiniti)

Infinitivo	Simple	Compuesto
Infinito	*Semplice*	*Composto*
	correre	avere corso

Gerundio	Simple	Compuesto
Gerundio	*Semplice*	*Composto*
	correndo	avendo corso

Participio	Pasado	Presente
Participio	*Passato*	*Presente*
	corso	corrente

CRESCERE 25

INDICATIVO (Indicativo)

Presente
Presente

io	cresco	sono	cresciuto
tu	cresci	sei	cresciuto
egli	cresce	è	cresciuto
noi	cresciamo	siamo	cresciuti
voi	crescete	siete	cresciuti
essi	crescono	sono	cresciuti

Pretérito perfecto
Passato prossimo

Pretérito imperfecto
Imperfetto

io	crescevo	ero	cresciuto
tu	crescevi	eri	cresciuto
egli	cresceva	era	cresciuto
noi	crescevamo	eravamo	cresciuti
voi	crescevate	eravate	cresciuti
essi	crescevano	erano	cresciuti

Pret. pluscuamperf.
Trapassato prossimo

Pretérito indefinido
Passato remoto

io	crebbi	fui	cresciuto
tu	crescesti	fosti	cresciuto
egli	crebbe	fu	cresciuto
noi	crescemmo	fummo	cresciuti
voi	cresceste	foste	cresciuti
essi	crebbero	furono	cresciuti

Pretérito anterior
Trapassato remoto

Futuro imperfecto
Fururo semplice

io	crescerò	sarò	cresciuto
tu	crescerai	sarai	cresciuto
egli	crescerà	sarà	cresciuto
noi	cresceremo	saremo	cresciuti
voi	crescerete	sarete	cresciuti
essi	cresceranno	saranno	cresciuti

Futuro perfecto
Futuro anteriore

POTENCIAL (Condizionale)

Simple
Presente

Compuesto
Passato

io	crescerei	sarei	cresciuto
tu	cresceresti	saresti	cresciuto
egli	crescerebbe	sarebbe	cresciuto
noi	cresceremmo	saremmo	cresciuti
voi	crescereste	sareste	cresciuti
essi	crescerebbero	sarebbero	cresciuti

SUBJUNTIVO (Congiuntivo)

Presente
Presente

che io	cresca	sia	cresciuto
che tu	cresca	sia	cresciuto
che egli	cresca	sia	cresciuto
che noi	cresciamo	siamo	cresciuti
che voi	cresciate	siate	cresciuti
che essi	crescano	siano	cresciuti

Pretérito perfecto
Passato

Pretérito imperfecto
Imperfetto

che io	crescessi	fossi	cresciuto
che tu	crescessi	fossi	cresciuto
che egli	crescesse	fosse	cresciuto
che noi	crescessimo	fossimo	cresciuti
che voi	cresceste	foste	cresciuti
che essi	crescessero	fossero	cresciuti

Pret. pluscuamperf.
Trapassato

IMPERATIVO

cresci	tu
cresca	egli
cresciamo	noi
crescete	voi
crescano	essi

FORMAS NO PERSONALES
(Modi indefiniti)

Infinitivo	Simple	Compuesto
Infinito	*Semplice*	*Composto*
	crescere	essere cresciuti

Gerundio	Simple	Compuesto
Gerundio	*Semplice*	*Composto*
	crescendo	essendo cresciuto

Participio	Pasado	Presente
Participio	*Passato*	*Presente*
	cresciuto	crescente

26 CUCIRE

INDICATIVO (Indicativo)

Presente / *Presente* — Pretérito perfecto / *Passato prossimo*

io	cucio	ho	cucito
tu	cuci	hai	cucito
egli	cuce	ha	cucito
noi	cuciamo	abbiamo	cucito
voi	cucite	avete	cucito
essi	cuciono	hanno	cucito

Pretérito imperfecto / *Imperfetto* — Pret. pluscuamperf. / *Trapassato prossimo*

io	cucivo	avevo	cucito
tu	cucivi	avevi	cucito
egli	cuciva	aveva	cucito
noi	cucivamo	avevamo	cucito
voi	cucivate	avevate	cucito
essi	cucivano	avevano	cucito

Pretérito indefinido / *Passato remoto* — Pretérito anterior / *Trapassato remoto*

io	cucii	ebbi	cucito
tu	cucisti	avesti	cucito
egli	cucì	ebbe	cucito
noi	cucimmo	avemmo	cucito
voi	cuciste	aveste	cucito
essi	cucirono	ebbero	cucito

Futuro imperfecto / *Futuro semplice* — Futuro perfecto / *Futuro anteriore*

io	cucirò	avrò	cucito
tu	cucirai	avrai	cucito
egli	cucirà	avrà	cucito
noi	cuciremo	avremo	cucito
voi	cucirete	avrete	cucito
essi	cuciranno	avranno	cucito

POTENCIAL (Condizionale)

Simple / *Presente* — Compuesto / *Passato*

io	cucirei	avrei	cucito
tu	cuciresti	avresti	cucito
egli	cucirebbe	avrebbe	cucito
noi	cuciremmo	avremmo	cucito
voi	cucireste	avreste	cucito
essi	cucirebbero	avrebbero	cucito

SUBJUNTIVO (Congiuntivo)

Presente / *Presente* — Pretérito perfecto / *Passato*

che io	cucia	abbia	cucito
che tu	cucia	abbia	cucito
che egli	cucia	abbia	cucito
che noi	cuciamo	abbiamo	cucito
che voi	cuciate	abbiate	cucito
che essi	cuciano	abbiano	cucito

Pretérito imperfecto / *Imperfetto* — Pret. pluscuamperf. / *Trapassato*

che io	cucissi	avessi	cucito
che tu	cucissi	avessi	cucito
che egli	cucisse	avesse	cucito
che noi	cucissimo	avessimo	cucito
che voi	cuciste	aveste	cucito
che essi	cucissero	avessero	cucito

IMPERATIVO

cuci	tu
cucia	egli
cuciamo	noi
cucite	voi
cuciano	essi

FORMAS NO PERSONALES (Modi indefiniti)

Infinitivo / *Infinito*

Simple / *Semplice*	Compuesto / *Composto*
cucire	aver cucito

Gerundio / *Gerundio*

Simple / *Semplice*	Compuesto / *Composto*
cucendo	avendo cucito

Participio / *Participio*

Pasado / *Passato*	Presente / *Presente*
cucito	–

CUOCERE

INDICATIVO (Indicativo)

Presente
Presente

io	cuocio	ho	cotto
tu	cuoci	hai	cotto
egli	cuoce	ha	cotto
noi	c(u)ociamo	abbiamo	cotto
voi	c(u)ocete	avete	cotto
essi	cuociono	hanno	cotto

Pretérito perfecto
Passato prossimo

Pretérito imperfecto
Imperfetto

io	c(u)ocevo	avevo	cotto
tu	c(u)ocevi	avevi	cotto
egli	c(u)oceva	aveva	cotto
noi	c(u)ocevamo	avevamo	cotto
voi	c(u)ocevate	avevate	cotto
essi	c(u)ocevano	avevano	cotto

Pret. pluscuamperf.
Trapassato prossimo

Pretérito indefinido
Passato remoto

io	cossi	ebbi	cotto
tu	c(u)ocesti	avesti	cotto
egli	cosse	ebbe	cotto
noi	c(u)ocemmo	avemmo	cotto
voi	c(u)oceste	aveste	cotto
essi	cossero	ebbero	cotto

Pretérito anterior
Trapassato remoto

Futuro imperfecto
Futuro semplice

io	c(u)ocerò	avrò	cotto
tu	c(u)ocerai	avrai	cotto
egli	c(u)ocerà	avrà	cotto
noi	c(u)oceremo	avremo	cotto
voi	c(u)ocerete	avrete	cotto
essi	c(u)oceranno	avranno	cotto

Futuro perfecto
Futuro anteriore

POTENCIAL (Condizionale)

Simple
Presente

Compuesto
Passato

io	c(u)ocerei	avrei	cotto
tu	c(u)oceresti	avresti	cotto
egli	c(u)ocerebbe	avrebbe	cotto
noi	c(u)oceremmo	avremmo	cotto
voi	c(u)ocereste	avreste	cotto
essi	c(u)ocerebbero	avrebbero	cotto

SUBJUNTIVO (Congiuntivo)

Presente
Presente

che io	cuocia	abbia	cotto
che tu	cuocia	abbia	cotto
che egli	cuocia	abbia	cotto
che noi	c(u)ociamo	abbiamo	cotto
che voi	c(u)ociate	abbiate	cotto
che essi	c(u)ociano	abbiano	cotto

Pretérito perfecto
Passato

Pretérito imperfecto
Imperfetto

che io	c(u)ocessi	avessi	cotto
che tu	c(u)ocessi	avessi	cotto
che egli	c(u)ocesse	avesse	cotto
che noi	c(u)ocessimo	avessimo	cotto
che voi	c(u)oceste	aveste	cotto
che essi	c(u)ocessero	avessero	cotto

Pret. pluscuamperf.
Trapassato

IMPERATIVO

cuoci	tu
cuocia	egli
cociamo	noi
cocete	voi
cuociano	essi

FORMAS NO PERSONALES
(Modi indefiniti)

Infinitivo	**Simple**	**Compuesto**
Infinito	*Semplice*	*Composto*
	cuocere	avere cotto

Gerundio	**Simple**	**Compuesto**
Gerundio	*Semplice*	*Composto*
	cocendo	avendo cotto

Participio	**Pasado**	**Presente**
Participio	*Passato*	*Presente*
	cotto	cocente

DARE

INDICATIVO (Indicativo)

Presente		**Pretérito perfecto**	
Presente		*Passato prossimo*	
io	do	ho	dato
tu	dai	hai	dato
egli	dà	ha	dato
noi	diamo	abbiamo	dato
voi	date	avete	dato
essi	danno	hanno	dato

Pretérito imperfecto		**Pret. pluscuamperf.**	
Imperfetto		*Trapassato prossimo*	
io	davo	avevo	dato
tu	davi	avevi	dato
egli	dava	aveva	dato
noi	davamo	avevamo	dato
voi	davate	avevate	dato
essi	davano	avevano	dato

Pretérito indefinido		**Pretérito anterior**	
Passato remoto		*Trapassato remoto*	
io	diedi (detti)	ebbi	dato
tu	desti	avesti	dato
egli	diede (dètte)	ebbe	dato
noi	demmo	avemmo	dato
voi	deste	aveste	dato
essi	diedero (dèttero)	ebbero	dato

Futuro imperfecto		**Futuro perfecto**	
Futuro semplice		*Futuro anteriore*	
io	darò	avrò	dato
tu	darai	avrai	dato
egli	darà	avrà	dato
noi	daremo	avremo	dato
voi	darete	avrete	dato
essi	daranno	avranno	dato

POTENCIAL (Condizionale)

Simple		**Compuesto**	
Presente		*Passato*	
io	darei	avrei	dato
tu	daresti	avresti	dato
egli	darebbe	avrebbe	dato
noi	daremmo	avremmo	dato
voi	dareste	avreste	dato
essi	darebbero	avrebbero	dato

SUBJUNTIVO (Congiuntivo)

Presente		**Pretérito perfecto**	
Presente		*Passato*	
che io	dia	abbia	dato
che tu	dia	abbia	dato
che egli	dia	abbia	dato
che noi	diamo	abbiamo	dato
che voi	diate	abbiate	dato
che essi	diano	abbiano	dato

Pretérito imperfecto		**Pret. pluscuamperf.**	
Imperfetto		*Trapassato*	
che io	dessi	avessi	dato
che tu	dessi	avessi	dato
che egli	desse	avesse	dato
che noi	dessimo	avessimo	dato
che voi	deste	aveste	dato
che essi	dessero	avessero	dato

IMPERATIVO

da (dai)	tu
dia	egli
diamo	noi
date	voi
diano	essi

FORMAS NO PERSONALES
(Modi indefiniti)

Infinitivo	**Simple**	**Compuesto**
Infinito	*Semplice*	*Composto*
	dare	avere dato

Gerundio	**Semplice**	**Composto**
Gerundio	*Semplice*	*Composto*
	dando	avendo dato

Participio	**Pasado**	**Presente**
Participio	*Passato*	*Presente*
	dato	dante

DIRE

INDICATIVO (Indicativo)

Presente
Presente

io	dico	ho	detto
tu	dici	hai	detto
egli	dice	ha	detto
noi	diciamo	abbiamo	detto
voi	dite	avete	detto
essi	dicono	hanno	detto

Pretérito perfecto
Passato prossimo

Pretérito imperfecto
Imperfetto

io	dicevo	avevo	detto
tu	dicevi	avevi	detto
egli	diceva	aveva	detto
noi	dicevamo	avevamo	detto
voi	dicevate	avevate	detto
essi	dicevano	avevano	detto

Pret. pluscuamperf.
Trapassato prossimo

Pretérito indefinido
Passato remoto

io	dissi	ebbi	detto
tu	dicesti	avesti	detto
egli	disse	ebbe	detto
noi	dicemmo	avemmo	detto
voi	diceste	aveste	detto
essi	dissero	ebbero	detto

Pretérito anterior
Trapassato remoto

Futuro imperfecto
Futuro semplice

io	dirò	avrò	detto
tu	dirai	avrai	detto
egli	dirà	avrà	detto
noi	diremo	avremo	detto
voi	direte	avrete	detto
essi	diranno	avranno	detto

Futuro perfecto
Futuro anteriore

POTENCIAL (Condizionale)

Simple
Presente

Compuesto
Passato

io	direi	avrei	detto
tu	diresti	avresti	detto
egli	direbbe	avrebbe	detto
noi	diremmo	avremmo	detto
voi	direste	avreste	detto
essi	direbbero	avrebbero	detto

SUBJUNTIVO (Congiuntivo)

Presente
Presente

che io	dica	abbia	detto
che tu	dica	abbia	detto
che egli	dica	abbia	detto
che noi	diciamo	abbiamo	detto
che voi	diciate	abbiate	detto
che essi	dicano	abbiano	detto

Pretérito perfecto
Passato

Pretérito imperfecto
Imperfetto

che io	dicessi	avessi	detto
che tu	dicessi	avessi	detto
che egli	dicesse	avesse	detto
che noi	dicessimo	avessimo	detto
che voi	diceste	aveste	detto
che essi	dicessero	avessero	detto

Pret. pluscuamperf.
Trapassato

IMPERATIVO

di'	tu
dica	egli
diciamo	noi
dite	voi
dicano	essi

FORMAS NO PERSONALES
(Modi indefiniti)

Infinitivo	**Simple**	**Compuesto**
Infinito	*Semplice*	*Composto*
	dire	avere detto

Gerundio	**Simple**	**Compuesto**
Gerundio	*Semplice*	*Composto*
	dicendo	avendo detto

Participio	**Pasado**	**Presente**
Participio	*Passato*	*Presente*
	detto	dicente

DIRIGERE

INDICATIVO (Indicativo)

Presente
Presente

io	dirigo	ho	diretto
tu	dirigi	hai	diretto
egli	dirige	ha	diretto
noi	dirigiamo	abbiamo	diretto
voi	dirigete	avete	diretto
essi	dirigono	hanno	diretto

Pretérito perfecto
Passato prossimo

Pretérito imperfecto
Imperfetto

io	dirigevo	avevo	diretto
tu	dirigevi	avevi	diretto
egli	dirigeva	aveva	diretto
noi	dirigevamo	avevamo	diretto
voi	dirigevate	avevate	diretto
essi	dirigevano	avevano	diretto

Pret. pluscuamperf.
Trapassato prossimo

Pretérito indefinido
Passato remoto

io	diressi	ebbi	diretto
tu	dirigesti	avesti	diretto
egli	diresse	ebbe	diretto
noi	dirigemmo	avemmo	diretto
voi	dirigeste	aveste	diretto
essi	diressero	ebbero	diretto

Pretérito anterior
Trapassato remoto

Futuro imperfecto
Futuro semplice

io	dirigerò	avrò	diretto
tu	dirigerai	avrai	diretto
egli	dirigerà	avrà	diretto
noi	dirigeremo	avremo	diretto
voi	dirigerete	avrete	diretto
essi	dirigeranno	avranno	diretto

Futuro perfecto
Futuro anteriore

POTENCIAL (Condizionale)

Simple
Presente

Compuesto
Passato

io	dirigerei	avrei	diretto
tu	dirigeresti	avresti	diretto
egli	dirigerebbe	avrebbe	diretto
noi	dirigeremmo	avremmo	diretto
voi	dirigereste	avreste	diretto
essi	dirigerebbero	avrebbero	diretto

SUBJUNTIVO (Congiuntivo)

Presente
Presente

che io	diriga	abbia	diretto
che tu	diriga	abbia	diretto
che egli	diriga	abbia	diretto
che noi	dirigiamo	abbiamo	diretto
che voi	dirigiate	abbiate	diretto
che essi	dirigano	abbiano	diretto

Pretérito perfecto
Passato

Pretérito imperfecto
Imperfetto

che io	dirigessi	avessi	diretto
che tu	dirigessi	avessi	diretto
che egli	dirigesse	avesse	diretto
che noi	dirigessimo	avessimo	diretto
che voi	dirigeste	aveste	diretto
che essi	dirigessero	avessero	diretto

Pret. pluscuamperf.
Trapassato

IMPERATIVO

dirigi	tu
diriga	egli
dirigiamo	noi
dirigete	voi
dirigano	essi

FORMAS NO PERSONALES
(Modi indefiniti)

Infinitivo	**Simple**	**Compuesto**
Infinito	*Semplice*	*Composto*
	dirigere	avere diretto

Gerundio	**Simple**	**Compuesto**
Gerundio	*Simple*	*Composto*
	dirigendo	avendo diretto

Participio	**Pasado**	**Presente**
Participio	*Passato*	*Presente*
	diretto	dirigente

DISCUTERE 31

INDICATIVO (Indicativo)

Presente
Presente

io	discuto	ho	discusso
tu	discuti	hai	discusso
egli	discute	ha	discusso
noi	discutiamo	abbiamo	discusso
voi	discutete	avete	discusso
essi	discutono	hanno	discusso

Pretérito perfecto
Passato prossimo

Pretérito imperfecto
Imperfetto

io	discutevo	avevo	disscusso
tu	discutevi	avevi	discusso
egli	discuteva	aveva	discusso
noi	discutevamo	avevamo	discusso
voi	discutevate	avevate	discusso
essi	discutevano	avevano	discusso

Pret. pluscuamperf.
Trapassato prossimo

Pretérito indefinido
Passato remoto

io	discussi	ebbi	discusso
tu	discutesti	avesti	discusso
egli	discusse	ebbe	discusso
noi	discutemmo	avemmo	discusso
voi	discuteste	aveste	discusso
essi	discussero	ebbero	discusso

Pretérito anterior
Trapassato remoto

Futuro imperfecto
Futuro semplice

io	discuterò	avrò	discusso
tu	discuterai	avrai	discusso
egli	discuterà	avrà	discusso
noi	discuteremo	avremo	discusso
voi	discuterete	avrete	discusso
essi	discuteranno	avranno	discusso

Futuro perfecto
Futuro anteriore

POTENCIAL (Condizionale)

Simple
Presente

Compuesto
Passato

io	discuterei	avrei	discusso
tu	discuteresti	avresti	discusso
egli	discuterebbe	avrebbe	discusso
noi	discuteremmo	avremmo	discusso
voi	discutereste	avreste	discusso
essi	discuterebbero	avrebbero	discusso

SUBJUNTIVO (Congiuntivo)

Presente
Presente

che io	discuta	abbia	discusso
che tu	discuta	abbia	discusso
che egli	discuta	abbia	discusso
che noi	discutiamo	abbiamo	discusso
che voi	discutiate	abbiate	discusso
che essi	discutano	abbiano	discusso

Pretérito perfecto
Passato

Pretérito imperfecto
Imperfetto

che io	discutessi	avessi	discusso
che tu	discutessi	avessi	discusso
che egli	discutesse	avesse	discusso
che noi	discutessimo	avessimo	discusso
che voi	discuteste	aveste	discusso
che essi	discutessero	avessero	discusso

Pret. pluscuamperf.
Trapassato

IMPERATIVO

discuti	tu
discuta	egli
discutiamo	noi
discutete	voi
discutano	essi

FORMAS NO PERSONALES
(Modi indefiniti)

Infinitivo	Simple	Compuesto
Infinito	*Semplice*	*Composto*
	discutere	avere discusso

Gerundio	Simple	Compuesto
Gerundio	*Semplice*	*Composto*
	discutendo	avendo discusso

Participio	Pasado	Presente
Participio	*Passato*	*Presente*
	discusso	–

32 DISSOLVERE

INDICATIVO (Indicativo)

Presente		**Pretérito perfecto**	
Presente		*Passato prossimo*	
io	dissolvo	ho	dissolto
tu	dissolvi	hai	dissolto
egli	dissolve	ha	dissolto
noi	dissolviamo	abbiamo	dissolto
voi	dissolvete	avete	dissolto
essi	dissolvono	hanno	dissolto

Pretérito imperfecto		**Pret. pluscuamperf.**	
Imperfetto		*Trapassato prossimo*	
io	dissolvevo	avevo	dissolto
tu	dissolvevi	avevi	dissolto
egli	dissolveva	aveva	dissolto
noi	dissolvevamo	avevamo	dissolto
voi	dissolvevate	avevate	dissolto
essi	dissolvevano	avevano	dissolto

Pretérito indefinido		**Pretérito anterior**	
Passato remoto		*Trapassato remoto*	
io	dissolsi	ebbi	dissolto
tu	dissolvesti	avesti	dissolto
egli	dissolse	ebbe	dissolto
noi	dissolvemmo	avemmo	dissolto
voi	dissolveste	aveste	dissolto
essi	dissolsero	ebbero	dissolto

Futuro imperfecto		**Futuro perfecto**	
Futuro semplice		*Futuro anteriore*	
io	dissolverò	avrò	dissolto
tu	dissolverai	avrai	dissolto
egli	dissolverà	avrà	dissolto
noi	dissolveremo	avremo	dissolto
voi	dissolverete	avrete	dissolto
essi	dissolveranno	avranno	dissolto

POTENCIAL (Condizionale)

Simple		**Compuesto**	
Presente		*Passato*	
io	dissolverei	avrei	dissolto
tu	dissolveresti	avresti	dissolto
egli	dissolverebbe	avrebbe	dissolto
noi	dissolveremmo	avremmo	dissolto
voi	dissolvereste	avreste	dissolto
essi	dissolverebbero	avrebbero	dissolto

SUBJUNTIVO (Congiuntivo)

Presente		**Pretérito perfecto**	
Presente		*Passato*	
che io	dissolva	abbia	dissolto
che tu	dissolva	abbia	dissolto
che egli	dissolva	abbia	dissolto
che noi	dissolviamo	abbiamo	dissolto
che voi	dissolviate	abbiate	dissolto
che essi	dissolvano	abbiano	dissolto

Pretérito imperfecto		**Pret. pluscuamperf.**	
Imperfetto		*Trapassato*	
che io	dissolvessi	avessi	dissolto
che tu	dissolvessi	avessi	dissolto
che egli	dissolvesse	avesse	dissolto
che noi	dissolvessimo	avessimo	dissolto
che voi	dissolveste	aveste	dissolto
che essi	dissolvessero	avessero	dissolto

IMPERATIVO

dissolvi	tu
dissolva	egli
dissolviamo	noi
dissolvete	voi
dissolvano	essi

FORMAS NO PERSONALES
(Modi indefiniti)

Infinitivo	**Simple**	**Compuesto**
Infinito	*Semplice*	*Composto*
	dissolvere	aver dissolto

Gerundio	**Simple**	**Compuesto**
Gerundio	*Semplice*	*Composto*
	dissolvendo	avendo dissolto

Participio	**Pasado**	**Presente**
Participio	*Passato*	*Presente*
	dissolto	dissolvente

DISTINGUERE

INDICATIVO (Indicativo)

Presente *Presente*		**Pretérito perfecto** *Passato prossimo*	
io	distinguo	ho	distinto
tu	distingui	hai	distinto
egli	distingue	ha	distinto
noi	distinguiamo	abbiamo	distinto
voi	distinguete	avete	distinto
essi	distinguono	hanno	distinto

Pretérito imperfecto *Imperfetto*		**Pret. pluscuamperf.** *Trapassato prossimo*	
io	distinguevo	avevo	distinto
tu	distinguevi	avevi	distinto
egli	distingueva	aveva	distinto
noi	distinguevamo	avevamo	distinto
voi	distinguevate	avevate	distinto
essi	distinguevano	avevano	distinto

Pretérito indefinido *Passato remoto*		**Pretérito anterior** *Trapassato remoto*	
io	distinsi	ebbi	distinto
tu	distinguesti	avesti	distinto
egli	distinse	ebbe	distinto
noi	distinguemmo	avemmo	distinto
voi	distingueste	aveste	distinto
essi	distinsero	ebbero	distinto

Futuro imperfecto *Futuro semplice*		**Futuro perfecto** *Futuro anteriore*	
io	distinguerò	avrò	distinto
tu	distinguerai	avrai	distinto
egli	distinguerà	avrà	distinto
noi	distingueremo	avremo	distinto
voi	distinguerete	avrete	distinto
essi	distingueranno	avranno	distinto

POTENCIAL (Condizionale)

Simple *Presente*		**Compuesto** *Passato*	
io	distinguerei	avrei	distinto
tu	distingueresti	avresti	distinto
egli	distinguerebbe	avrebbe	distinto
noi	distingueremmo	avremmo	distinto
voi	distinguereste	avreste	distinto
essi	distinguerebbero	avrebbero	distinto

SUBJUNTIVO (Congiuntivo)

Presente *Presente*		**Pretérito perfecto** *Passato*	
che io	distingua	abbia	distinto
che tu	distingua	abbia	distinto
che egli	distingua	abbia	distinto
che noi	distinguiamo	abbiamo	distinto
che voi	distinguiate	abbiate	distinto
che essi	distinguano	abbiano	distinto

Pretérito imperfecto *Imperfetto*		**Pret. pluscuamperf.** *Trapassato*	
che io	distinguessi	avessi	distinto
che tu	distinguessi	avessi	distinto
che egli	distinguesse	avesse	distinto
che noi	distinguessimo	avessimo	distinto
che voi	distingueste	aveste	distinto
che essi	distinguessero	avessero	distinto

IMPERATIVO

distingui	tu
distingua	egli
distinguiamo	noi
distinguete	voi
distinguano	essi

FORMAS NO PERSONALES
(Modi indefiniti)

Infinitivo *Infinito*	**Simple** *Semplice*	**Compuesto** *Composto*
	distinguere	avere distinto

Gerundio *Gerundio*	**Simple** *Semplice*	**Compuesto** *Composto*
	distinguendo	avendo distinto

Participio *Participio*	**Pasado** *Passato*	**Presente** *Presente*
	distinto	–

34 DISTRUGGERE

INDICATIVO (Indicativo)

Presente
Presente

io	distruggo	ho	distrutto
tu	distruggi	hai	distrutto
egli	distrugge	ha	distrutto
noi	distruggiamo	abbiamo	distrutto
voi	distruggete	avete	distrutto
essi	distruggono	hanno	distrutto

Pretérito perfecto
Passato prossimo

Pretérito imperfecto
Imperfetto

io	distruggevo	avevo	distrutto
tu	distruggevi	avevi	distrutto
egli	distruggeva	aveva	distrutto
noi	distruggevamo	avevamo	distrutto
voi	distruggevate	avevate	distrutto
essi	distruggevano	avevano	distrutto

Pret. pluscuamperf.
Trapassato prossimo

Pretérito indefinido
Passato remoto

io	distrussi	ebbi	distrutto
tu	distruggesti	avesti	distrutto
egli	distrusse	ebbe	distrutto
noi	distruggemmo	avemmo	distrutto
voi	distruggeste	aveste	distrutto
essi	distrussero	ebbero	distrutto

Pretérito anterior
Trapassato remoto

Futuro imperfecto
Futuro semplice

io	distruggerò	avrò	distrutto
tu	distruggerai	avrai	distrutto
egli	distruggerà	avrà	distrutto
noi	distruggeremo	avremo	distrutto
voi	distruggerete	avrete	distrutto
essi	distruggeranno	avranno	distrutto

Futuro perfecto
Futuro anteriore

POTENCIAL (Condizionale)

Simple
Presente

io	distruggerei	avrei	distrutto
tu	distruggeresti	avresti	distrutto
egli	distruggerebbe	avrebbe	distrutto
noi	distruggeremmo	avremmo	distrutto
voi	distruggereste	avreste	distrutto
essi	distruggerebbero	avrebbero	distrutto

Compuesto
Passato

SUBJUNTIVO (Congiuntivo)

Presente
Presente

che io	distrugga	abbia	distrutto
che tu	distrugga	abbia	distrutto
che egli	distrugga	abbia	distrutto
che noi	distruggiamo	abbiamo	distrutto
che voi	distruggiate	abbiate	distrutto
che essi	distruggano	abbiano	distrutto

Pretérito perfecto
Passato

Pretérito imperfecto
Imperfetto

che io	distruggessi	avessi	distrutto
che tu	distruggessi	avessi	distrutto
che egli	distruggesse	avesse	distrutto
che noi	distruggessimo	avessimo	distrutto
che voi	distruggeste	aveste	distrutto
che essi	distruggessero	avessero	distrutto

Pret. pluscuamperf.
Trapassato

IMPERATIVO

distruggi	tu
distrugga	egli
distruggiamo	noi
distruggete	voi
distruggano	essi

FORMAS NO PERSONALES
(Modi indefiniti)

Infinitivo
Infinito

Simple	Compuesto
Semplice	*Composto*
distruggere	avere distrutto

Gerundio
Gerundio

Simple	Compuesto
Semplice	*Composto*
distruggendo	avendo distrutto

Participio
Participio

Pasado	Presente
Passato	*Presente*
distrutto	–

DOLERE 35

INDICATIVO (Indicativo)

Presente
Presente

io	dolgo	ho	doluto
tu	duoli	hai	doluto
egli	duole	ha	doluto
noi	doliamo	abbiamo	doluto
voi	dolete	avete	doluto
essi	dolgono	hanno	doluto

Pretérito perfecto
Passato prossimo

Pretérito imperfecto
Imperfetto

io	dolevo	avevo	doluto
tu	dolevi	avevi	doluto
egli	doleva	aveva	doluto
noi	dolevamo	avevamo	doluto
voi	dolevate	avevate	doluto
essi	dolevano	avevano	doluto

Pret. pluscuamperf.
Trapassato prossimo

Pretérito indefinido
Passato remoto

io	dolsi	ebbi	doluto
tu	dolesti	avesti	doluto
egli	dolse	ebbe	doluto
noi	dolemmo	avemmo	doluto
voi	doleste	aveste	doluto
essi	dolsero	ebbero	doluto

Pretérito anterior
Trapassato remoto

Futuro imperfecto
Futuro semplice

io	dorrò	avrò	doluto
tu	dorrai	avrai	doluto
egli	dorrà	avrà	doluto
noi	dorremo	avremo	doluto
voi	dorrete	avrete	doluto
essi	dorranno	avranno	doluto

Futuro perfecto
Futuro anteriore

POTENCIAL (Condizionale)

Simple
Presente

Compuesto
Passato

io	dorrei	avrei	doluto
tu	dorresti	avresti	doluto
egli	dorrebbe	avrebbe	doluto
noi	dorremmo	avremmo	doluto
voi	dorreste	avreste	doluto
essi	dorrebbero	avrebbero	doluto

SUBJUNTIVO (Congiuntivo)

Presente
Presente

che io	dolga	abbia	doluto
che tu	dolga	abbia	doluto
che egli	dolga	abbia	doluto
che noi	doliamo	abbiamo	doluto
che voi	doliate	abbiate	doluto
che essi	dolgano	abbiano	doluto

Pretérito perfecto
Passato

Pretérito imperfecto
Imperfetto

che io	dolessi	avessi	doluto
che tu	dolessi	avessi	doluto
che egli	dolesse	avesse	doluto
che noi	dolessimo	avessimo	doluto
che voi	doleste	aveste	doluto
che essi	dolessero	avessero	doluto

Pret. pluscuamperf.
Tra passato

IMPERATIVO

duoli	tu
dolga	egli
doliamo	noi
dolete	voi
dolgano	essi

FORMAS NO PERSONALES
(Modi indefiniti)

Infinitivo	Simple	Compuesto
Infinito	*Semplice*	*Composto*
	dolere	avere doluto

Gerundio	Simple	Compuesto
Gerundio	*Semplice*	*Composto*
	dolendo	avendo doluto

Participio	Pasado	Presente
Participio	*Passato*	*Presente*
	doluto	dolente

Notas:
1. El auxiliar puede ser también *Essere*
2. Existe la forma reflexiva *Dolersi* (dolerse, lamentarse, quejarse)

DOVERE

INDICATIVO (Indicativo)

Presente
Presente

io	devo	ho	dovuto
tu	devi	hai	dovuto
egli	deve	ha	dovuto
noi	dobbiamo	abbiamo	dovuto
voi	dovete	avete	dovuto
essi	devono	hanno	dovuto

Pretérito perfecto
Passato prossimo

Pretérito imperfecto
Imperfetto

io	dovevo	avevo	dovuto
tu	dovevi	avevi	dovuto
egli	doveva	aveva	dovuto
noi	dovevamo	avevamo	dovuto
voi	dovevate	avevate	dovuto
essi	dovevano	avevano	dovuto

Pret. pluscuamperf.
Trapassato prossimo

Pretérito indefinido
Passato remoto

io	dovei	ebbi	dovuto
tu	dovesti	avesti	dovuto
egli	dovè	ebbe	dovuto
noi	dovemmo	avemmo	dovuto
voi	doveste	aveste	dovuto
essi	doverono	ebbero	dovuto

Pretérito anterior
Trapassato remoto

Futuro imperfecto
Futuro semplice

io	dovrò	avrò	dovuto
tu	dovrai	avrai	dovuto
egli	dovrà	avrà	dovuto
noi	dovremo	avremmo	dovuto
voi	dovrete	avrete	dovuto
essi	dovranno	avranno	dovuto

Futuro perfecto
Futuro anteriore

POTENCIAL (Condizionale)

Simple
Presente

io	dovrei	avrei	dovuto
tu	dovresti	avresti	dovuto
egli	dovrebbe	avrebbe	dovuto
noi	dovremmo	avremmo	dovuto
voi	dovreste	avreste	dovuto
essi	dovrebbero	avrebbero	dovuto

Compuesto
Passato

SUBJUNTIVO (Congiuntivo)

Presente
Presente

che io	deva	abbia	dovuto
che tu	deva	abbia	dovuto
che egli	deva	abbia	dovuto
che noi	dobbiamo	abbiamo	dovuto
che voi	dobbiate	abbiate	dovuto
che essi	devano	abbiano	dovuto

Pretérito perfecto
Passato

Pretérito imperfecto
Imperfetto

che io	dovessi	avessi dovuto
che tu	dovessi	avessi dovuto
che egli	dovesse	avesse dovuto
che noi	dovessimo	avessimo dovuto
che voi	doveste	aveste dovuto
che essi	dovessero	avessero dovuto

Pret. pluscuamperf.
Trapassato

IMPERATIVO*

FORMAS NO PERSONALES
(Modi indefiniti)

Infinitivo	Simple	Compuesto
Infinito	*Semplice*	*Composto*
	dovere	avere dovuto

Gerundio	Simple	Compuesto
Gerundio	*Semplice*	*Composto*
	dovendo	avendo dovuto

Participio	Pasado	Presente
Participio	*Passato*	*Presente*
	dovuto	–

*Nota: carece de imperativo

ENTRARE 37

INDICATIVO (Indicativo)

Presente		**Pretérito perfecto**	
Presente		*Passato prossimo*	
io	entro	sono	entrato
tu	entri	sei	entrato
egli	entra	è	entrato
noi	entriamo	siamo	entrati/e
voi	entrate	siete	entrati/e
essi	entrano	sono	entrati/e

Pretérito imperfecto		**Pret. pluscuamperf.**	
Imperfetto		*Trapassato prossimo*	
io	entravo	ero	entrato
tu	entravi	eri	entrato
egli	entrava	era	entrato
noi	entravamo	eravamo	entrati/e
voi	entravate	eravate	entrati/e
essi	entravano	erano	entrati/e

Pretérito indefinido		**Pretérito anterior**	
Passato remoto		*Trapassato remoto*	
io	entrai	fui	entrato
tu	entrasti	fosti	entrato
egli	entrò	fu	entrato
noi	entrammo	fummo	entrati/e
voi	entraste	foste	entrati/e
essi	entrarono	furono	entrati/e

Futuro imperfecto		**Futuro perfecto**	
Fururo semplice		*Futuro anteriore*	
io	entrerò	sarò	entrato
tu	entrerai	sarai	entrato
egli	entrerà	sarà	entrato
noi	entreremo	saremo	entrati/e
voi	entrerete	sarete	entrati/e
essi	entreranno	saranno	entrati/e

POTENCIAL (Condizionale)

Simple		**Compuesto**	
Presente		*Passato*	
io	entrerei	sarei	entrato
tu	entreresti	saresti	entrato
egli	entrerebbe	sarebbe	entrato
noi	entreremmo	saremmo	entrati/e
voi	entrereste	sareste	entrati/e
essi	entrerebbero	sarebbero	entrati/e

SUBJUNTIVO (Congiuntivo)

Presente		**Pretérito perfecto**	
Presente		*Passato*	
che io	entri	sia	entrato
che tu	entri	sia	entrato
che egli	entri	sia	entrato
che noi	entriamo	siamo	entrati/e
che voi	entriate	siate	entrati/e
che essi	entrino	siano	entrati/e

Pretérito imperfecto		**Pret. plucuamperf.**	
Imperfetto		*Traspassato*	
che io	entrassi	fossi	entrato
che tu	entrassi	fossi	entrato
che egli	entrasse	fosse	entrato
che noi	entrassimo	fossimo	entrati/e
che voi	entraste	foste	entrati/e
che essi	entrassero	fossero	entrati/e

IMPERATIVO

entra	tu
entri	egli
entriamo	noi
entrate	voi
entrino	essi

FORMAS NO PERSONALES
(Modi indefiniti)

Infinitivo	**Simple**	**Compuesto**
Infinito	*Semplice*	*Composto*
	entrare	essere entrato

Gerundio	**Simple**	**Compuesto**
Gerundio	*Semplice*	*Composto*
	entrando	essendo entrato

Participio	**Pasado**	**Presente**
Participio	*Passato*	*Presente*
	entrato	entrante

38 ESISTERE

INDICATIVO (Indicativo)

Presente / *Presente*

io	esisto		
tu	esisti		
egli	esiste		
noi	esistiamo		
voi	esistete		
essi	esistono		

Pretérito perfecto / *Passato prossimo*

sono	esistito
sei	esistito
è	esistito
siamo	esistiti
siete	esistiti
sono	esistiti

Pretérito imperfecto / *Imperfetto*

io	esistevo
tu	esistevi
egli	esisteva
noi	esistevamo
voi	esistevate
essi	esistevano

Pret. pluscuamperf. / *Trapassato prossimo*

ero	esistito
eri	esistito
era	esistito
eravamo	esistiti
eravate	esistiti
erano	esistiti

Pretérito indefinido / *Passato remoto*

io	esistei
tu	esistesti
egli	esistè
noi	esistemmo
voi	esisteste
essi	esisterono

Pretérito anterior / *Trapassato remoto*

fui	esistito
fosti	esistito
fu	esistito
fummo	esistiti
foste	esistiti
furono	esistiti

Futuro imperfecto / *Futuro semplice*

io	esisterò
tu	esisterai
egli	esisterà
noi	esisteremo
voi	esisterete
essi	esisteranno

Futuro perfecto / *Futuro anteriore*

sarò	esistito
sarai	esistito
sarà	esistito
saremo	esistiti
sarete	esistiti
saranno	esistiti

POTENCIAL (Condizionale)

Simple / *Presente*

io	esisterei
tu	esisteresti
egli	esisterebbe
noi	esisteremmo
voi	esistereste
essi	esisterebbero

Compuesto / *Passato*

sarei	esistito
saresti	esistito
sarebbe	esistito
saremmo	esistiti
sareste	esistiti
sarebbero	esistiti

SUBJUNTIVO (Congiuntivo)

Presente / *Presente*

che io	esista
che tu	esista
che egli	esista
che noi	esistiamo
che voi	esistiate
che essi	esistano

Pretérito perfecto / *Passato*

sia	esistito
sia	esistito
sia	esistito
siamo	esistiti
siate	esistiti
siano	esistiti

Pretérito imperfecto / *Imperfetto*

che io	esistessi
che tu	esistessi
che egli	esistesse
che noi	esistessimo
che voi	esisteste
che essi	esistessero

Pret. pluscuamperf. / *Trapassato*

fossi	esistito
fossi	esistito
fosse	esistito
fossimo	esistiti
foste	esistiti
fossero	esistiti

IMPERATIVO

esisti	tu
esista	egli
esistiamo	noi
esistete	voi
esistano	essi

FORMAS NO PERSONALES (Modi indefiniti)

Infinitivo / *Infinito*

Simple / *Semplice*	Compuesto / *Composto*
esistere	essere esistito

Gerundio / *Gerundio*

Simple / *Semplice*	Compuesto / *Composto*
esistendo	essendo esistito

Participio / *Participio*

Pasado / *Passato*	Presente / *Presente*
esistito	esistente

ESPANDERE

INDICATIVO (Indicativo)

Presente
Presente

io	espando	ho	espanso
tu	espandi	hai	espanso
egli	espande	ha	espanso
noi	espandiamo	abbiamo	espanso
voi	espandete	avete	espanso
essi	espandono	hanno	espanso

Pretérito perfecto
Passato prossimo

Pretérito imperfecto
Imperfetto

io	espandevo	avevo	espanso
tu	espandevi	avevi	espanso
egli	espandeva	aveva	espanso
noi	espandevamo	avevamo	espanso
voi	espandevate	avevate	espanso
essi	espandevano	avevano	espanso

Pret. pluscuamperf.
Trapassato prossimo

Pretérito indefinido
Passato remoto

io	espansi	ebbi	espanso
tu	espandesti	avesti	espanso
egli	espanse	ebbe	espanso
noi	espandemmo	avemmo	espanso
voi	espandeste	aveste	espanso
essi	espansero	ebbero	espanso

Pretérito anterior
Trapassato remoto

Futuro imperfecto
Futuro semplice

io	espanderò	avrò	espanso
tu	espanderai	avrai	espanso
egli	espanderà	avrà	espanso
noi	espanderemo	avremo	espanso
voi	espanderete	avrete	espanso
essi	espanderanno	avranno	espanso

Futuro perfecto
Futuro anteriore

POTENCIAL (Condizionale)

Simple
Presente

io	espanderei	avrei	espanso
tu	espanderesti	avresti	espanso
egli	espanderebbe	avrebbe	espanso
noi	espanderemmo	avremmo	espanso
voi	espandereste	avreste	espanso
essi	espanderebbero	avrebbero	espanso

Compuesto
Passato

SUBJUNTIVO (Congiuntivo)

Presente
Presente

che io	espanda	abbia	espanso
che tu	espanda	abbia	espanso
che egli	espanda	abbia	espanso
che noi	espandiamo	abbiamo	espanso
che voi	espandiate	abbiate	espanso
che essi	espandano	abbiano	espanso

Pretérito perfecto
Passato

Pretérito imperfecto
Imperfetto

che io	espandessi	avessi	espanso
che tu	espandessi	avessi	espanso
che egli	espandesse	avesse	espanso
che noi	espandessimo	avessimo	espanso
che voi	espandeste	aveste	espanso
che essi	espandessero	avessero	espanso

Pret. pluscuamperf.
Trapassato

IMPERATIVO

espandi	tu
espanda	egli
espandiamo	noi
espandete	voi
espandano	essi

FORMAS NO PERSONALES
(Modi indefiniti)

Infinitivo	**Semplice**	**Composto**
Infinito	*Semplice*	*Composto*
	espandere	avere espanso

Gerundio	**Semplice**	**Composto**
Gerundio	*Semplice*	*Composto*
	espandendo	avendo espanso

Participio	**Pasado**	**Presente**
Participio	*Passato*	*Presente*
	espanso	espandente

40 ESPELLERE

INDICATIVO (Indicativo)

Presente
Presente

io	espello
tu	espelli
egli	espelle
noi	espelliamo
voi	espellete
essi	espellono

Pretérito perfecto
Passato prossimo

ho	espulso
hai	espulso
ha	espulso
abbiamo	espulso
avete	espulso
hanno	espulso

Pretérito imperfecto
Imperfetto

io	espellevo
tu	espellevi
egli	espelleva
noi	espellevamo
voi	espellevate
essi	espellevano

Pret. pluscuamperf.
Trapassato prossimo

avevo	espulso
avevi	espulso
aveva	espulso
avevamo	espulso
avevate	espulso
avevano	espulso

Pretérito indefinido
Passato remoto

io	espulsi
tu	espellesti
egli	espulse
noi	espellemmo
voi	espelleste
essi	espulsero

Pretérito anterior
Trapassato remoto

ebbi	espulso
avesti	espulso
ebbe	espulso
avemmo	espulso
aveste	espulso
ebbero	espulso

Futuro imperfecto
Futuro semplice

io	espellerò
tu	espellerai
egli	espellerà
noi	espelleremo
voi	espellerete
essi	espelleranno

Futuro perfecto
Futuro anteriore

avrò	espulso
avrai	espulso
avrà	espulso
avremo	espulso
avrete	espulso
avranno	espulso

POTENCIAL (Condizionale)

Simple
Presente

io	espellerei
tu	espelleresti
egli	espellerebbe
noi	espelleremmo
voi	espellereste
essi	espellerebbero

Compuesto
Passato

avrei	espulso
avresti	espulso
avrebbe	espulso
avremmo	espulso
avreste	espulso
avrebbero	espulso

SUBJUNTIVO (Congiuntivo)

Presente
Presente

che io	espella
che tu	espella
che egli	espella
che noi	espelliamo
che voi	espelliate
che essi	espellano

Pretérito perfecto
Passato

abbia	espulso
abbia	espulso
abbia	espulso
abbiamo	espulso
abbiate	espulso
abbiano	espulso

Pretérito imperfecto
Imperfetto

che io	espellessi
che tu	espellessi
che egli	espellesse
che noi	espellessimo
che voi	espelleste
che essi	espellessero

Pret. pluscuamperf.
Trapassato

avessi	espulso
avessi	espulso
avesse	espulso
avessimo	espulso
aveste	espulso
avessero	espulso

IMPERATIVO

espelli	tu
espella	egli
espelliamo	noi
espellete	voi
espellano	essi

FORMAS NO PERSONALES
(Modi indefiniti)

Infinitivo	**Simple**	**Compuesto**
Infinito	*Semplice*	*Composto*
	espellere	aver espulso

Gerundio	**Simple**	**Compuesto**
Gerundio	*Semplice*	*Composto*
	espellendo	avendo espulso

Participio	**Pasado**	**Presente**
Participio	*Passato*	*Presente*
	espulso	espellente

ESPRIMERE 41

INDICATIVO (Indicativo)

Presente / *Presente* — Pretérito perfecto / *Passato prossimo*

io	esprimo	ho	espresso
tu	esprimi	hai	espresso
egli	esprime	ha	espresso
noi	esprimiamo	abbiamo	espresso
voi	esprimete	avete	espresso
essi	esprimono	hanno	espresso

Pretérito imperfecto / *Imperfetto* — Pret. pluscuamperf. / *Trapassato prossimo*

io	esprimevo	avevo	espresso
tu	esprimevi	avevi	espresso
egli	esprimeva	aveva	espresso
noi	esprimevamo	avevamo	espresso
voi	esprimevate	avevate	espresso
essi	esprimevano	avevano	espresso

Pretérito indefinido / *Passato remoto* — Pretérito anterior / *Trapassato remoto*

io	espressi	ebbi	espresso
tu	esprimesti	avesti	espresso
egli	espresse	ebbe	espresso
noi	esprimemmo	avemmo	espresso
voi	esprimeste	aveste	espresso
essi	espressero	ebbero	espresso

Futuro imperfecto / *Futuro semplice* — Futuro perfecto / *Futuro anteriore*

io	esprimerò	avrò	espresso
tu	esprimerai	avrai	espresso
egli	esprimerà	avrà	espresso
noi	esprimeremo	avremo	espresso
voi	esprimerete	avrete	espresso
essi	esprimeranno	avranno	espresso

POTENCIAL (Condizionale)

Simple / *Presente* — Compuesto / *Passato*

io	esprimerei	avrei	espresso
tu	esprimeresti	avresti	espresso
egli	esprimerebbe	avrebbe	espresso
noi	esprimeremmo	avremmo	espresso
voi	esprimereste	avreste	espresso
essi	esprimerebbero	avrebbero	espresso

SUBJUNTIVO (Congiuntivo)

Presente / *Presente* — Pretérito perfecto / *Passato*

che io	esprima	abbia	espresso
che tu	esprima	abbia	espresso
che egli	esprima	abbia	espresso
che noi	esprimiamo	abbiamo	espresso
che voi	esprimiate	abbiate	espresso
che essi	esprimano	abbiano	espresso

Pretérito imperfecto / *Imperfetto* — Pret. pluscuamperf. / *Trapassato*

che io	esprimessi	avessi	espresso
che tu	esprimessi	avessi	espresso
che egli	esprimesse	avesse	espresso
che noi	esprimessimo	avessimo	espresso
che voi	esprimeste	aveste	espresso
che essi	esprimessero	avessero	espresso

IMPERATIVO

esprimi	tu
esprima	egli
esprimiamo	noi
esprimete	voi
esprimano	essi

FORMAS NO PERSONALES (Modi indefiniti)

Infinitivo / *Infinito*

Simple / *Semplice*	Compuesto / *Composto*
esprimere	avere espresso

Gerundio / *Gerundio*

Simple / *Semplice*	Compuesto / *Composto*
esprimendo	avendo espresso

Participio / *Participio*

Pasado / *Passato*	Presente / *Presente*
espresso	esprimente

42 ESSERE

INDICATIVO (Indicativo)

Presente
Presente

io	sono	sono	stato
tu	sei	sei	stato
egli	è	è	stato
noi	siamo	siamo	stati
voi	siete	siete	stati
essi	sono	sono	stati

Pretérito perfecto
Passato prossimo

Pretérito imperfecto
Imperfetto

io	ero	ero	stato
tu	eri	eri	stato
egli	era	era	stato
noi	eravamo	eravamo	stati
voi	eravate	eravate	stati
essi	erano	erano	stati

Pret. pluscuamperf.
Trapassato prossimo

Pretérito indefinido
Passato remoto

io	fui	fui	stato
tu	fosti	fosti	stato
egli	fu	fu	stato
noi	fummo	fummo	stati
voi	foste	foste	stati
essi	furono	furono	stati

Pretérito anterior
Trapassato remoto

Futuro imperfecto
Futuro semplice

io	sarò	sarò	stato
tu	sarai	sarai	stato
egli	sarà	sarà	stato
noi	saremo	saremo	stati
voi	sarete	sarete	stati
essi	saranno	saranno	stati

Futuro perfecto
Futuro anteriore

POTENCIAL (Condizionale)

Simple
Presente

Compuesto
Passato

io	sarei	sarei	stato
tu	saresti	saresti	stato
egli	sarebbe	sarebbe	stato
noi	saremmo	saremmo	stati
voi	sareste	sareste	stati
essi	sarebbero	sarebbero	stati

SUBJUNTIVO (Congiuntivo)

Presente
Presente

che io	sia	sia	stato
che tu	sia	sia	stato
che egli	sia	sia	stato
che noi	siamo	siamo	stati
che voi	siate	siate	stati
che essi	siano	siano	stati

Pretérito perfecto
Passato

Pretérito imperfecto
Imperfetto

che io	fossi	fossi	stato
che tu	fossi	fossi	stato
che egli	fosse	fosse	stato
che noi	fossimo	fossimo	stati
che voi	foste	foste	stati
che essi	fossero	fossero	stati

Pret. pluscuamperf.
Trapassato

IMPERATIVO

sii	tu
sia	egli
siamo	noi
siate	voi
siano	essi

FORMAS NO PERSONALES
(Modi indefiniti)

Infinitivo	**Simple**	**Compuesto**
Infinito	*Semplice*	*Composto*
	essere	essere stato

Gerundio	**Simple**	**Compuesto**
Gerundio	*Semplice*	*Composto*
	essendo	essendo stato

Participio	**Pasado**	**Presente**
Participio	*Passato*	*Presente*
	stato	–

FARE

INDICATIVO (Indicativo)

Presente
Presente

io	faccio	ho	fatto
tu	fai	hai	fatto
egli	fa	ha	fatto
noi	facciamo	abbiamo	fatto
voi	fate	avete	fatto
essi	fanno	hanno	fatto

Pretérito perfecto
Passato prossimo

Pretérito imperfecto
Imperfetto

io	facevo	avevo	fatto
tu	facevi	avevi	fatto
egli	faceva	aveva	fatto
noi	facevamo	avevamo	fatto
voi	facevate	avevate	fatto
essi	facevano	avevano	fatto

Pret. pluscuamperf.
Trapassato prossimo

Pretérito indefinido
Passato remoto

io	feci	ebbi	fatto
tu	facesti	avesti	fatto
egli	fece	ebbe	fatto
noi	facemmo	avemmo	fatto
voi	faceste	aveste	fatto
essi	fecero	ebbero	fatto

Pretérito anterior
Trapassato remoto

Futuro imperfecto
Futuro semplice

io	farò	avrò	fatto
tu	farai	avrai	fatto
egli	farà	avrà	fatto
noi	faremo	avremo	fatto
voi	farete	avrete	fatto
essi	faranno	avranno	fatto

Futuro perfecto
Futuro anteriore

POTENCIAL (Condizionale)

Simple
Presente

Compuesto
Passato

io	farei	avrei	fatto
tu	faresti	avresti	fatto
egli	farebbe	avrebbe	fatto
noi	faremmo	avremmo	fatto
voi	fareste	avreste	fatto
essi	farebbero	avrebbero	fatto

SUBJUNTIVO (Congiuntivo)

Presente
Presente

che io	faccia	abbia	fatto
che tu	faccia	abbia	fatto
che egli	faccia	abbia	fatto
che noi	facciamo	abbiamo	fatto
che voi	facciate	abbiate	fatto
che essi	facciano	abbiano	fatto

Pretérito perfecto
Passato

Pretérito imperfecto
Imperfetto

che io	facessi	avessi	fatto
che tu	facessi	avessi	fatto
che egli	facesse	avesse	fatto
che noi	facessimo	avessimo	fatto
che voi	faceste	aveste	fatto
che essi	facessero	avessero	fatto

Pret. pluscuamperf.
Trapassato

IMPERATIVO

fa	tu
faccia	egli
facciamo	noi
fate	voi
facciano	essi

FORMAS NO PERSONALES
(Modi indefiniti)

Infinitivo	**Simple**	**Compuesto**
Infinito	*Semplice*	*Composto*
	fare	avere fatto

Gerundio	**Simple**	**Compuesto**
Gerundio	*Semplice*	*Composto*
	facendo	avendo fatto

Participio	**Pasado**	**Presente**
Participio	*Passato*	*Presente*
	fatto	facente

44 FINGERE

INDICATIVO (Indicativo)

Presente
Presente

io	fingo	ho	finto
tu	fingi	hai	finto
egli	finge	ha	finto
noi	fingiamo	abbiamo	finto
voi	fingete	avete	finto
essi	fingono	hanno	finto

Pretérito perfecto
Passato prossimo

Pretérito imperfecto
Imperfetto

io	fingevo	avevo	finto
tu	fingevi	avevi	finto
egli	fingeva	aveva	finto
noi	fingevamo	avevamo	finto
voi	fingevate	avevate	finto
essi	fingevano	avevano	finto

Pret. pluscuamperf.
Trapassato prossimo

Pretérito indefinido
Passato remoto

io	finsi	ebbi	finto
tu	fingesti	avesti	finto
egli	finse	ebbe	finto
noi	fingemmo	avemmo	finto
voi	fingeste	aveste	finto
essi	finsero	ebbero	finto

Pretérito anterior
Trapassato remoto

Futuro imperfecto
Futuro semplice

io	fingerò	avrò	finto
tu	fingerai	avrai	finto
egli	fingerà	avrà	finto
noi	fingeremo	avremo	finto
voi	fingerete	avrete	finto
essi	fingeranno	avranno	finto

Futuro perfecto
Futuro anteriore

POTENCIAL (Condizionale)

Simple
Presente

Compuesto
Passato

io	fingerei	avrei	finto
tu	fingeresti	avresti	finto
egli	fingerebbe	avrebbe	finto
noi	fingeremmo	avremmo	finto
voi	fingereste	avreste	finto
essi	fingerebbero	avrebbero	finto

SUBJUNTIVO (Congiuntivo)

Presente
Presente

che io	finga	abbia	finto
che tu	finga	abbia	finto
che egli	finga	abbia	finto
che noi	fingiamo	abbiamo	finto
che voi	fingiate	abbiate	finto
che essi	fingano	abbiano	finto

Pretérito perfecto
Passato

Pretérito imperfecto
Imperfetto

che io	fingessi	avessi	finto
che tu	fingessi	avessi	finto
che egli	fingesse	avesse	finto
che noi	fingessimo	avessimo	finto
che voi	fingeste	aveste	finto
che essi	fingessero	avessero	finto

Pret. pluscuamperf.
Trapassato

IMPERATIVO

fingi	tu
finga	egli
fingiamo	noi
fingete	voi
fingano	essi

FORMAS NO PERSONALES
(Modi indefiniti)

Infinitivo	**Simple**	**Compuesto**
Infinito	*Semplice*	*Composto*
	fingere	avere finto

Gerundio	**Simple**	**Compuesto**
Gerundio	*Semplice*	*Composto*
	fingendo	avendo finto

Participio	**Pasado**	**Presente**
Participio	*Passato*	*Presente*
	finto	fingente

FINIRE

INDICATIVO (Indicativo)

Presente
Presente

io	finisco	ho	finito
tu	finisci	hai	finito
egli	finisce	ha	finito
noi	finiamo	abbiamo	finito
voi	finite	avete	finito
essi	finiscono	hanno	finito

Pretérito perfecto
Passato prossimo

Pretérito imperfecto
Imperfetto

io	finivo	avevo	finito
tu	finivi	avevi	finito
egli	finiva	aveva	finito
noi	finivamo	avevamo	finito
voi	finivate	avevate	finito
essi	finivano	avevano	finito

Pret. pluscuamperf.
Trapassato prossimo

Pretérito indefinido
Passato remoto

io	finii	ebbi	finito
tu	finisti	avesti	finito
egli	finì	ebbe	finito
noi	finimmo	avemmo	finito
voi	finiste	aveste	finito
essi	finirono	ebbero	finito

Pretérito anterior
Trapassato remoto

Futuro imperfecto
Futuro semplice

io	finirò	avrò	finito
tu	finirai	avrai	finito
egli	finirà	avrà	finito
noi	finiremo	avremo	finito
voi	finirete	avrete	finito
essi	finiranno	avranno	finito

Futuro perfecto
Futuro anteriore

POTENCIAL (Condizionale)

Simple
Presente

Compuesto
Passato

io	finirei	avrei	finito
tu	finiresti	avresti	finito
egli	finirebbe	avrebbe	finito
noi	finiremmo	avremmo	finito
voi	finireste	avreste	finito
essi	finirebbero	avrebbero	finito

SUBJUNTIVO (Congiuntivo)

Presente
Presente

che io	finisca	abbia	finito
che tu	finisca	abbia	finito
che egli	finisca	abbia	finito
che noi	finiamo	abbiamo	finito
che voi	finiate	abbiate	finito
che essi	finiscano	abbiano	finito

Pretérito perfecto
Passato

Pretérito imperfecto
Imperfetto

che io	finissi	avessi	finito
che tu	finissi	avessi	finito
che egli	finisse	avesse	finito
che noi	finissimo	avessimo	finito
che voi	finiste	aveste	finito
che essi	finissero	avessero	finito

Pret. pluscuamperf.
Trapassato

IMPERATIVO

finisci	tu
finisca	egli
finiamo	noi
finite	voi
finiscano	essi

FORMAS NO PERSONALES
(Modi indefiniti)

Infinitivo	Simple	Compuesto
Infinito	*Semplice*	*Composto*
	finire	avere finito

Gerundio	Simple	Compuesto
Gerundio	*Semplice*	*Composto*
	finendo	avendo finito

Participio	Pasado	Presente
Participio	*Passato*	*Presente*
	finito	–

FONDERE

INDICATIVO (Indicativo)

Presente
Presente

		Pretérito perfecto *Passato prossimo*	
io	fondo	ho	fuso
tu	fondi	hai	fuso
egli	fonde	ha	fuso
noi	fondiamo	abbiamo	fuso
voi	fondete	avete	fuso
essi	fondono	hanno	fuso

Pretérito imperfecto / *Imperfetto* — **Pret. pluscuamperf.** / *Trapassato prossimo*

io	fondevo	avevo	fuso
tu	fondevi	avevi	fuso
egli	fondeva	aveva	fuso
noi	fondevamo	avevamo	fuso
voi	fondevate	avevate	fuso
essi	fondevano	avevano	fuso

Pretérito indefinido / *Passato remoto* — **Pretérito anterior** / *Trapassato remoto*

io	fusi	ebbi	fuso
tu	fondesti	avesti	fuso
egli	fuse	ebbe	fuso
noi	fondemmo	avemmo	fuso
voi	fondeste	aveste	fuso
essi	fusero	ebbero	fuso

Futuro imperfecto / *Futuro semplice* — **Futuro perfecto** / *Futuro anteriore*

io	fonderò	avrò	fuso
tu	fonderai	avrai	fuso
egli	fonderà	avrà	fuso
noi	fonderemo	avremo	fuso
voi	fonderete	avrete	fuso
essi	fonderanno	avranno	fuso

POTENCIAL (Condizionale)

Simple / *Presente* — **Compuesto** / *Passato*

io	fonderei	avrei	fuso
tu	fonderesti	avresti	fuso
egli	fonderebbe	avrebbe	fuso
noi	fonderemmo	avremmo	fuso
voi	fondereste	avreste	fuso
essi	fonderebbero	avrebbero	fuso

SUBJUNTIVO (Congiuntivo)

Presente / *Presente* — **Pretérito perfecto** / *Passato*

che io	fonda	abbia	fuso
che tu	fonda	abbia	fuso
che egli	fonda	abbia	fuso
che noi	fondiamo	abbiamo	fuso
che voi	fondiate	abbiate	fuso
che essi	fondano	abbiano	fuso

Pretérito imperfecto / *Imperfetto* — **Pret. pluscuamperf.** / *Trapassato*

che io	fondessi	avessi	fuso
che tu	fondessi	avessi	fuso
che egli	fondesse	avesse	fuso
che noi	fondessimo	avessimo	fuso
che voi	fondeste	aveste	fuso
che essi	fondessero	avessero	fuso

IMPERATIVO

fondi	tu
fonda	egli
fondiamo	noi
fondete	voi
fondano	essi

FORMAS NO PERSONALES (Modi indefiniti)

Infinitivo / *Infinito*

Simple / *Semplice*	Compuesto / *Composto*
fondere	avere fuso

Gerundio / *Gerundio*

Simple / *Semplice*	Compuesto / *Composto*
fondendo	avendo fuso

Participio / *Participio*

Pasado / *Passato*	Presente / *Presente*
fuso	fondente

GIOCARE

INDICATIVO (Indicativo)

Presente
Presente

io	gio(u)oco
tu	gi(u)ochi
egli	gi(u)oca
noi	giochiamo
voi	giocate
essi	gi(u)ocano

Pretérito perfecto
Passato prossimo

ho	giocato
hai	giocato
ha	giocato
abbiamo	giocato
avete	giocato
hanno	giocato

Pretérito imperfecto
Imperfetto

io	giocavo
tu	giocavi
egli	giocava
noi	giocavamo
voi	giocavate
essi	giocavano

Pret. pluscuamperf.
Trapassato prossimo

avevo	giocato
avevi	giocato
aveva	giocato
avevamo	giocato
avevate	giocato
avevano	giocato

Pretérito indefinido
Passato remoto

io	giocai
tu	giocasti
egli	giocò
noi	giocammo
voi	giocaste
essi	giocarono

Pretérito anterior
Trapassato remoto

ebbi	giocato
avesti	giocato
ebbe	giocato
avemmo	giocato
aveste	giocato
ebbero	giocato

Futuro imperfecto
Futuro semplice

io	giocherò
tu	giocherai
egli	giocherà
noi	giocheremo
voi	giocherete
essi	giocheranno

Futuro perfecto
Futuro anteriore

avrò	giocato
avrai	giocato
avrà	giocato
avremo	giocato
avrete	giocato
avranno	giocato

POTENCIAL (Condizionale)

Simple
Presente

io	giocherei
tu	giocheresti
egli	giocherebbe
noi	giocheremmo
voi	giochereste
essi	giocherebbero

Compuesto
Passato

avrei	giocato
avresti	giocato
avrebbe	giocato
avremmo	giocato
avreste	giocato
avrebbero	giocato

SUBJUNTIVO (Congiuntivo)

Presente
Presente

che io	gi(u)ochi
che tu	gi(u)ochi
che egli	gi(u)ochi
che noi	giochiamo
che voi	giochiate
che essi	gi(u)ochino

Pretérito perfecto
Passato

abbia	giocato
abbia	giocato
abbia	giocato
abbiamo	giocato
abbiate	giocato
abbiano	giocato

Pretérito imperfecto
Imperfetto

che io	giocassi
che tu	giocassi
che egli	giocasse
che noi	giocassimo
che voi	giocaste
che essi	giocassero

Pret. pluscuamperf.
Trapassato

avessi	giocato
avessi	giocato
avesse	giocato
avessimo	giocato
aveste	giocato
avessero	giocato

IMPERATIVO

gi(u)oca	tu
gi(u)ochi	egli
giochiamo	noi
giocate	voi
gi(u)chino	essi

FORMAS NO PERSONALES
(Modi indefiniti)

Infinitivo Simple **Compuesto**
Infinito Semplice Composto
giocare   avere giocato

Gerundio Simple **Compuesto**
Gerundio Semplice Composto
giocando   avendo giocato

Participio Pasado **Presente**
Participio Passato Presente
giocato   –

48 GIUNGERE

INDICATIVO (Indicativo)

Presente
Presente

io	giungo	sono	giunto
tu	giungi	sei	giunto
egli	giunge	è	giunto
noi	giungiamo	siamo	giunti
voi	giungete	siete	giunti
essi	giungono	sono	giunti

Pretérito perfecto
Passato prossimo

Pretérito imperfecto
Imperfetto

io	giungevo	ero	giunto
tu	giungevi	eri	giunto
egli	giungeva	era	giunto
noi	giungevamo	eravamo	giunti
voi	giungevate	eravate	giunti
essi	giungevano	erano	giunti

Pret. pluscuamperf.
Trapassato prossimo

Pretérito indefinido
Passato remoto

io	giunsi	fui	giunto
tu	giungesti	fosti	giunto
egli	giunse	fu	giunto
noi	giungemmo	fummo	giunti
voi	giungeste	foste	giunti
essi	giunsero	furono	giunti

Pretérito anterior
Trapassato remoto

Futuro imperfecto
Futuro semplice

io	giungerò	sarò	giunto
tu	giungerai	sarai	giunto
egli	giungerà	sarà	giunto
noi	giungeremo	saremo	giunti
voi	giungerete	sarete	giunti
essi	giungeranno	saranno	giunti

Futuro perfecto
Futuro anteriore

POTENCIAL (Condizionale)

Simple
Presente

io	giungerei	sarei	giunto
tu	giungeresti	saresti	giunto
egli	giungerebbe	sarebbe	giunto
noi	giungeremmo	saremmo	giunti
voi	giungereste	sareste	giunti
essi	giungerebbero	sarebbero	giunti

Compuesto
Passato

SUBJUNTIVO (Congiuntivo)

Presente
Presente

che io	giunga	sia	giunto
che tu	giunga	sia	giunto
che egli	giunga	sia	giunto
che noi	giungiamo	siamo	giunti
che voi	giungiate	siate	giunti
che essi	giungano	siano	giunti

Pretérito perfecto
Passato

Pretérito imperfecto
Imperfetto

che io	giungessi	fossi	giunto
che tu	giungessi	fossi	giunto
che egli	giungesse	fosse	giunto
che noi	giungessimo	fossimo	giunti
che voi	giungeste	foste	giunti
che essi	giungessero	fossero	giunti

Pret. pluscuamperf.
Trapassato

IMPERATIVO

giungi	tu
giunga	egli
giungiamo	noi
giungete	voi
giungano	essi

FORMAS NO PERSONALES
(Modi indefiniti)

Infinitivo	Semplice	Composto
Infinito	*Semplice*	*Composto*
	giungere	essere giunto

Gerundio	Semplice	Composto
Gerundio	*Semplce*	*Composto*
	giungendo	essendo giunto

Participio	Pasado	Presente
Participio	*Passato*	*Presente*
	giunto	–

IMMERGERE 49

INDICATIVO (Indicativo)

Presente
Presente

io	immergo	ho	immerso
tu	immergi	hai	immerso
egli	immerge	ha	immerso
noi	immergiamo	abbiamo	immerso
voi	immergete	avete	immerso
essi	immergono	hanno	immerso

Pretérito perfecto
Passato prossimo

Pretérito imperfecto
Imperfetto

io	immergevo	avevo	immerso
tu	immergevi	avevi	immerso
egli	immergeva	aveva	immerso
noi	immergevamo	avevamo	immerso
voi	immergevate	avevate	immerso
essi	immergevano	avevano	immerso

Pret. pluscuamperf.
Trapassato prossimo

Pretérito indefinido
Passato remoto

io	immersi	ebbi	immerso
tu	immergesti	avesti	immerso
egli	immerse	ebbe	immerso
noi	immergemmo	avemmo	immerso
voi	immergeste	aveste	immerso
essi	immersero	ebbero	immerso

Pretérito anterior
Trapassato remoto

Futuro imperfecto
Futuro semplice

io	immergerò	avrò	immerso
tu	immergerai	avrai	immerso
egli	immergerà	avrà	immerso
noi	immergeremo	avremo	immerso
voi	immergerete	avrete	immerso
essi	immergeranno	avranno	immerso

Futuro perfecto
Futuro anteriore

POTENCIAL (Condizionale)

Simple
Presente

Compuesto
Passato

io	immergerei	avrei	immerso
tu	immergeresti	avresti	immerso
egli	immergerebbe	avrebbe	immerso
noi	immergeremmo	avremmo	immerso
voi	immergereste	avreste	immerso
essi	immergerebbero	avrebbero	immerso

SUBJUNTIVO (Congiuntivo)

Presente
Presente

che io	immerga	abbia	immerso
che tu	immerga	abbia	immerso
che egli	immerga	abbia	immerso
che noi	immergiamo	abbiamo	immerso
che voi	immergiate	abbiate	immerso
che essi	immergano	abbiano	immerso

Pretérito perfecto
Passato

Pretérito imperfecto
Imperfetto

che io	immergessi	avessi	immerso
che tu	immergessi	avessi	immerso
che egli	immergesse	avesse	immerso
che noi	immergessimo	avessimo	immerso
che voi	immergeste	aveste	immerso
che essi	immergessero	avessero	immerso

Pret. pluscuamperf.
Trapassato

IMPERATIVO

immergi	tu
immerga	egli
immergiamo	noi
immergete	voi
immergano	essi

FORMAS NO PERSONALES
(Modi indefiniti)

Infinitivo **Simple** **Compuesto**
Infinito *Semplice* *Composto*
immergere avere immerso

Gerundio **Simple** **Compuesto**
Gerundio *Semplice* *Composto*
immergendo avendo immerso

Participio **Pasado** **Presente**
Participio *Passato* *Presente*
immerso immergente

INVADERE

INDICATIVO (Indicativo)

Presente *Presente*		**Pretérito perfecto** *Passato prossimo*	
io	invado	ho	invaso
tu	invadi	hai	invaso
egli	invade	ha	invaso
noi	invadiamo	abbiamo	invaso
voi	invadete	avete	invaso
essi	invadono	hanno	invaso

Pretérito imperfecto *Imperfetto*		**Pret. pluscuamperf.** *Trapassato prossimo*	
io	invadevo	avevo	invaso
tu	invadevi	avevi	invaso
egli	invadeva	aveva	invaso
noi	invadevamo	avevamo	invaso
voi	invadevate	avevate	invaso
essi	invadevano	avevano	invaso

Pretérito indefinido *Passato remoto*		**Pretérito anterior** *Trapassato remoto*	
io	invasi	ebbi	invaso
tu	invadesti	avesti	invaso
egli	invase	ebbe	invaso
noi	invademmo	avemmo	invaso
voi	invadeste	aveste	invaso
essi	invasero	ebbero	invaso

Futuro imperfecto *Futuro semplice*		**Futuro perfecto** *Futuro anteriore*	
io	invaderò	avrò	invaso
tu	invaderai	avrai	invaso
egli	invaderà	avrà	invaso
noi	invaderemo	avremo	invaso
voi	invaderete	avrete	invaso
essi	invaderanno	avranno	invaso

POTENCIAL (Condizionale)

Simple *Presente*		**Compuesto** *Passato*	
io	invaderei	avrei	invaso
tu	invaderesti	avresti	invaso
egli	invaderebbe	avrebbe	invaso
noi	invaderemmo	avremmo	invaso
voi	invadereste	avreste	invaso
essi	invaderebbero	avrebbero	invaso

SUBJUNTIVO (Congiuntivo)

Presente *Presente*		**Pretérito perfecto** *Passato*	
che io	invada	abbia	invaso
che tu	invada	abbia	invaso
che egli	invada	abbia	invaso
che noi	invadiamo	abbiamo	invaso
che voi	invadiate	abbiate	invaso
che essi	invadano	abbiano	invaso

Pretérito imperfecto *Imperfetto*		**Pret. pluscuamperf.** *Trapassato*	
che io	invadessi	avessi	invaso
che tu	invadessi	avessi	invaso
che egli	invadesse	avesse	invaso
che noi	invadessimo	avessimo	invaso
che voi	invadeste	aveste	invaso
che essi	invadessero	avessero	invaso

IMPERATIVO

invadi	tu
invada	egli
invadiamo	noi
invadete	voi
invadano	essi

FORMAS NO PERSONALES
(Modi indefiniti)

Infinitivo *Infinito*	**Simple** *Semplice*	**Compuesto** *Composto*
	invadere	avere invaso

Gerundio *Gerundio*	**Simple** *Semplice*	**Compuesto** *Composto*
	invadendo	avendo invaso

Participio *Participio*	**Pasado** *Passato*	**Presente** *Presente*
	invaso	invadente

INVIARE

INDICATIVO (Indicativo)

Presente	**Pretérito perfecto**
Presente	*Passato prossimo*

io	invio	ho	inviato
tu	invii	hai	inviato
egli	invia	ha	inviato
noi	inviamo	abbiamo	inviato
voi	inviate	avete	inviato
essi	inviano	hanno	inviato

Pretérito imperfecto	**Pret. pluscuamperf.**
Imperfetto	*Trapassato prossimo*

io	inviavo	avevo	inviato
tu	inviavi	avevi	inviato
egli	inviava	aveva	inviato
noi	inviavamo	avevamo	inviato
voi	inviavate	avevate	inviato
essi	inviavano	avevano	inviato

Pretérito indefinido	**Pretérito anterior**
Passato remoto	*Trapassato remoto*

io	inviai	ebbi	inviato
tu	inviasti	avesti	inviato
egli	inviò	ebbe	inviato
noi	inviammo	avemmo	inviato
voi	inviaste	aveste	inviato
essi	inviarono	ebbero	inviato

Futuro imperfecto	**Futuro perfecto**
Futuro semplice	*Futuro anteriore*

io	invierò	avrò	inviato
tu	invierai	avrai	inviato
egli	invierà	avrà	inviato
noi	invieremo	avremo	inviato
voi	invierete	avrete	inviato
essi	invieranno	avranno	inviato

POTENCIAL (Condizionale)

Simple	**Compuesto**
Presente	*Passato*

io	invierei	avrei	inviato
tu	invieresti	avresti	inviato
egli	invierebbe	avrebbe	inviato
noi	invieremmo	avremmo	inviato
voi	inviereste	avreste	inviato
essi	invierebbero	avrebbero	inviato

SUBJUNTIVO (Congiuntivo)

Presente	**Pretérito perfecto**
Presente	*Passato*

che io	invii	abbia	inviato
che tu	invii	abbia	inviato
che egli	invii	abbia	inviato
che noi	inviamo	abbiamo	inviato
che voi	inviate	abbiate	inviato
che essi	inviino	abbiano	inviato

Pretérito imperfecto	**Pret. pluscuamperf.**
Imperfetto	*Trapassato*

che io	inviassi	avessi	inviato
che tu	inviassi	avessi	inviato
che egli	inviasse	avesse	inviato
che noi	inviassimo	avessimo	inviato
che voi	inviaste	aveste	inviato
che essi	inviassero	avessero	inviato

IMPERATIVO

invia	tu
invii	egli
inviamo	noi
inviate	voi
inviino	essi

FORMAS NO PERSONALES
(Modi indefiniti)

Infinitivo	**Simple**	**Compuesto**
Infinito	*Semplice*	*Composto*
	inviare	avere inviato

Gerundio	**Simple**	**Compuesto**
Gerundio	*Semplice*	*Composto*
	inviando	avendo inviato

Participio	**Pasado**	**Presente**
Participio	*Passato*	*Presente*
	inviato	inviante

LAVARSI

INDICATIVO (Indicativo)

Presente
Presente

io	mi	lavo
tu	ti	lavi
egli	si	lava
noi	ci	laviamo
voi	vi	lavate
essi	si	lavano

Pretérito perfecto
Passato prossimo

mi	sono	lavato
ti	sei	lavato
si	è	lavato
ci	siamo	lavati/e
vi	siete	lavati/e
si	sono	lavati/e

Pretérito imperfecto
Imperfetto

io	mi	lavavo
tu	ti	lavavi
egli	si	lavava
noi	ci	lavavamo
voi	vi	lavavate
essi	si	lavavano

Pret. pluscuamperf.
Trapassato prossimo

mi	ero	lavato
ti	eri	lavato
si	era	lavato
ci	eravamo	lavati/e
vi	eravate	lavati/e
si	erano	lavati/e

Pretérito indefinido
Passato remoto

io	mi	lavai
tu	ti	lavasti
egli	si	lavò
noi	ci	lavammo
voi	vi	lavaste
essi	si	lavarono

Pretérito anterior
Trapassato remoto

mi	fui	lavato
ti	fosti	lavato
si	fu	lavato
ci	fummo	lavati/e
vi	foste	lavati/e
si	furono	lavati/e

Futuro imperfecto
Fururo semplice

io	mi	laverò
tu	ti	laverai
egli	si	laverà
noi	ci	laveremo
voi	vi	laverete
essi	si	laveranno

Futuro perfecto
Futuro anteriore

mi	sarò	lavato
ti	sarai	lavato
si	sarà	lavato
ci	saremo	lavati/e
vi	sarete	lavati/e
si	saranno	lavati/e

POTENCIAL (Condizionale)

Simple
Presente

io	mi	laverei
tu	ti	laveresti
egli	si	laverebbe
noi	ci	laveremmo
voi	vi	lavereste
essi	si	laverebbero

Compuesto
Passato

mi	sarei	lavato
ti	saresti	lavato
si	sarebbe	lavato
ci	saremmo	lavati/e
vi	sareste	lavati/e
si	sarebbero	lavati/e

SUBJUNTIVO (Congiuntivo)

Presente
Presente

che	io	mi	lavi
che	tu	ti	lavi
che	egli	si	lavi
che	noi	ci	laviamo
che	voi	vi	laviate
che	essi	si	lavino

Pretérito perfecto
Passato

mi	sia	lavato
ti	sia	lavato
si	sia	lavato
ci	siamo	lavati/e
vi	siate	lavati/e
si	siano	lavati/e

Pretérito imperfecto
Imperfetto

che	io	mi	lavassi
che	tu	ti	lavassi
che	egli	si	lavasse
che	noi	ci	lavassimo
che	voi	vi	lavaste
che	essi	si	lavassero

Pret. pluscuamperf.
Traspassato

mi	fossi	lavato
ti	fossi	lavato
si	fosse	lavato
ci	fossimo	lavati/e
vi	foste	lavati/e
si	fossero	lavati/e

IMPERATIVO

lavati	tu
si lavi	egli
laviamoci	noi
lavatevi	voi
si lavino	essi

FORMAS NO PERSONALES
(Modi indefiniti)

Infinitivo	**Semplice**	**Composto**
Infinito		
	lavarsi	essersi lavato

Gerundio	**Semplice**	**Composto**
Gerundio		
	lavandosi	essendosi lavato

Participio	**pasado**	**Presente**
Participio	*Passato*	*Presente*
	lavatosi	lavantesi

LEDERE 53

INDICATIVO (Indicativo)

Presente		**Pretérito perfecto**	
Presente		*Passato prossimo*	
io	ledo	ho	leso
tu	ledi	hai	leso
egli	lede	ha	leso
noi	lediamo	abbiamo	leso
voi	ledete	avete	leso
essi	ledono	hanno	leso

Pretérito imperfecto		**Pret. pluscuamperf.**	
Imperfetto		*Trapassato prossimo*	
io	ledevo	avevo	leso
tu	ledevi	avevi	leso
egli	ledeva	aveva	leso
noi	ledevamo	avevamo	leso
voi	ledevate	avevate	leso
essi	ledevano	avevano	leso

Pretérito indefinido		**Pretérito anterior**	
Passato remoto		*Trapassato remoto*	
io	lesi	ebbi	leso
tu	ledesti	avesti	leso
egli	lese	ebbe	leso
noi	ledemmo	avemmo	leso
voi	ledeste	aveste	leso
essi	lesero	ebbero	leso

Futuro imperfecto		**Futuro perfecto**	
Futuro semplice		*Futuro anteriore*	
io	County lederò	avrò	leso
tu	lederai	avrai	leso
egli	lederà	avrà	leso
noi	lederemo	avremo	leso
voi	lederete	avrete	leso
essi	lederanno	avranno	leso

POTENCIAL (Condizionale)

Simple		**Compuesto**	
Presente		*Passato*	
io	lederei	avrei	leso
tu	lederesti	avresti	leso
egli	lederebbe	avrebbe	leso
noi	lederemmo	avremmo	leso
voi	ledereste	avreste	leso
essi	lederebbero	avrebbero	leso

SUBJUNTIVO (Congiuntivo)

Presente		**Pretérito perfecto**	
Presente		*Passato*	
che io	leda	abbia	leso
che tu	leda	abbia	leso
che egli	leda	abbia	leso
che noi	lediamo	abbiamo	leso
che voi	lediate	abbiate	leso
che essi	ledano	abbiano	leso

Pretérito imperfecto		**Pret. pluscuamperf.**	
Imperfetto		*Trapassato*	
che io	ledessi	avessi	leso
che tu	ledessi	avessi	leso
che egli	ledesse	avesse	leso
che noi	ledessimo	avessimo	leso
che voi	ledeste	aveste	leso
che essi	ledessero	avessero	leso

IMPERATIVO

ledi	tu
leda	egli
lediamo	noi
ledete	voi
ledano	essi

FORMAS NO PERSONALES
(Modi indefiniti)

Infinitivo	**Simple**	**Compuesto**
Infinito	*Semplice*	*Composto*
	ledere	avere leso

Gerundio	**Simple**	**Compuesto**
Gerundio	*Semplice*	*Composto*
	ledendo	avendo leso

Participio	**Pasado**	**Presente**
Participio	*Passato*	*Presente*
	leso	ledente

54 LEGARE

INDICATIVO (Indicativo)

Presente
Presente

io	lego	ho	legato
tu	leghi	hai	legato
egli	lega	ha	legato
noi	leghiamo	abbiamo	legato
voi	legate	avete	legato
essi	legano	hanno	legato

Pretérito perfecto
Passato prossimo

Pretérito imperfecto
Imperfetto

io	legavo	avevo	legato
tu	legavi	avevi	legato
egli	legava	aveva	legato
noi	legavamo	avevamo	legato
voi	legavate	avevate	legato
essi	legavano	avevano	legato

Pret. pluscuamperf.
Trapassato prossimo

Pretérito indefinido
Passato remoto

io	legai	ebbi	legato
tu	legasti	avesti	legato
egli	legò	ebbe	legato
noi	legammo	avemmo	legato
voi	legaste	aveste	legato
essi	legarono	ebbero	legato

Pretérito anterior
Trapassato remoto

Futuro imperfecto
Futuro semplice

io	legherò	avrò	legato
tu	legherai	avrai	legato
egli	legherà	avrà	legato
noi	legheremo	avremo	legato
voi	legherete	avrete	legato
essi	legheranno	avranno	legato

Futuro perfecto
Futuro anteriore

POTENCIAL (Condizionale)

Simple
Presente

io	legherei	avrei	legato
tu	legheresti	avresti	legato
egli	legherebbe	avrebbe	legato
noi	legheremmo	avremmo	legato
voi	leghereste	avreste	legato
essi	legherebbero	avrebbero	legato

Compuesto
Passato

SUBJUNTIVO (Congiuntivo)

Presente
Presente

che io	leghi	abbia	legato
che tu	leghi	abbia	legato
che egli	leghi	abbia	legato
che noi	leghiamo	abbiamo	legato
che voi	leghiate	abbiate	legato
che essi	leghino	abbiano	legato

Pretérito perfecto
Passato

Pretérito imperfecto
Imperfetto

che io	legassi	avessi	legato
che tu	legassi	avessi	legato
che egli	legasse	avesse	legato
che noi	legassimo	avessimo	legato
che voi	legaste	aveste	legato
che essi	legassero	avessero	legato

Pret. pluscuamperf.
Trapassato

IMPERATIVO

lega	tu
leghi	egli
leghiamo	noi
legate	voi
leghino	essi

FORMAS NO PERSONALES
(Modi indefiniti)

Infinitivo	**Simple**	**Compuesto**
Infinito	*Semplice*	*Composto*
	legare	avere legato

Gerundio	**Simple**	**Compuesto**
Gerundio	*Semplice*	*Composto*
	legando	avendo legato

Participio	**Pasado**	**Presente**
Participio	*Passato*	*Presente*
	legato	legante

LEGGERE

INDICATIVO (Indicativo)

Presente
Presente

io	leggo
tu	leggi
egli	legge
noi	leggiamo
voi	leggete
essi	leggono

Pretérito perfecto
Passato prossimo

ho	letto
hai	letto
ha	letto
abbiamo	letto
avete	letto
hanno	letto

Pretérito imperfecto
Imperfetto

io	leggevo
tu	leggevi
egli	leggeva
noi	leggevamo
voi	leggevate
essi	leggevano

Pret. pluscuamperf.
Trapassato prossimo

avevo	letto
avevi	letto
aveva	letto
avevamo	letto
avevate	letto
avevano	letto

Pretérito indefinido
Passato remoto

io	lessi
tu	leggesti
egli	lesse
noi	leggemmo
voi	leggeste
essi	lessero

Pretérito anterior
Trapassato remoto

ebbi	letto
avesti	letto
ebbe	letto
avemmo	letto
aveste	letto
ebbero	letto

Futuro imperfecto
Futuro semplice

io	leggerò
tu	leggerai
egli	leggerà
noi	leggeremo
voi	leggerete
essi	leggeranno

Futuro perfecto
Futuro anteriore

avrò	letto
avrai	letto
avrà	letto
avremo	letto
avrete	letto
avranno	letto

POTENCIAL (Condizionale)

Simple
Presente

io	leggerei
tu	leggeresti
egli	leggerebbe
noi	leggeremmo
voi	leggereste
essi	leggerebbero

Compuesto
Passato

avrei	letto
avresti	letto
avrebbe	letto
avremmo	letto
avreste	letto
avrebbero	letto

SUBJUNTIVO (Congiuntivo)

Presente
Presente

che io	legga
che tu	legga
che egli	legga
che noi	leggiamo
che voi	leggiate
che essi	leggano

Pretérito perfecto
Passato

abbia	letto
abbia	letto
abbia	letto
abbiamo	letto
abbiate	letto
abbiano	letto

Pretérito imperfecto
Imperfetto

che io	leggessi
che tu	leggessi
che egli	leggesse
che noi	leggessimo
che voi	leggeste
che essi	leggessero

Pret. pluscuamperf.
Trapassato

avessi	letto
avessi	letto
avesse	letto
avessimo	letto
aveste	letto
avessero	letto

IMPERATIVO

leggi	tu
legga	egli
leggiamo	noi
leggete	voi
leggano	essi

FORMAS NO PERSONALES
(Modi indefiniti)

Infinitivo	**Simple**	**Compuesto**
Infinito	*Passato*	*Composto*
	leggere	avere letto

Gerundio	**Simple**	**Compuesto**
Gerundio	*Semplice*	*Composto*
	leggendo	avendo letto

Participio	**Pasado**	**Presente**
Participio	*Passato*	*Presente*
	letto	leggente

MANGIARE

INDICATIVO (Indicativo)

Presente
Presente

io	mangio
tu	mangi
egli	mangia
noi	mangiamo
voi	mangiate
essi	mangiano

Pretérito perfecto
Passato prossimo

ho	mangiato
hai	mangiato
ha	mangiato
abbiamo	mangiato
avete	mangiato
hanno	mangiato

Pretérito imperfecto
Imperfetto

io	mangiavo
tu	mangiavi
egli	mangiava
noi	mangiavamo
voi	mangiavate
essi	mangiavano

Pret. pluscuamperf.
Trapassato prossimo

avevo	mangiato
avevi	mangiato
aveva	mangiato
avevamo	mangiato
avevate	mangiato
avevano	mangiato

Pretérito indefinido
Passato remoto

io	mangiai
tu	mangiasti
egli	mangiò
noi	mangiammo
voi	mangiaste
essi	mangiarono

Pretérito anterior
Trapassato remoto

ebbi	mangiato
avesti	mangiato
ebbe	mangiato
avemmo	mangiato
aveste	mangiato
ebbero	mangiato

Futuro imperfecto
Futuro semplice

io	mangerò
tu	mangerai
egli	mangerà
noi	mangeremo
voi	mangerete
essi	mangeranno

Futuro perfecto
Futuro anteriore

avrò	mangiato
avrai	mangiato
avrà	mangiato
avremo	mangiato
avrete	mangiato
avranno	mangiato

POTENCIAL (Condizionale)

Simple
Presente

io	mangerei
tu	mangeresti
egli	mangerebbe
noi	mangeremmo
voi	mangereste
essi	mangerebbero

Compuesto
Passato

avrei	mangiato
avresti	mangiato
avrebbe	mangiato
avremmo	mangiato
avreste	mangiato
avrebbero	mangiato

SUBJUNTIVO (Congiuntivo)

Presente
Presente

che io	mangi
che tu	mangi
che egli	mangi
che noi	mangiamo
che voi	mangiate
che essi	mangino

Pretérito perfecto
Passato

abbia	mangiato
abbia	mangiato
abbia	mangiato
abbiamo	mangiato
abbiate	mangiato
abbiano	mangiato

Pretérito imperfecto
Imperfetto

che io	mangiassi
che tu	mangiassi
che egli	mangiasse
che noi	mangiassimo
che voi	mangiaste
che essi	mangiassero

Pret. pluscuamperf.
Trapassato

avessi	mangiato
avessi	mangiato
avesse	mangiato
avessimo	mangiato
aveste	mangiato
avessero	mangiato

IMPERATIVO

mangia	tu
mangi	egli
mangiamo	noi
mangiate	voi
mangino	essi

FORMAS NO PERSONALES
(Modi indefiniti)

Infinitivo	**Simple**	**Compuesto**
Infinito	*Semplice*	*Composto*
	mangiare	avere mangiato

Gerundio	**Simple**	**Compuesto**
Gerundio	*Semplice*	*Composto*
	mangiando	avendo mangiato

Participio	**Pasado**	**Presente**
Participio	*Passato*	*Presente*
	mangiato	mangiante

METTERE 57

INDICATIVO (Indicativo)

Presente
Presente

io	metto	ho	messo
tu	metti	hai	messo
egli	mette	ha	messo
noi	mettiamo	abbiamo	messo
voi	mettete	avete	messo
essi	mettono	hanno	messo

Pretérito perfecto
Passato prossimo

Pretérito imperfecto
Imperfetto

io	mettevo	avevo	messo
tu	mettevi	avevi	messo
egli	metteva	aveva	messo
noi	mettevamo	avevamo	messo
voi	mettevate	avevate	messo
essi	mettevano	avevano	messo

Pret. pluscuamperf.
Trapassato prossimo

Pretérito indefinido
Passato remoto

io	misi	ebbi	messo
tu	mettesti	avesti	messo
egli	mise	ebbe	messo
noi	mettemmo	avemmo	messo
voi	metteste	aveste	messo
essi	misero	ebbero	messo

Pretérito anterior
Trapassato remoto

Futuro imperfecto
Futuro semplice

io	metterò	avrò	messo
tu	metterai	avrai	messo
egli	metterà	avrà	messo
noi	metteremo	avremo	messo
voi	metterete	avrete	messo
essi	metteranno	avranno	messo

Futuro perfecto
Futuro anteriore

POTENCIAL (Condizionale)

Simple
Presente

Compuesto
Passato

io	metterei	avrei	messo
tu	metteresti	avresti	messo
egli	metterebbe	avrebbe	messo
noi	metteremmo	avremmo	messo
voi	mettereste	avreste	messo
essi	metterebbero	avrebbero	messo

SUBJUNTIVO (Congiuntivo)

Presente
Presente

che io	metta	abbia	messo
che tu	metta	abbia	messo
che egli	metta	abbia	messo
che noi	mettiamo	abbiamo	messo
che voi	mettiate	abbiate	messo
che essi	mettano	abbiano	messo

Pretérito perfecto
Passato

Pretérito imperfecto
Imperfetto

che io	mettessi	avessi	messo
che tu	mettessi	avessi	messo
che egli	mettesse	avesse	messo
che noi	mettessimo	avessimo	messo
che voi	metteste	aveste	messo
che essi	mettessero	avessero	messo

Pret. pluscuamperf.
Trapassato

IMPERATIVO

metti	tu
metta	egli
mettiamo	noi
mettete	voi
mettano	essi

FORMAS NO PERSONALES
(Modi indefiniti)

Infinitivo	Simple	Compuesto
Infinito	*Semplice*	*Composto*
	mettere	avere messo

Gerundio	Simple	Compuesto
Gerundio	*Semplice*	*Composto*
	mettendo	avendo messo

Participio	Pasado	Presente
Participio	*Passato*	*Presente*
	messo	–

58 MORIRE

INDICATIVO (Indicativo)

Presente
Presente

io	muoio	sono	morto
tu	muori	sei	morto
egli	muore	è	morto
noi	moriamo	siamo	morti
voi	morite	siete	morti
essi	muoiono	sono	morti

Pretérito perfecto
Passato prossimo

Pretérito imperfecto
Imperfetto

io	morivo	ero	morto
tu	morivi	eri	morto
egli	moriva	era	morto
noi	morivamo	eravamo	morti
voi	morivate	eravate	morti
essi	morivano	erano	morti

Pret. pluscuamperf.
Trapassato prossimo

Pretérito indefinido
Passato remoto

io	morii	fui	morto
tu	moristi	fosti	morto
egli	morì	fu	morto
noi	morimmo	fummo	morti
voi	moriste	foste	morti
essi	morirono	furono	morti

Pretérito anterior
Trapassato remoto

Futuro imperfecto
Futuro semplice

io	mor(i)rò	sarò	morto
tu	mor(i)rai	sarai	morto
egli	mor(i)rà	sarà	morto
noi	mor(i)remo	saremo	morti
voi	mor(i)rete	sarete	morti
essi	mor(i)ranno	saranno	morti

Futuro perfecto
Futuro anteriore

POTENCIAL (Condizionale)

Simple   **Compuesto**
Presente   *Passato*

io	mor(i)rei	sarei	morto
tu	mor(i)resti	saresti	morto
egli	mor(i)rebbe	sarebbe	morto
noi	mor(i)remmo	saremmo	morti
voi	mor(i)reste	sareste	morti
essi	mor(i)rebbero	sarebbero	morti

SUBJUNTIVO (Congiuntivo)

Presente
Presente

che io	muoia	sia	morto
che tu	muoia	sia	morto
che egli	muoia	sia	morto
che noi	moriamo	siamo	morti
che voi	moriate	siate	morti
che essi	muoiano	siano	morti

Pretérito perfecto
Passato

Pretérito imperfecto
Imperfetto

che io	morissi	fossi	morto
che tu	morissi	fossi	morto
che egli	morisse	fosse	morto
che noi	morissimo	fossimo	morti
che voi	moriste	foste	morti
che essi	morissero	fossero	morti

Pret. pluscuamperf.
Trapassato

IMPERATIVO

muori	tu
muoia	egli
moriamo	noi
morite	voi
muoiano	essi

FORMAS NO PERSONALES
(Modi indefiniti)

Infinitivo Simple   **Compuesto**
Infinito   Semplice   *Composto*
    morire   essere morto

Gerundio Simple   **Compuesto**
Gerundio   Semplice   *Composto*
    morendo   essendo morto

Participio Pasado   **Presente**
Participio Passato   *Presente*
    morto   morente

MUOVERE

INDICATIVO (Indicativo)

Presente	**Pretérito perfecto**
Presente	*Passato prossimo*

io	muovo	ho	mosso
tu	muovi	hai	mosso
egli	muove	ha	mosso
noi	muoviamo	abbiamo	mosso
voi	muovete	avete	mosso
essi	muovono	hanno	mosso

Pretérito imperfecto	**Pret. pluscuamperf.**
Imperfetto	*Trapassato prossimo*

io	muovevo	avevo	mosso
tu	muovevi	avevi	mosso
egli	muoveva	aveva	mosso
noi	muovevamo	avevamo	mosso
voi	muovevate	avevate	mosso
essi	muovevano	avevano	mosso

Pretérito indefinido	**Pretérito anterior**
Passato remoto	*Trapassato remoto*

io	mossi	ebbi	mosso
tu	muovesti	avesti	mosso
egli	mosse	ebbe	mosso
noi	muovemmo	avemmo	mosso
voi	muoveste	aveste	mosso
essi	mossero	ebbero	mosso

Futuro imperfecto	**Futuro perfecto**
Futuro semplice	*Futuro anteriore*

io	muoverò	avrò	mosso
tu	muoverai	avrai	mosso
egli	muoverà	avrà	mosso
noi	muoveremo	avremo	mosso
voi	muoverete	avrete	mosso
essi	muoveranno	avranno	mosso

POTENCIAL (Condizionale)

Simple	**Compuesto**
Presente	*Passato*

io	muoverei	avrei	mosso
tu	muoveresti	avresti	mosso
egli	muoverebbe	avrebbe	mosso
noi	muoveremmo	avremmo	mosso
voi	muovereste	avreste	mosso
essi	muoverebbero	avrebbero	mosso

SUBJUNTIVO (Congiuntivo)

Presente	**Pretérito perfecto**
Presente	*Passato*

che io	muova	abbia	mosso
che tu	muova	abbia	mosso
che egli	muova	abbia	mosso
che noi	muoviamo	abbiamo	mosso
che voi	muoviate	abbiate	mosso
che essi	muovano	abbiano	mosso

Pretérito imperfecto	**Pret. pluscuamperf.**
Imperfetto	*Trapassato*

che io	muovessi	avessi	mosso
che tu	muovessi	avessi	mosso
che egli	muovesse	avesse	mosso
che noi	muovessimo	avessimo	mosso
che voi	muoveste	aveste	mosso
che essi	muovessero	avessero	mosso

IMPERATIVO

muovi	tu
muova	egli
moviamo	noi
movete	voi
muovano	essi

FORMAS NO PERSONALES
(Modi indefiniti)

Infinitivo	**Simple**	**Compuesto**
Infinito	*Semplice*	*Composto*
	muovere	avere mosso

Gerundio	**Simple**	**Compuesto**
Gerundio	*Semplice*	*Composto*
	movendo	avendo mosso

Participio	**Pasado**	**Presente**
Participio	*Passato*	*Presente*
	mosso	movente

NASCERE

INDICATIVO (Indicativo)

Presente
Presente

io	nasco	sono	nato
tu	nasci	sei	nato
egli	nasce	è	nato
noi	nasciamo	siamo	nati
voi	nascete	siete	nati
essi	nascono	sono	nati

Pretérito perfecto
Passato prossimo

Pretérito imperfecto
Imperfetto

io	nascevo	ero	nato
tu	nascevi	eri	nato
egli	nasceva	era	nato
noi	nascevamo	eravamo	nati
voi	nascevate	eravate	nati
essi	nascevano	erano	nati

Pret. pluscuamperf.
Trapassato prossimo

Pretérito indefinido
Passato remoto

io	nacqui	fui	nato
tu	nascesti	fosti	nato
egli	nacque	fu	nato
noi	nascemmo	fummo	nati
voi	nasceste	foste	nati
essi	nacquero	furono	nati

Pretérito anterior
Trapassato remoto

Futuro imperfecto
Futuro semplice

io	nascerò	sarò	nato
tu	nascerai	sarai	nato
egli	nascerà	sarà	nato
noi	nasceremo	saremo	nati
voi	nascerete	sarete	nati
essi	nasceranno	saranno	nati

Futuro perfecto
Futuro anteriore

POTENCIAL (Condizionale)

Simple
Presente

io	nascerei	sarei	nato
tu	nasceresti	saresti	nato
egli	nascerebbe	sarebbe	nato
noi	nasceremmo	saremmo	nati
voi	nascereste	sareste	nati
essi	nascerebbero	sarebbero	nati

Compuesto
Passato

SUBJUNTIVO (Congiuntivo)

Presente
Presente

che io	nasca	sia	nato
che tu	nasca	sia	nato
che egli	nasca	sia	nato
che noi	nasciamo	siamo	nati
che voi	nasciate	siate	nati
che essi	nascano	siano	nati

Pretérito perfecto
Passato

Pretérito imperfecto
Imperfetto

che io	nascessi	fossi	nato
che tu	nascessi	fossi	nato
che egli	nascesse	fosse	nato
che noi	nascessimo	fossimo	nati
che voi	nasceste	foste	nati
che essi	nascessero	fossero	nati

Pret. pluscuamperf.
Trapassato

IMPERATIVO

nasci	tu
nasca	egli
nasciamo	noi
nascete	voi
nascano	essi

FORMAS NO PERSONALES
(Modi indefiniti)

Infinitivo	Simple	Compuesto
Infinito	*Semplice*	*Composto*
	nascere	essere nato

Gerundio	Simple	Compuesto
Gerundio	*Semplice*	*Composto*
	nascendo	essendo nato

Participio	Pasado	Presente
Participio	*Passato*	*Presente*
	nato	nascente

NUOCERE

INDICATIVO (Indicativo)

Presente
Presente

io	n(u)occio	ho	n(u)ociuto
tu	nuoci	hai	n(u)ociuto
egli	nuoce	ha	n(u)ociuto
noi	n(u)ociamo	abbiamo	n(u)ociuto
voi	n(u)ocete	avete	n(u)ociuto
essi	nocciono	hanno	n(u)ociuto

Pretérito perfecto
Passato prossimo

Pretérito imperfecto
Imperfetto

io	n(u)ocevo	avevo	n(u)ociuto
tu	n(u)ocevi	avevi	n(u)ociuto
egli	n(u)oceva	aveva	n(u)ociuto
noi	n(u)ocevamo	avevamo	n(u)ociuto
voi	n(u)ocevate	avevate	n(u)ociuto
essi	n(u)ocevano	avevano	n(u)ociuto

Pret. pluscuamperf.
Trapassato prossimo

Pretérito indefinido
Passato remoto

io	nocqui	ebbi	n(u)ociuto
tu	n(u)ocesti	avesti	n(u)ociuto
egli	nocque	ebbe	n(u)ociuto
noi	n(u)ocemmo	avemmo	n(u)ociuto
voi	n(u)oceste	aveste	n(u)ociuto
essi	nocquero	ebbero	n(u)ociuto

Pretérito anterior
Trapassato remoto

Futuro imperfecto
Futuro semplice

io	n(u)ocerò	avrò	n(u)ociuto
tu	n(u)ocerai	avrai	n(u)ociuto
egli	n(u)ocerà	avrà	n(u)ociuto
noi	n(u)oceremo	avremo	n(u)ociuto
voi	n(u)ocerete	avrete	n(u)ociuto
essi	n(u)oceranno	avranno	n(u)ociuto

Futuro perfecto
Futuro anteriore

POTENCIAL (Condizionale)

Simple
Presente

Compuesto
Passato

io	n(u)ocerei	avrei	n(u)ociuto
tu	n(u)oceresti	avresti	n(u)ociuto
egli	n(u)ocerebbe	avrebbe	n(u)ociuto
noi	n(u)oceremmo	avremmo	n(u)ociuto
voi	n(u)ocereste	avreste	n(u)ociuto
essi	n(u)ocerebbero	avrebbero	n(u)ociuto

SUBJUNTIVO (Congiuntivo)

Presente
Presente

che io	n(u)occia	abbia	n(u)ociuto
che tu	n(u)occia	abbia	n(u)ociuto
che egli	n(u)occia	abbia	n(u)ociuto
che noi	n(u)ociamo	abbiamo	n(u)ociuto
che voi	n(u)ociate	abbiate	n(u)ociuto
che essi	n(u)occiano	abbiano	n(u)ociuto

Pretérito perfecto
Passato

Pretérito imperfecto
Imperfetto

che io	n(u)ocessi	avessi	n(u)ociuto
che tu	n(u)ocessi	avessi	n(u)ociuto
che egli	n(u)ocesse	avesse	n(u)ociuto
che noi	n(u)ocessimo	avessimo	n(u)ociuto
che voi	n(u)oceste	aveste	n(u)ociuto
che essi	n(u)ocessero	avessero	n(u)ociuto

Pret. pluscuamperf.
Trapassato

IMPERATIVO

nuoci	tu
noccia	egli
n(u)ociamo	noi
n(u)ocete	voi
nocciano	essi

FORMAS NO PERSONALES
(Modi indefiniti)

Infinitivo Simple   Compuesto
Infinito Semplice Composto

nuocere   avere n(u)ociuto

Gerundio Simple   Compuesto
Gerundio Semplice Composto

nuocendo avendo n(u)ociuto

Participio Pasado   Presente
Participio Passato   Presente

n(u)ociuto –

PARERE

INDICATIVO (Indicativo)

Presente *Presente*		**Pretérito perfecto** *Passato prossimo*	
io	paio	sono	parso
tu	pari	sei	parso
egli	pare	è	parso
noi	paiamo	siamo	parsi
voi	parete	siete	parsi
essi	paiono	sono	parsi

Pretérito imperfecto *Imperfetto*		**Pret. pluscuamperf.** *Trapassato prossimo*	
io	parevo	ero	parso
tu	parevi	eri	parso
egli	pareva	era	parso
noi	parevamo	eravamo	parsi
voi	parevate	eravate	parsi
essi	parevano	erano	parsi

Pretérito indefinido *Passato remoto*		**Pretérito anterior** *Trapassato remoto*	
io	parvi	fui	parso
tu	paresti	fosti	parso
egli	parve	fu	parso
noi	paremmo	fummo	parsi
voi	pareste	foste	parsi
essi	parvero	furono	parsi

Futuro imperfecto *Futuro semplice*		**Futuro perfecto** *Futuro anteriore*	
io	parrò	sarò	parso
tu	parrai	sarai	parso
egli	parrà	sarà	parso
noi	parremo	saremo	parsi
voi	parrete	sarete	parsi
essi	parranno	saranno	parsi

POTENCIAL (Condizionale)

Simple *Presente*		**Compuesto** *Passato*	
io	parrei	sarei	parso
tu	parresti	saresti	parso
egli	parrebbe	sarebbe	parso
noi	parremmo	saremmo	parsi
voi	parreste	sareste	parsi
essi	parrebbero	sarebbero	parsi

SUBJUNTIVO (Congiuntivo)

Presente *Presente*		**Pretérito perfecto** *Passato*	
che io	paia	sia	parso
che tu	paia	sia	parso
che egli	paia	sia	parso
che noi	paiamo	siamo	parsi
che voi	paiate	siate	parsi
che essi	paiano	siano	parsi

Pretérito imperfecto *Imperfetto*		**Pret. pluscuamperf.** *Trapassato*	
che io	paressi	fossi	parso
che tu	paressi	fossi	parso
che egli	paresse	fosse	parso
che noi	paressimo	fossimo	parsi
che voi	pareste	foste	parsi
che essi	paressero	fossero	parsi

IMPERATIVO

Carece de imperativo

FORMAS NO PERSONALES
(Modi indefiniti)

Infinitivo *Infinito*	**Simple** *Semplice*	**Compuesto** *Composto*
	parere	

Gerundio *Gerundio*	**Simple** *Semplice*	**Compuesto** *Composto*
	parendo	

Participio *Participio*	**Pasado** *Passato*	**Presente** *Presente*
	parso	parvente

PARTIRE

INDICATIVO (Indicativo)

SUBJUNTIVO (Congiuntivo)

Presente
Presente

io	parto	
tu	parti	
egli	parte	
moi	partiamo	
voi	partite	
essi	partono	

Pretérito perfecto
Passato prossimo

sono	partito
sei	partite
è	partito
siamo	partiti
siete	partiti
sono	partiti

Presente
Presente

che io	parta
che tu	parta
che egli	parta
che noi	partiamo
che voi	partiate
che essi	partano

Pretérito perfecto
Passato

sia	partito
sia	partito
sia	partito
siamo	partiti
siate	partiti
siano	partiti

Pretérito imperfecto
Imperfetto

io	partivo
tu	partivi
egli	partiva
noi	partivamo
voi	partivate
essi	partivano

Pret. pluscuamperf.
Trapassato prossimo

ero	partito
eri	partito
era	partito
eravamo	partiti
eravate	partiti
erano	partiti

Pretérito imperfecto
Imperfetto

che io	partissi
che tu	partissi
che egli	partisse
che noi	partissimo
che voi	partiste
che essi	partissero

Pret. plucuamperf.
Traspassato

fossi	partito
fossi	partito
fosse	partito
fossimo	partiti
foste	partiti
fossero	partiti

Pretérito indefinido
Passato remoto

io	partii
tu	partisti
egli	partì
noi	partimmo
voi	partiste
essi	partirono

Pretérito anterior
Trapassato remoto

fui	partito
fosti	partito
fu	partito
fummo	partiti
foste	partiti
furono	partiti

IMPERATIVO

parti	tu
parta	egli
partiamo	noi
partite	voi
partano	essi

Futuro imperfecto
Fururo semplice

io	partirò
tu	partirai
egli	partirà
noi	partiremo
voi	partirete
essi	partiranno

Futuro perfecto
Futuro anteriore

sarò	partito
sarai	partito
sarà	partito
saremo	partiti
sarete	partiti
saranno	partiti

FORMAS NO PERSONALES
(Modi indefiniti)

Infinitivo	**Simple**	**Compuesto**
Infinito	*Semplice*	*Composto*
	partire	essere partito

Gerundio	**Simple**	**Compuesto**
Gerundio	*Semplice*	*Composto*
	partendo	essendo partito

Participio	**Pasado**	**Presente**
Participio	*Passato*	*Presente*
	partito	partente

POTENCIAL (Condizionale)

Simple
Presente

io	partirei
tu	partiresti
egli	partirebbe
noi	partiremmo
voi	partireste
essi	partirebbero

Compuesto
Passato

sarei	partito
saresti	partito
sarebbe	partito
saremmo	partiti
sareste	partiti
sarebbero	partiti

PERDERE

INDICATIVO (Indicativo)

Presente
Presente

io	perdo	ho	perduto o perso
tu	perdi	hai	perduto
egli	perde	ha	perduto
noi	perdiamo	abbiamo	perduto
voi	perdete	avete	perduto
essi	perdono	hanno	perduto

Pretérito perfecto
Passato prossimo

Pretérito imperfecto
Imperfetto

io	perdevo	avevo	perduto o perso
tu	perdevi	avevi	perduto
egli	perdeva	aveva	perduto
noi	perdevamo	avevamo	perduto
voi	perdevate	avevate	perduto
essi	perdevano	avevano	perduto

Pret. pluscuamperf.
Trapassato prossimo

Pretérito indefinido
Passato remoto

io	persi	ebbi	perduto o perso
tu	perdesti	avesti	perduto
egli	perse	ebbe	perduto
noi	perdemmo	avemmo	perduto
voi	perdeste	aveste	perduto
essi	persero	ebbero	perduto

Pretérito anterior
Trapassato remoto

Futuro imperfecto
Futuro semplice

io	perderò	avrò	perduto o perso
tu	perderai	avrai	perduto
egli	perderà	avrà	perduto
noi	perderemo	avremo	perduto
voi	perderete	avrete	perduto
essi	perderanno	avranno	perduto

Futuro perfecto
Futuro anteriore

POTENCIAL (Condizionale)

Simple
Presente

io	perderei	avrei	perduto o perso
tu	perderesti	avresti	perduto
egli	perderebbe	avrebbe	perduto
noi	perderemmo	avremmo	perduto
voi	perdereste	avreste	perduto
essi	perderebbero	avrebbero	perduto

Compuesto
Passato

SUBJUNTIVO (Congiuntivo)

Presente
Presente

che io	perda	abbia	perduto o perso
che tu	perda	abbia	perduto
che egli	perda	abbia	perduto
che noi	perdiamo	abbiamo	perduto
che voi	perdiate	abbiate	perduto
che essi	perdano	abbiano	perduto

Pretérito perfecto
Passato

Pretérito imperfecto
Imperfetto

che io	perdessi	avessi	perduto o perso
che tu	perdessi	avessi	perduto
che egli	perdesse	avesse	perduto
che noi	perdessimo	avessimo	perduto
che voi	perdeste	aveste	perduto
che essi	perdessero	avessero	perduto

Pret. pluscuamperf.
Trapassato

IMPERATIVO

perdi	tu
perda	egli
perdiamo	noi
perdete	voi
perdano	essi

FORMAS NO PERSONALES
(Modi indefiniti)

Infinitivo	**Simple**	**Compuesto**
Infinito	*Semplice*	*Composto*
	perdere	avere perduto (perso)

Gerundio	**Simple**	**Compuesto**
Gerundio	*Semplice*	*Composto*
	perdendo	avendo perduto (perso)

Participio	**Pasado**	**Presente**
Participio	*Passato*	*Presente*
	perduto (perso)	perdente

PERSUADERE 65

INDICATIVO (Indicativo)

Presente
Presente

io	persuado	ho	persuaso
tu	persuadi	hai	persuaso
egli	persuade	ha	persuaso
noi	persuadiamo	abbiamo	persuaso
voi	persuadete	avete	persuaso
essi	persuadono	hanno	persuaso

Pretérito perfecto
Passato prossimo

Pretérito imperfecto
Imperfetto

io	persuadevo	avevo	persuaso
tu	persuadevi	avevi	persuaso
egli	persuadeva	aveva	persuaso
noi	persuadevamo	avevamo	persuaso
voi	persuadevate	avevate	persuaso
essi	persuadevano	avevano	persuaso

Pret. pluscuamperf.
Trapassato prossimo

Pretérito indefinido
Passato remoto

io	persuasi	ebbi	persuaso
tu	persuadesti	avesti	persuaso
egli	persuase	ebbe	persuaso
noi	persuademmo	avemmo	persuaso
voi	persuadeste	aveste	persuaso
essi	persuasero	ebbero	persuaso

Pretérito anterior
Trapassato remoto

Futuro imperfecto
Futuro semplice

io	persuaderò	avrò	persuaso
tu	persuaderai	avrai	persuaso
egli	persuaderà	avrà	persuaso
noi	persuaderemo	avremo	persuaso
voi	persuaderete	avrete	persuaso
essi	persuaderanno	avranno	persuaso

Futuro perfecto
Futuro anteriore

POTENCIAL (Condizionale)

Simple
Presente

io	persuaderei	avrei	persuaso
tu	persuaderesti	avresti	persuaso
egli	persuaderebbe	avrebbe	persuaso
noi	persuaderemmo	avremmo	persuaso
voi	persuadereste	avreste	persuaso
essi	persuaderebbero	avrebbero	persuaso

Compuesto
Passato

SUBJUNTIVO (Congiuntivo)

Presente
Presente

che io	persuada	abbia	persuaso
che tu	persuada	abbia	persuaso
che egli	persuada	abbia	persuaso
che noi	persuadiamo	abbiamo	persuaso
che voi	persuadiate	abbiate	persuaso
che essi	persuadano	abbiano	persuaso

Pretérito perfecto
Passato

Pretérito imperfecto
Imperfetto

che io	persuadessi	avessi	persuaso
che tu	persuadessi	avessi	persuaso
che egli	persuadesse	avesse	persuaso
che noi	persuadessimo	avessimo	persuaso
che voi	persuadeste	aveste	persuaso
che essi	persuadessero	avessero	persuaso

Pret. pluscuamperf.
Trapassato

IMPERATIVO

persuadi	tu
persuada	egli
persuadiamo	noi
persuadete	voi
persuadano	essi

FORMAS NO PERSONALES
(Modi indefiniti)

Infinitivo **Simple** **Compuesto**
Infinito *Semplice* *Composto*
persuadere avere persuaso

Gerundio **Simple** **Compuesto**
Gerundio *Semplice* *Composto*
persuadendo avendo persuaso

Participio **Pasado** **Presente**
Participio *Passato* *Presente*
persuaso persuadente

PIACERE

INDICATIVO (Indicativo)

Presente
Presente

io	piaccio
tu	piaci
egli	piace
noi	piacciamo
voi	piacete
essi	piacciono

Pretérito perfecto
Passato prossimo

sono	piaciuto
sei	piaciuto
è	piaciuto
siamo	piaciuti
siete	piaciuti
sono	piaciuti

Pretérito imperfecto
Imperfetto

io	piacevo
tu	piacevi
egli	piaceva
noi	piacevamo
voi	piacevate
essi	piacevano

Pret. pluscuamperf.
Trapassato prossimo

ero	piaciuto
eri	piaciuto
era	piaciuto
eravamo	piaciuti
eravate	piaciuti
erano	piaciuti

Pretérito indefinido
Passato remoto

io	piacqui
tu	piacesti
egli	piacque
noi	piacemmo
voi	piaceste
essi	piacquero

Pretérito anterior
Trapassato remoto

fui	piaciuto
fosti	piaciuto
fu	piaciuto
fummo	piaciuti
foste	piaciuti
furono	piaciuti

Futuro imperfecto
Futuro semplice

io	piacerò
tu	piacerai
egli	piacerà
noi	piaceremo
voi	piacerete
essi	piaceranno

Futuro perfecto
Futuro anteriore

sarò	piaciuto
sarai	piaciuto
sarà	piaciuto
saremo	piaciuti
sarete	piaciuti
saranno	piaciuti

POTENCIAL (Condizionale)

Simple
Presente

io	piacerei
tu	piaceresti
egli	piacerebbe
noi	piaceremmo
voi	piacereste
essi	piacerebbero

Compuesto
Passato

sarei	piaciuto
saresti	piaciuto
sarebbe	piaciuto
saremmo	piaciuti
sareste	piaciuti
sarebbero	piaciuti

SUBJUNTIVO (Congiuntivo)

Presente
Presente

che io	piaccia
che tu	piaccia
che egli	piaccia
che noi	piacciamo
che voi	piacciate
che essi	piacciano

Pretérito perfecto
Passato

sia	piaciuto
sia	piaciuto
sia	piaciuto
siamo	piaciuti
siate	piaciuti
siano	piaciuti

Pretérito imperfecto
Imperfetto

che io	piacessi
che tu	piacessi
che egli	piacesse
che noi	piacessimo
che voi	piaceste
che essi	piacessero

Pret. pluscuamperf.
Trapassato

fossi	piaciuto
fossi	piaciuto
fosse	piaciuto
fossimo	piaciuti
foste	piaciuti
fossero	piaciuti

IMPERATIVO

piaci	tu
piaccia	egli
piacciamo	noi
piacete	voi
piacciano	essi

FORMAS NO PERSONALES
(Modi indefiniti)

Infinitivo Simple — **Compuesto**
Infinito Semplice — *Composto*
piacere — essere piaciuto

Gerundio Simple — **Compuesto**
Gerundio Semplice — *Composto*
piacendo — essendo piaciuto

Participio Pasado — **Presente**
Participio Passato — Presente
piaciuto — piacente

PIANGERE

INDICATIVO (Indicativo)

Presente
Presente

io	piango	ho	pianto
tu	piangi	hai	pianto
egli	piange	ha	pianto
noi	piangiamo	abbiamo	pianto
voi	piangete	avete	pianto
essi	piangono	hanno	pianto

Pretérito perfecto
Passato prossimo

Pretérito imperfecto
Imperfetto

io	piangevo	avevo	pianto
tu	piangevi	avevi	pianto
egli	piangeva	aveva	pianto
noi	piangevamo	avevamo	pianto
voi	piangevate	avevate	pianto
essi	piangevano	avevano	pianto

Pret. pluscuamperf.
Trapassato prossimo

Pretérito indefinido
Passato remoto

io	piansi	ebbi	pianto
tu	piangesti	avesti	pianto
egli	pianse	ebbe	pianto
noi	piangemmo	avemmo	pianto
voi	piangeste	aveste	pianto
essi	piansero	ebbero	pianto

Pretérito anterior
Trapassato remoto

Futuro imperfecto
Futuro semplice

io	piangerò	avrò	pianto
tu	piangerai	avrai	pianto
egli	piangerà	avrà	pianto
noi	piangeremo	avremo	pianto
voi	piangerete	avrete	pianto
essi	piangeranno	avranno	pianto

Futuro perfecto
Futuro anteriore

POTENCIAL (Condizionale)

Simple
Presente

Compuesto
Passato

io	piangerei	avrei	pianto
tu	piangeresti	avresti	pianto
egli	piangerebbe	avrebbe	pianto
noi	piangeremmo	avremmo	pianto
voi	piangereste	avreste	pianto
essi	piangerebbero	avrebbero	pianto

SUBJUNTIVO (Congiuntivo)

Presente
Presente

che io	pianga	abbia	pianto
che tu	pianga	abbia	pianto
che egli	pianga	abbia	pianto
che noi	piangiamo	abbiamo	pianto
che voi	piangiate	abbiate	pianto
che essi	piangano	abbiano	pianto

Pretérito perfecto
Passato

Pretérito imperfecto
Imperfetto

che io	piangessi	avessi	pianto
che tu	piangessi	avessi	pianto
che egli	piangesse	avesse	pianto
che noi	piangessimo	avessimo	pianto
che voi	piangeste	aveste	pianto
che essi	piangessero	avessero	pianto

Pret. pluscuamperf.
Trapassato

IMPERATIVO

piangi	tu
pianga	egli
piangiamo	noi
piangete	voi
piangano	essi

FORMAS NO PERSONALES
(Modi indefiniti)

Infinitivo **Simple** **Compuesto**
Infinito *Semplice* *Composto*
piangere avere pianto

Gerundio **Simple** **Compuesto**
Gerundio *Semplice* *Composto*
piangendo avendo pianto

Participio **Pasado** **Presente**
Participio *Passato* *Presente*
pianto piangente

68 PORGERE

INDICATIVO (Indicativo)

Presente
Presente

io	porgo	ho	porto
tu	porgi	hai	porto
egli	porge	ha	porto
noi	porgiamo	abbiamo	porto
voi	porgete	avete	porto
essi	porgono	hanno	porto

Pretérito perfecto
Passato prossimo

Pretérito imperfecto
Imperfetto

io	porgevo	avevo	porto
tu	porgevi	avevi	porto
egli	porgeva	aveva	porto
noi	porgevamo	avevamo	porto
voi	porgevate	avevate	porto
essi	porgevano	avevano	porto

Pret. pluscuamperf.
Trapassato prossimo

Pretérito indefinido
Passato remoto

io	porsi	ebbi	porto
tu	porgesti	avesti	porto
egli	porse	ebbe	porto
noi	porgemmo	avemmo	porto
voi	porgeste	aveste	porto
essi	porsero	ebbero	porto

Pretérito anterior
Trapassato remoto

Futuro imperfecto
Futuro semplice

io	porgerò	avrò	porto
tu	porgerai	avrai	porto
egli	porgerà	avrà	porto
noi	porgeremo	avremo	porto
voi	porgerete	avrete	porto
essi	porgeranno	avranno	porto

Futuro perfecto
Futuro anteriore

POTENCIAL (Condizionale)

Simple
Presente

io	porgerei	avrei	porto
tu	porgeresti	avresti	porto
egli	porgerebbe	avrebbe	porto
noi	porgeremmo	avremmo	porto
voi	porgereste	avreste	porto
essi	porgerebbero	avrebbero	porto

Compuesto
Passato

SUBJUNTIVO (Congiuntivo)

Presente
Presente

che io	porga	abbia	porto
che tu	porga	abbia	porto
che egli	porga	abbia	porto
che noi	porgiamo	abbiamo	porto
che voi	porgiate	abbiate	porto
che essi	porgano	abbiano	porto

Pretérito perfecto
Passato

Pretérito imperfecto
Imperfetto

che io	porgessi	avessi	porto
che tu	porgessi	avessi	porto
che egli	porgesse	avesse	porto
che noi	porgessimo	avessimo	porto
che voi	porgeste	aveste	porto
che essi	porgessero	avessero	porto

Pret. pluscuamperf.
Traspassato

IMPERATIVO

porgi	tu
porga	egli
porgiamo	noi
porgete	voi
porgano	essi

FORMAS NO PERSONALES
(Modi indefiniti)

Infinitivo	**Simple**	**Compuesto**
Infinito	*Semplice*	*Composto*
	porgere	avere porto

Gerundio	**Simple**	**Compuesto**
Gerundio	*Semplice*	*Composto*
	porgendo	avendo porto

Participio	**Pasado**	**Presente**
Participio	*Passato*	*Presente*
	porto	porgente

PORRE

INDICATIVO (Indicativo)

Presente
Presente

io	pongo	
tu	poni	
egli	pone	
noi	poniamo	
voi	ponete	
essi	pongono	

Pretérito perfecto
Passato prossimo

ho	posto
hai	posto
ha	posto
abbiamo	posto
avete	posto
hanno	posto

Pretérito imperfecto
Imperfetto

io	ponevo	
tu	ponevi	
egli	poneva	
noi	ponevamo	
voi	ponevate	
essi	ponevano	

Pret. pluscuamperf.
Trapassato prossimo

avevo	posto
avevi	posto
aveva	posto
avevamo	posto
avevate	posto
avevano	posto

Pretérito indefinido
Passato remoto

io	posi	
tu	ponesti	
egli	pose	
noi	ponemmo	
voi	poneste	
essi	posero	

Pretérito anterior
Trapassato remoto

ebbi	posto
avesti	posto
ebbe	posto
avemmo	posto
aveste	posto
ebbero	posto

Futuro imperfecto
Futuro semplice

io	porrò	
tu	porrai	
egli	porrà	
noi	porremo	
voi	porrete	
essi	porranno	

Futuro perfecto
Futuro anteriore

avrò	posto
avrai	posto
avrà	posto
avremo	posto
avrete	posto
avranno	posto

POTENCIAL (Condizionale)

Simple
Presente

io	porrei	
tu	porresti	
egli	porrebbe	
noi	porremmo	
voi	porreste	
essi	porrebbero	

Compuesto
Passato

avrei	posto
avresti	posto
avrebbe	posto
avremmo	posto
avreste	posto
avrebbero	posto

SUBJUNTIVO (Congiuntivo)

Presente
Presente

che io	ponga	
che tu	ponga	
che egli	ponga	
che noi	poniamo	
che voi	poniate	
che essi	pongano	

Pretérito perfecto
Passato

abbia	posto
abbia	posto
abbia	posto
abbiamo	posto
abbiate	posto
abbiano	posto

Pretérito imperfecto
Imperfetto

che io	ponessi	
che tu	ponessi	
che egli	ponesse	
che noi	ponessimo	
che voi	poneste	
che essi	ponessero	

Pret. pluscuamperf.
Trapassato

avessi	posto
avessi	posto
avesse	posto
avessimo	posto
aveste	posto
avessero	posto

IMPERATIVO

poni	tu
ponga	egli
poniamo	noi
ponete	voi
pongano	essi

FORMAS NO PERSONALES
(Modi indefiniti)

Infinitivo	**Simple**	**Compuesto**
Infinito	*Semplice*	*Composto*
	porre	avere posto

Gerundio	**Simple**	**Compuesto**
Gerundio	*Semplice*	*Composto*
	ponendo	avendo posto

Participio	**Pasado**	**Presente**
Participio	*Passato*	*Presente*
	posto	ponente

POTERE

INDICATIVO (Indicativo)

Presente
Presente

io	posso	ho	potuto
tu	puoi	hai	potuto
egli	può	ha	potuto
noi	possiamo	abbiamo	potuto
voi	potete	avete	potuto
essi	possono	hanno	potuto

Pretérito perfecto
Passato prossimo

Pretérito imperfecto
Imperfetto

io	potevo	avevo	potuto
tu	potevi	avevi	potuto
egli	poteva	aveva	potuto
noi	potevamo	avevamo	potuto
voi	potevate	avevate	potuto
essi	potevano	avevano	potuto

Pret. pluscuamperf.
Trapassato prossimo

Pretérito indefinido
Passato remoto

io	potei	ebbi	potuto
tu	potesti	avesti	potuto
egli	potè	ebbe	potuto
noi	potemmo	avemmo	potuto
voi	poteste	aveste	potuto
essi	poterono	ebbero	potuto

Pretérito anterior
Trapassato remoto

Futuro imperfecto
Futuro semplice

io	potrò	avrò	potuto
tu	potrai	avrai	potuto
egli	potrà	avrà	potuto
noi	potremo	avremo	potuto
voi	potrete	avrete	potuto
essi	potranno	avranno	potuto

Futuro perfecto
Futuro anteriore

POTENCIAL (Condizionale)

Simple
Presente

Compuesto
Passato

io	potrei	avrei	potuto
tu	potresti	avresti	potuto
egli	potrebbe	avrebbe	potuto
noi	potremmo	avremmo	potuto
voi	potreste	avreste	potuto
essi	potrebbero	avrebbero	potuto

SUBJUNTIVO (Congiuntivo)

Presente
Presente

che io	possa	abbia	potuto
che tu	possa	abbia	potuto
che egli	possa	abbia	potuto
che noi	possiamo	abbiamo	potuto
che voi	possiate	abbiate	potuto
che essi	possano	abbiano	potuto

Pretérito perfecto
Passato

Pretérito imperfecto
Imperfetto

che io	potessi	avessi	potuto
che tu	potessi	avessi	potuto
che egli	potesse	avesse	potuto
che noi	potessimo	avessimo	potuto
che voi	poteste	aveste	potuto
che essi	potessero	avessero	potuto

Pret. pluscuamperf.
Trapassato

IMPERATIVO*

FORMAS NO PERSONALES
(Modi indefiniti)

Infinitivo	**Simple**	**Compuesto**
Infinito	*Semplice*	*Composto*
	potere	avere potuto

Gerundio	**Simple**	**Compuesto**
Gerundio	*Semplice*	*Composto*
	potendo	avendo potuto

Participio	**Pasado**	**Presente**
Participio	*Passato*	*Presente*
	potuto	potente

*Nota: carece de imperativo

PRENDERE 71

INDICATIVO (Indicativo)

Presente
Presente

io	prendo	ho	preso
tu	prendi	hai	preso
egli	prende	ha	preso
noi	prendiamo	abbiamo	preso
voi	prendete	avete	preso
essi	prendono	hanno	preso

Pretérito perfecto
Passato prossimo

Pretérito imperfecto
Imperfetto

io	prendevo	avevo	preso
tu	prendevi	avevi	preso
egli	prendeva	aveva	preso
noi	prendevamo	avevamo	preso
voi	prendevate	avevate	preso
essi	prendevano	avevano	preso

Pret. pluscuamperf.
Trapassato prossimo

Pretérito indefinido
Passato remoto

io	presi	ebbi	preso
tu	prendesti	avesti	preso
egli	prese	ebbe	preso
noi	prendemmo	avemmo	preso
voi	prendeste	aveste	preso
essi	presero	ebbero	preso

Pretérito anterior
Trapassato remoto

Futuro imperfecto
Futuro semplice

io	prenderò	avrò	preso
tu	prenderai	avrai	preso
egli	prenderà	avrà	preso
noi	prenderemo	avremo	preso
voi	prenderete	avrete	preso
essi	prenderanno	avranno	preso

Futuro perfecto
Futuro anteriore

POTENCIAL (Condizionale)

Simple
Presente

Compuesto
Passato

io	prenderei	avrei	preso
tu	prenderesti	avresti	preso
egli	prenderebbe	avrebbe	preso
noi	prenderemmo	avremmo	preso
voi	prendereste	avreste	preso
essi	prenderebbero	avrebbero	preso

SUBJUNTIVO (Congiuntivo)

Presente
Presente

che io	prenda	abbia	preso
che tu	prenda	abbia	preso
che egli	prenda	abbia	preso
che noi	prendiamo	abbiamo	preso
che voi	prendiate	abbiate	preso
che essi	prendano	abbiano	preso

Pretérito perfecto
Passato

Pretérito imperfecto
Imperfetto

che io	prendessi	avessi	preso
che tu	prendessi	avessi	preso
che egli	prendesse	avesse	preso
che noi	prendessimo	avessimo	preso
che voi	prendeste	aveste	preso
che essi	prendessero	avessero	preso

Pret. pluscuamperf.
Trapassato

IMPERATIVO

prendi	tu
prenda	egli
prendiamo	noi
prendete	voi
prendano	essi

FORMAS NO PERSONALES
(Modi indefiniti)

Infinitivo	**Simple**	**Compuesto**
Infinito	*Semplice*	*Composto*
	prendere	avere preso

Gerundio	**Simple**	**Compuesto**
Gerundio	*Semplice*	*Composto*
	prendendo	avendo preso

Participio	**Pasado**	**Presente**
Participio	*Passato*	*Presente*
	preso	–

PROVVEDERE

INDICATIVO (Indicativo)

Presente / *Presente*

io	provvedo	ho	provveduto
tu	provvedi	hai	provveduto
egli	provvede	ha	provveduto
noi	provvediamo	abbiamo	provveduto
voi	provvedete	avete	provveduto
essi	provvedono	hanno	provveduto

Pretérito perfecto / *Passato prossimo*

Pretérito imperfecto / *Imperfetto*

io	provvedevo	avevo	provveduto
tu	provvedevi	avevi	provveduto
egli	provvedeva	aveva	provveduto
noi	provvedevamo	avevamo	provveduto
voi	provvedevate	avevate	provveduto
essi	provvedevano	avevano	provveduto

Pret. pluscuamperf. / *Trapassato prossimo*

Pretérito indefinido / *Passato remoto*

io	provvidi	ebbi	provveduto
tu	provvedesti	avesti	provveduto
egli	provvide	ebbe	provveduto
noi	provvedemmo	avemmo	provveduto
voi	provvedeste	aveste	provveduto
essi	provvidero	ebbero	provveduto

Pretérito anterior / *Trapassato remoto*

Futuro imperfecto / *Futuro semplice*

io	provvederò	avrò	provveduto
tu	provvederai	avrai	provveduto
egli	provvederà	avrà	provveduto
noi	provvederemo	avremo	provveduto
voi	provvederete	avrete	provveduto
essi	provvederanno	avranno	provveduto

Futuro perfecto / *Futuro anteriore*

POTENCIAL (Condizionale)

Simple / *Presente*

io	provvederei	avrei	provveduto
tu	provvederesti	avresti	provveduto
egli	provverebbe	avrebbe	provveduto
noi	provvederemmo	avremmo	provveduto
voi	provvedereste	avreste	provveduto
essi	provvederebbero	avrebbero	provveduto

Compuesto / *Passato*

SUBJUNTIVO (Congiuntivo)

Presente / *Presente*

che io	provveda	abbia	provveduto
che tu	provveda	abbia	provveduto
che egli	provveda	abbia	provveduto
che noi	provvediamo	abbiamo	provveduto
che voi	provvediate	abbiate	provveduto
che essi	provvedano	abbiano	provveduto

Pretérito perfecto / *Passato*

Pretérito imperfecto / *Imperfetto*

che io	provvedessi	avessi	provveduto
che tu	provvedessi	avessi	provveduto
che egli	provvedesse	avesse	provveduto
che noi	provvedessimo	avessimo	provveduto
che voi	provvedeste	aveste	provveduto
che essi	provvedessero	avessero	provveduto

Pret. pluscuamperf. / *Trapassato*

IMPERATIVO

provvedi	tu
provveda	egli
provvediamo	noi
provvedete	voi
provvedano	essi

FORMAS NO PERSONALES
(Modi indefiniti)

Infinitivo / *Infinito*	Simple / *Semplice*	Compuesto / *Composto*
	provvedere	avere provveduto

Gerundio / *Gerundio*	Simple / *Semplice*	Compuesto / *Composto*
	provvedendo	avendo provveduto

Participio / *Participio*	Pasado / *Passato*	Presente / *Presente*
	provveduto o provvisto	

Nota: El participio es provveduto y provvisto, pero parece más común provveduto

PUNGERE

INDICATIVO (Indicativo)

Presente		**Pretérito perfecto**	
Presente		*Passato prossimo*	
io	pungo	ho	punto
tu	pungi	hai	punto
egli	punge	ha	punto
noi	pungiamo	abbiamo	punto
voi	pungete	avete	punto
essi	pungono	hanno	punto

Pretérito imperfecto		**Pret. pluscuamperf.**	
Imperfetto		*Trapassato prossimo*	
io	pungevo	avevo	punto
tu	pungevi	avevi	punto
egli	pungeva	aveva	punto
noi	pungevamo	avevamo	punto
voi	pungevate	avevate	punto
essi	pungevano	avevano	punto

Pretérito indefinido		**Pretérito anterior**	
Passato remoto		*Trapassato remoto*	
io	punsi	ebbi	punto
tu	pungesti	avesti	punto
egli	punse	ebbe	punto
noi	pungemmo	avemmo	punto
voi	pungeste	aveste	punto
essi	punsero	ebbero	punto

Futuro imperfecto		**Futuro perfecto**	
Futuro semplice		*Futuro anteriore*	
io	pungerò	avrò	punto
tu	pungerai	avrai	punto
egli	pungerà	avrà	punto
noi	pungeremo	avremo	punto
voi	pungerete	avrete	punto
essi	pungeranno	avranno	punto

POTENCIAL (Condizionale)

Simple		**Compuesto**	
Presente		*Passato*	
io	pungerei	avrei	punto
tu	pungeresti	avresti	punto
egli	pungerebbe	avrebbe	punto
noi	pungeremmo	avremmo	punto
voi	pungereste	avreste	punto
essi	pungerebbero	avrebbero	punto

SUBJUNTIVO (Congiuntivo)

Presente		**Pretérito perfecto**	
Presente		*Passato*	
che io	punga	abbia	punto
che tu	punga	abbia	punto
che egli	punga	abbia	punto
che noi	pungiamo	abbiamo	punto
che voi	pungiate	abbiate	punto
che essi	pungano	abbiano	punto

Pretérito imperfecto		**Pret. pluscuamperf.**	
Imperfetto		*Trapassato*	
che io	pungessi	avessi	punto
che tu	pungessi	avessi	punto
che egli	pungesse	avesse	punto
che noi	pungessimo	avessimo	punto
che voi	pungeste	aveste	punto
che essi	pungessero	avessero	punto

IMPERATIVO

pungi	tu
punga	egli
pungiamo	noi
pungete	voi
pungano	essi

FORMAS NO PERSONALES
(Modi indefiniti)

Infinitivo	**Simple**	**Compuesto**
Infinito	*Semplice*	*Composto*
	pungere	avere punto

Gerundio	**Simple**	**Compuesto**
Gerundio	*Semplice*	*Composto*
	pungendo	avendo punto

Participio	**Pasado**	**Presente**
Participio	*Passato*	*Presente*
	punto	pungente

74 REDIGERE

INDICATIVO (Indicativo)

Presente
Presente

io	redigo	ho	redatto
tu	redigi	hai	redatto
egli	radige	ha	redatto
noi	redigiamo	abbiamo	redatto
voi	redigete	avete	redatto
essi	redigono	hanno	redatto

Pretérito perfecto
Passato prossimo

Pretérito imperfecto
Imperfetto

io	redigevo	avevo	redatto
tu	redigevi	avevi	redatto
egli	redigeva	aveva	redatto
noi	redigevamo	avevamo	redatto
voi	redigevate	avevate	redatto
essi	redigevano	avevano	redatto

Pret. pluscuamperf.
Trapassato prossimo

Pretérito indefinido
Passato remoto

io	redassi	ebbi	redatto
tu	redigesti	avesti	redatto
egli	redasse	ebbe	redatto
noi	redigemmo	avemmo	redatto
voi	redigeste	aveste	redatto
essi	redassero	ebbero	redatto

Pretérito anterior
Trapassato remoto

Futuro imperfecto
Futuro semplice

io	redigerò	avrò	redatto
tu	redigerai	avrai	redatto
egli	redigerà	avrà	redatto
noi	redigeremo	avremo	redatto
voi	redigerete	avrete	redatto
essi	redigeranno	avranno	redatto

Futuro perfecto
Futuro anteriore

POTENCIAL (Condizionale)

Simple
Presente

Compuesto
Passato

io	redigerei	avrei	redatto
tu	redigeresti	avresti	redatto
egli	redigerebbe	avrebbe	redatto
noi	redigeremmo	avremmo	redatto
voi	redigereste	avreste	redatto
essi	redigerebbero	avrebbero	redatto

SUBJUNTIVO (Congiuntivo)

Presente
Presente

che io	rediga	abbia	redatto
che tu	rediga	abbia	redatto
che egli	rediga	abbia	redatto
che noi	redigiamo	abbiamo	redatto
che voi	redigiate	abbiate	redatto
che essi	redigano	abbiano	redatto

Pretérito perfecto
Passato

Pretérito imperfecto
Imperfetto

che io	redigessi	avessi	redatto
che tu	redigessi	avessi	redatto
che egli	redigesse	avesse	redatto
che noi	redigessimo	avessimo	redatto
che voi	redigeste	aveste	redatto
che essi	redigessero	avessero	redatto

Pret. pluscuamperf.
Traspassato

IMPERATIVO

redigi	tu
rediga	egli
redigiamo	noi
redigete	voi
redigano	essi

FORMAS NO PERSONALES
(Modi indefiniti)

Infinitivo	Simple	Compuesto
Infinito	*Semplice*	*Composto*
	redigere	avere redatto

Gerundio	Simple	Compuesto
Gerundio	*Semplice*	*Composto*
	redigendo	avendo redatto

Participio	Pasado	Presente
Participio	*Passato*	*Presente*
	redatto	–

REDIMERE 75

INDICATIVO (Indicativo)

Presente	**Pretérito perfecto**
Presente	*Passato prossimo*

io	redimo	ho	redento
tu	redimi	hai	redento
egli	redime	ha	redento
noi	redimiamo	abbiamo	redento
voi	redimete	avete	redento
essi	redimono	hanno	redento

Pretérito imperfecto	**Pret. pluscuamperf.**
Imperfetto	*Trapassato prossimo*

io	redimevo	avevo	redento
tu	redimevi	avevi	redento
egli	redimeva	aveva	redento
noi	redimevamo	avevamo	redento
voi	redimevate	avevate	redento
essi	redimevano	avevano	redento

Pretérito indefinido	**Pretérito anterior**
Passato remoto	*Trapassato remoto*

io	redensi	ebbi	redento
tu	redimesti	avesti	redento
egli	redense	ebbe	redento
noi	redimemmo	avemmo	redento
voi	redimeste	aveste	redento
essi	redensero	ebbero	redento

Futuro imperfecto	**Futuro perfecto**
Futuro semplice	*Futuro anteriore*

io	redimeré	avrò	redento
tu	redimerai	avrai	redento
egli	redimerà	avrà	redento
noi	redimeremo	avremo	redento
voi	redimerete	avrete	redento
essi	redimeranno	avranno	redento

POTENCIAL (Condizionale)

Simple	**Compuesto**
Presente	*Passato*

io	redimerei	avrei	redento
tu	redimeresti	avresti	redento
egli	redimerebbe	avrebbe	redento
noi	redimeremmo	avremmo	redento
voi	redimereste	avreste	redento
essi	redimerebbero	avrebbero	redento

SUBJUNTIVO (Congiuntivo)

Presente	**Pretérito perfecto**
Presente	*Passato*

che io	redima	abbia	redento
che tu	redima	abbia	redento
che egli	redima	abbia	redento
che noi	redimiamo	abbiamo	redento
che voi	redimiate	abbiate	redento
che essi	redimano	abbiano	redento

Pretérito imperfecto	**Pret. pluscuamperf.**
Imperfetto	*Trapassato*

che io	redimessi	avessi	redento
che tu	redimessi	avessi	redento
che egli	redimesse	avesse	redento
che noi	redimessimo	avessimo	redento
che voi	redimeste	aveste	redento
che essi	redimessero	avessero	redento

IMPERATIVO

redimi	tu
redima	egli
redimiamo	noi
redimete	voi
redimano	essi

FORMAS NO PERSONALES
(Modi indefiniti)

Infinitivo	**Simple**	**Compuesto**
Infinito	*Semplice*	*Composto*
	redimere	avere redento

Gerundio	**Simple**	**Compuesto**
Gerundio	*Semplice*	*Composto*
	redimendo	avendo redento

Participio	**Pasado**	**Presente**
Participio	*Passato*	*Presente*
	redento	redimente

REGGERE

INDICATIVO (Indicativo)

Presente / *Presente*

io	reggo	ho	retto
tu	reggi	hai	retto
egli	regge	ha	retto
noi	reggiamo	abbiamo	retto
voi	reggete	avete	retto
essi	reggono	hanno	retto

Pretérito perfecto / *Passato prossimo*

(columna anterior)

Pretérito imperfecto / *Imperfetto*

io	reggevo	avevo	retto
tu	reggevi	avevi	retto
egli	reggeva	aveva	retto
noi	reggevamo	avevamo	retto
voi	reggevate	avevate	retto
essi	reggevano	avevano	retto

Pret. pluscuamperf. / *Trapassato prossimo*

(columna anterior)

Pretérito indefinido / *Passato remoto*

io	ressi	ebbi	retto
tu	reggesti	avesti	retto
egli	resse	ebbe	retto
noi	reggemmo	avemmo	retto
voi	reggeste	aveste	retto
essi	ressero	ebbero	retto

Pretérito anterior / *Trapassato remoto*

(columna anterior)

Futuro imperfecto / *Futuro semplice*

io	reggerò	avrò	retto
tu	reggerai	avrai	rettore
egli	reggerà	avrà	retto
noi	reggeremo	avremo	retto
voi	reggerete	avrete	retto
essi	reggeranno	avranno	retto

Futuro perfecto / *Futuro anteriore*

(columna anterior)

POTENCIAL (Condizionale)

Simple / *Presente*

io	reggerei	avrei	retto
tu	reggeresti	avresti	retto
egli	reggerebbe	avrebbe	retto
noi	reggeremmo	avremmo	retto
voi	reggereste	avreste	retto
essi	reggerebbero	avrebbero	retto

Compuesto / *Passato*

(columna anterior)

SUBJUNTIVO (Congiuntivo)

Presente / *Presente*

che io	regga	abbia	retto
che tu	regga	abbia	retto
che egli	regga	abbia	retto
che noi	reggiamo	abbiamo	retto
che voi	reggiate	abbiate	retto
che essi	reggano	abbiano	retto

Pretérito perfecto / *Passato*

(columna anterior)

Pretérito imperfecto / *Imperfetto*

che io	reggessi	avessi	retto
che tu	reggessi	avessi	retto
che egli	reggesse	avesse	retto
che noi	reggessimo	avessimo	retto
che voi	reggeste	aveste	retto
che essi	reggessero	avessero	retto

Pret. pluscuamperf. / *Trapassato*

(columna anterior)

IMPERATIVO

reggi	tu
regga	egli
reggiamo	noi
reggete	voi
reggano	essi

FORMAS NO PERSONALES (Modi indefiniti)

Infinitivo / *Infinito*

Simple / *Semplice*	Compuesto / *Composto*
reggere	avere retto

Gerundio / *Gerundio*

Simple / *Semplice*	Compuesto / *Composto*
reggendo	avendo retto

Participio / *Participio*

Pasado / *Passato*	Presente / *Presente*
retto	reggente

RIDERE

INDICATIVO (Indicativo)

Presente *Presente*		**Pretérito perfecto** *Passato prossimo*	
io	rido	ho	riso
tu	ridi	hai	riso
egli	ride	ha	riso
noi	ridiamo	abbiamo	riso
voi	ridete	avete	riso
essi	ridono	hanno	riso

Pretérito imperfecto *Imperfetto*		**Pret. pluscuamperf.** *Trapassato prossimo*	
io	ridevo	avevo	riso
tu	ridevi	avevi	riso
egli	rideva	aveva	riso
noi	ridevamo	avevamo	riso
voi	ridevate	avevate	riso
essi	ridevano	avevano	riso

Pretérito indefinido *Passato remoto*		**Pretérito anterior** *Trapassato remoto*	
io	risi	ebbi	riso
tu	ridesti	avesti	riso
egli	rise	ebbe	riso
noi	ridemmo	avemmo	riso
voi	rideste	aveste	riso
essi	risero	ebbero	riso

Futuro imperfecto *Futuro semplice*		**Futuro perfecto** *Futuro anteriore*	
io	riderò	avrò	riso
tu	riderai	avrai	riso
egli	riderà	avrà	riso
noi	rideremo	avremo	riso
voi	riderete	avrete	riso
essi	rideranno	avranno	riso

POTENCIAL (Condizionale)

Simple *Presente*		**Compuesto** *Passato*	
io	riderei	avrei	riso
tu	rideresti	avresti	riso
egli	riderebbe	avrebbe	riso
noi	rideremmo	avremmo	riso
voi	ridereste	avreste	riso
essi	riderebbero	avrebbero	riso

SUBJUNTIVO (Congiuntivo)

Presente *Presente*		**Pretérito perfecto** *Passato*	
che io	rida	abbia	riso
che tu	rida	abbia	riso
che egli	rida	abbia	riso
che noi	ridiamo	abbiamo	riso
che voi	ridiate	abbiate	riso
che essi	ridano	abbiano	riso

Pretérito imperfecto *Imperfetto*		**Pret. pluscuamperf.** *Trapassato*	
che io	ridessi	avessi	riso
che tu	ridessi	avessi	riso
che egli	ridesse	avesse	riso
che noi	ridessimo	avessimo	riso
che voi	rideste	aveste	riso
che essi	ridessero	avessero	riso

IMPERATIVO

ridi	tu
rida	egli
ridiamo	noi
ridete	voi
ridano	essi

FORMAS NO PERSONALES
(Modi indefiniti)

Infinitivo *Infinito*	**Simple** *Semplice*	**Compuesto** *Composto*
	ridere	avere riso

Gerundio *Gerundio*	**Simple** *Semplice*	**Compuesto** *Composto*
	ridendo	avendo riso

Participio *Participio*	**Pasado** *Passato*	**Presente** *Presente*
	riso	ridente

RIFLETTERE

INDICATIVO (Indicativo)

Presente *Presente*		**Pretérito perfecto** *Passato prossimo*	
io	rifletto	ho	riflettuto
tu	rifletti	hai	riflettuto
egli	riflette	ha	riflettuto
noi	riflettiamo	abbiamo	riflettuto
voi	riflettete	avete	riflettuto
essi	riflettono	hanno	riflettuto

Pretérito imperfecto *Imperfetto*		**Pret. pluscuamperf.** *Trapassato prossimo*	
io	riflettevo	avevo	riflettuto
tu	riflettevi	avevi	riflettuto
egli	rifletteva	aveva	riflettuto
noi	riflettevamo	avevamo	riflettuto
voi	riflettevate	avevate	riflettuto
essi	riflettevano	avevano	riflettuto

Pretérito indefinido *Passato remoto*		**Pretérito anterior** *Trapassato remoto*	
io	riflettei	ebbi	riflettuto
tu	riflettesti	avesti	riflettuto
egli	riflettè	ebbe	riflettuto
noi	riflettemmo	avemmo	riflettuto
voi	rifletteste	aveste	riflettuto
essi	rifletterono	ebbero	riflettuto

Futuro imperfecto *Futuro semplice*		**Futuro perfecto** *Futuro anteriore*	
io	rifletterò	avrò	riflettuto
tu	rifletterai	avrai	riflettuto
egli	rifletterà	avrà	riflettuto
noi	rifletteremo	avremo	riflettuto
voi	rifletterete	avrete	riflettuto
essi	rifletteranno	avranno	riflettuto

POTENCIAL (Condizionale)

Simple *Presente*		**Compuesto** *Passato*	
io	rifletterei	avrei	riflettuto
tu	rifletteresti	avresti	riflettuto
egli	rifletterebbe	avrebbe	riflettuto
noi	rifletteremmo	avremmo	riflettuto
voi	riflettereste	avreste	riflettuto
essi	rifletterebbero	avrebbero	riflettuto

SUBJUNTIVO (Congiuntivo)

Presente *Presente*		**Pretérito perfecto** *Passato*	
che io	rifletta	abbia	riflettuto
che tu	rifletta	abbia	riflettuto
che egli	rifletta	abbia	riflettuto
che noi	riflettiamo	abbiamo	riflettuto
che voi	riflettiate	abbiate	riflettuto
che essi	riflettano	abbiano	riflettuto

Pretérito imperfecto *Imperfetto*		**Pret. pluscuamperf.** *Trapassato*	
che io	riflettessi	avessi	riflettuto
che tu	riflettessi	avessi	riflettuto
che egli	riflettesse	avesse	riflettuto
che noi	riflettessimo	avessimo	riflettuto
che voi	rifletteste	aveste	riflettuto
che essi	riflettessero	avessero	riflettuto

IMPERATIVO

rifletti	tu
rifletta	egli
riflettiamo	noi
riflettete	voi
riflettano	essi

FORMAS NO PERSONALES
(Modi indefiniti)

Infinitivo *Infinito*	**Simple** *Semplice*	**Compuesto** *Composto*
	riflettere	avere riflettuto

Gerundio *Gerundio*	**Simple** *Semplice*	**Compuesto** *Composto*
	riflettendo	avendo riflettuto

Participio *Participio*	**Pasado** *Passato*	**Presente** *Presente*
	riflettuto o riflesso	–

Nota:
Se usa riflesso cuando el verbo se usa como transitivo y riflettuto cuando se usa en forma intrasitiva

RIMANERE

INDICATIVO (Indicativo)

Presente		**Pretérito perfecto**	
Presente		*Passato prossimo*	
io	rimango	sono	rimasto
tu	rimani	sei	rimasto
egli	rimane	è	rimasto
noi	rimaniamo	siamo	rimasti
voi	rimanete	siete	rimasti
essi	rimangono	sono	rimasti

Pretérito imperfecto		**Pret. pluscuamperf.**	
Imperfetto		*Trapassato prossimo*	
io	rimanevo	ero	rimasto
tu	rimanevi	eri	rimasto
egli	rimaneva	era	rimasto
noi	rimanevamo	eravamo	rimasti
voi	rimanevate	eravate	rimasti
essi	rimanevano	erano	rimasti

Pretérito indefinido		**Pretérito anterior**	
Passato remoto		*Trapassato remoto*	
io	rimasi	fui	rimasto
tu	rimanesti	fosti	rimasto
egli	rimase	fu	rimasto
noi	rimanemmo	fummo	rimasti
voi	rimaneste	foste	rimasti
essi	rimasero	furono	rimasti

Futuro imperfecto		**Futuro perfecto**	
Futuro semplice		*Futuro anteriore*	
io	rimarrò	sarò	rimasto
tu	rimarrai	sarai	rimasto
egli	rimarrà	sarà	rimasto
noi	rimarremo	saremo	rimasti
voi	rimarrete	sarete	rimasti
essi	rimarranno	saranno	rimasti

POTENCIAL (Condizionale)

Simple		**Compuesto**	
Presente		*Passato*	
io	rimarrei	sarei	rimasto
tu	rimarresti	saresti	rimasto
egli	rimarrebbe	sarebbe	rimasto
noi	rimarremmo	saremmo	rimasti
voi	rimarreste	sareste	rimasti
essi	rimarrebbero	sarebbero	rimasti

SUBJUNTIVO (Congiuntivo)

Presente		**Pretérito perfecto**	
Presente		*Passato*	
che io	rimanga	sia	rimasto
che tu	rimanga	sia	rimasto
che egli	rimanga	sia	rimasto
che noi	rimaniamo	siamo	rimasti
che voi	rimaniate	siate	rimasti
che essi	rimangano	siano	rimasti

Pretérito imperfecto		**Pret. pluscuamperf.**	
Imperfetto		*Trapassato*	
che io	rimanessi	fossi	rimasto
che tu	rimanessi	fossi	rimasto
che egli	rimanesse	fosse	rimasto
che noi	rimanessimo	fossimo	rimasti
che voi	rimaneste	foste	rimasti
che essi	rimanessero	fossero	rimasti

IMPERATIVO

rimani	tu
rimanga	egli
rimaniamo	noi
rimanete	voi
rimangano	essi

FORMAS NO PERSONALES
(Modi indefiniti)

Infinitivo	**Simple**	**Compuesto**
Infinito	*Semplice*	*Composto*
	rimanere	essere rimasto

Gerundio	**Simple**	**Compuesto**
Gerundio	*Semplice*	*Composto*
	rimanendo	essendo rimasto

Participio	**Pasado**	**Presente**
Participio	*Passato*	*Presente*
	rimasto	rimanente

RISPONDERE

INDICATIVO (Indicativo)

Presente / *Presente* — Pretérito perfecto / *Passato prossimo*

io	rispondo	ho	risposto
tu	rispondi	hai	risposto
egli	risponde	ha	risposto
noi	rispondiamo	abbiamo	risposto
voi	rispondete	avete	risposto
essi	rispondono	hanno	risposto

Pretérito imperfecto / *Imperfetto* — Pret. pluscuamperf. / *Trapassato prossimo*

io	rispondevo	avevo	risposto
tu	rispondevi	avevi	risposto
egli	rispondeva	aveva	risposto
noi	rispondevamo	avevamo	risposto
voi	rispondevate	avevate	risposto
essi	rispondevano	avevano	risposto

Pretérito indefinido / *Passato remoto* — Pretérito anterior / *Trapassato remoto*

io	risposi	ebbi	risposto
tu	rispondesti	avesti	risposto
egli	rispose	ebbe	risposto
noi	rispondemmo	avemmo	risposto
voi	rispondeste	aveste	risposto
essi	risposero	ebbero	risposto

Futuro imperfecto / *Futuro semplice* — Futuro perfecto / *Futuro anteriore*

io	risponderò	avrò	risposto
tu	risponderai	avrai	risposto
egli	risponderà	avrà	risposto
noi	risponderemo	avremo	risposto
voi	risponderete	avrete	risposto
essi	risponderanno	avranno	risposto

POTENCIAL (Condizionale)

Simple / *Presente* — Compuesto / *Passato*

io	risponderei	avrei	risposto
tu	risponderesti	avresti	risposto
egli	risponderebbe	avrebbe	risposto
noi	risponderemmo	avremmo	risposto
voi	rispondereste	avreste	risposto
essi	risponderebbero	avrebbero	risposto

SUBJUNTIVO (Congiuntivo)

Presente / *Presente* — Pretérito perfecto / *Passato*

che io	risponda	abbia	risposto
che tu	risponda	abbia	risposto
che egli	risponda	abbia	risposto
che noi	rispondiamo	abbiamo	risposto
che voi	rispondiate	abbiate	risposto
che essi	rispondano	abbiano	risposto

Pretérito imperfecto / *Imperfetto* — Pret. pluscuamperf. / *Trapassato*

che io	rispondessi	avessi	risposto
che tu	rispondessi	avessi	risposto
che egli	rispondesse	avesse	risposto
che noi	rispondessimo	avessimo	risposto
che voi	rispondeste	aveste	risposto
che essi	rispondessero	avessero	risposto

IMPERATIVO

rispondi	tu
risponda	egli
rispondiamo	noi
rispondete	voi
rispondano	essi

FORMAS NO PERSONALES
(Modi indefiniti)

Infinitivo / *Infinito*

Simple / *Semplice*	Compuesto / *Composto*
rispondere	avere risposto

Gerundio / *Gerundio*

Simple / *Semplice*	Compuesto / *Composto*
rispondendo	avendo risposto

Participio / *Participio*

Pasado / *Passato*	Presente / *Presente*
risposto	rispondente

RODERE 81

INDICATIVO (Indicativo)

Presente
Presente

io	rodo	ho	roso
tu	rodi	hai	roso
egli	rode	ha	roso
noi	rodiamo	abbiamo	roso
voi	rodete	avete	roso
essi	rodono	hanno	roso

Pretérito perfecto
Passato prossimo

Pretérito imperfecto   **Pret. pluscuamperf.**
Imperfetto   *Trapassato prossimo*

io	rodevo	avevo	roso
tu	rodevi	avevi	roso
egli	rodeva	aveva	roso
noi	rodevamo	avevamo	roso
voi	rodevate	avevate	roso
essi	rodevano	avevano	roso

Pretérito indefinido   **Pretérito anterior**
Passato remoto   *Trapassato remoto*

io	rosi	ebbi	roso
tu	rodesti	avesti	roso
egli	rose	ebbe	roso
noi	rodemmo	avemmo	roso
voi	rodeste	aveste	roso
essi	rosero	ebbero	roso

Futuro imperfecto   **Futuro perfecto**
Futuro semplice   *Futuro anteriore*

io	roderò	avrò	roso
tu	roderai	avrai	roso
egli	roderà	avrà	roso
noi	roderemo	avremo	roso
voi	roderete	avrete	roso
essi	roderanno	avranno	roso

POTENCIAL (Condizionale)

Simple   **Compuesto**
Presente   *Passato*

io	roderei	avrei	roso
tu	roderesti	avresti	roso
egli	roderebbe	avrebbe	roso
noi	roderemmo	avremmo	roso
voi	rodereste	avreste	roso
essi	roderebbero	avrebbero	roso

SUBJUNTIVO (Congiuntivo)

Presente   **Pretérito perfecto**
Presente   *Passato*

che io	roda	abbia	roso
che tu	roda	abbia	roso
che egli	roda	abbia	roso
che noi	rodiamo	abbiamo	roso
che voi	rodiate	abbiate	roso
che essi	rodano	abbiano	roso

Pretérito imperfecto   **Pret. pluscuamperf.**
Imperfetto   *Trapassato*

che io	rodessi	avessi	roso
che tu	rodessi	avessi	roso
che egli	rodesse	avesse	roso
che noi	rodessimo	avessimo	roso
che voi	rodeste	aveste	roso
che essi	rodessero	avessero	roso

IMPERATIVO

rodi	tu
roda	egli
rodiamo	noi
rodete	voi
rodano	essi

FORMAS NO PERSONALES
(Modi indefiniti)

Infinitivo	**Simple**	**Compuesto**
Infinito	*Semplice*	*Composto*
	rodere	avere roso

Gerundio	**Simple**	**Compuesto**
Gerundio	*Semplice*	*Composto*
	rodendo	avendo roso

Participio	**Pasado**	**Presente**
Participio	*Passato*	*Presente*
	roso	rodente

ROMPERE

INDICATIVO (Indicativo)

Presente
Presente

io	rompo	ho	rotto
tu	rompi	hai	rotto
egli	rompe	ha	rotto
noi	rompiamo	abbiamo	rotto
voi	rompete	avete	rotto
essi	rompono	hanno	rotto

Pretérito perfecto
Passato prossimo

Pretérito imperfecto
Imperfetto

io	rompevo	avevo	rotto
tu	rompevi	avevi	rotto
egli	rompeva	aveva	rotto
noi	rompevamo	avevamo	rotto
voi	rompevate	avevate	rotto
essi	rompevano	avevano	rotto

Pret. pluscuamperf.
Trapassato prossimo

Pretérito indefinido
Passato remoto

io	ruppi	ebbi	rotto
tu	rompesti	avesti	rotto
egli	ruppe	ebbe	rotto
noi	rompemmo	avemmo	rotto
voi	rompeste	aveste	rotto
essi	ruppero	ebbero	rotto

Pretérito anterior
Trapassato remoto

Futuro imperfecto
Futuro semplice

io	romperò	avrò	rotto
tu	romperai	avrai	rotto
egli	romperà	avrà	rotto
noi	romperemo	avremo	rotto
voi	romperete	avrete	rotto
essi	romperanno	avranno	rotto

Futuro perfecto
Futuro anteriore

POTENCIAL (Condizionale)

Simple
Presente

io	romperei	avrei	rotto
tu	romperesti	avresti	rotto
egli	romperebbe	avrebbe	rotto
noi	romperemmo	avremmo	rotto
voi	rompereste	avreste	rotto
essi	romperebbero	avrebbero	rotto

Compuesto
Passato

SUBJUNTIVO (Congiuntivo)

Presente
Presente

che io	rompa	abbia	rotto
che tu	rompa	abbia	rotto
che egli	rompa	abbia	rotto
che noi	rompiamo	abbiamo	rotto
che voi	rompiate	abbiate	rotto
che essi	rompano	abbiano	rotto

Pretérito perfecto
Passato

Pretérito imperfecto
Imperfetto

che io	rompessi	avessi	rotto
che tu	rompessi	avessi	rotto
che egli	rompesse	avesse	rotto
che noi	rompessimo	avessimo	rotto
che voi	rompeste	aveste	rotto
che essi	rompessero	avessero	rotto

Pret. pluscuamperf.
Trapassato

IMPERATIVO

rompi	tu
rompa	egli
rompiamo	noi
rompete	voi
rompano	essi

FORMAS NO PERSONALES
(Modi indefiniti)

Infinitivo	**Simple**	**Compuesto**
Infinito	*Semplice*	*Composto*
	rompere	avere rotto

Gerundio	**Simple**	**Compuesto**
Gerundio	*Semplice*	*Composto*
	rompendo	avendo rotto

Participio	**Pasado**	**Presente**
Participio	*Passato*	*Presente*
	rotto	rompente

SALIRE

INDICATIVO (Indicativo)

Presente
Presente

io	salgo	sono	salito
tu	sali	sei	salito
egli	sale	è	salito
noi	saliamo	siamo	saliti
voi	salite	siete	saliti
essi	salgono	sono	saliti

Pretérito perfecto
Passato prossimo

Pretérito imperfecto — *Imperfetto*
Pret pluscuamperf. — *Trapassato prossimo*

io	salivo	ero	salito
tu	salivi	eri	salito
egli	saliva	era	salito
noi	salivamo	eravamo	saliti
voi	salivate	eravate	saliti
essi	salivano	erano	saliti

Pretérito indefinido — *Passato remoto*
Pretérito anterior — *Trapassato remoto*

io	salii	fui	salito
tu	salisti	fosti	salito
egli	salì	fu	salito
noi	salimmo	fummo	saliti
voi	saliste	foste	saliti
essi	salirono	furono	saliti

Futuro imperfecto — *Futuro semplice*
Futuro perfecto — *Futuro anteriore*

io	salirò	sarò	salito
tu	salirai	sarai	salito
egli	salirà	sarà	salito
noi	saliremo	saremo	saliti
voi	salirete	sarete	saliti
essi	saliranno	saranno	saliti

POTENCIAL (Condizionale)

Simple — *Presente*
Compuesto — *Passato*

io	salirei	sarei	salito
tu	saliresti	saresti	salito
egli	salirebbe	sarebbe	salito
noi	saliremmo	saremmo	saliti
voi	salireste	sareste	saliti
essi	salirebbero	sarebbero	saliti

SUBJUNTIVO (Congiuntivo)

Presente — *Presente*
Pretérito perfecto — *Passato*

che io	salga	sia	salito
che tu	salga	sia	salito
che egli	salga	sia	salito
che noi	saliamo	siamo	saliti
che voi	saliate	siate	saliti
che essi	salgano	siano	saliti

Pretérito imperfecto — *Imperfetto*
Pret. pluscuamperf. — *Trapassato*

che io	salissi	fossi	salito
che tu	salissi	fossi	salito
che egli	salisse	fosse	salito
che noi	salissimo	fossimo	saliti
che voi	saliste	foste	saliti
che essi	salissero	fossero	saliti

IMPERATIVO

sali	tu
salga	egli
saliamo	noi
salite	voi
salgano	essi

FORMAS NO PERSONALES
(Modi indefiniti)

Infinitivo — *Infinito*

Simple / *Semplice*	Compuesto / *Composto*
salire	essere salito

Gerundio — *Gerundio*

Simple / *Semplice*	Compuesto / *Composto*
salendo	essendo salito

Participio — *Participio*

Pasado / *Passato*	Presente / *Presente*
salito	–

SAPERE

INDICATIVO (Indicativo)

Presente		**Pretérito perfecto**	
Presente		*Passato prossimo*	
io	so	ho	saputo
tu	sai	hai	saputo
egli	sa	ha	saputo
noi	sappiamo	abbiamo	saputo
voi	sapete	avete	saputo
essi	sanno	hanno	saputo

Pretérito imperfecto		**Pret. pluscuamperf.**	
Imperfetto		*Trapassato prossimo*	
io	sapevo	avevo	saputo
tu	sapevi	avevi	saputo
egli	sapeva	aveva	saputo
noi	sapevamo	avevamo	saputo
voi	sapevate	avevate	saputo
essi	sapevano	avevano	saputo

Pretérito indefinido		**Pretérito anterior**	
Passato remoto		*Trapassato remoto*	
io	seppi	ebbi	saputo
tu	sapesti	avesti	saputo
egli	seppe	ebbe	saputo
noi	sapemmo	avemmo	saputo
voi	sapeste	aveste	saputo
essi	seppero	ebbero	saputo

Futuro imperfecto		**Futuro perfecto**	
Futuro semplice		*Futuro anteriore*	
io	saprò	avrò	saputo
tu	saprai	avrai	saputo
egli	saprà	avrà	saputo
noi	sapremo	avremmo	saputo
voi	saprete	avrete	saputo
essi	sapranno	avranno	saputo

POTENCIAL (Condizionale)

Simple		**Compuesto**	
Presente		*Passato*	
io	saprei	avrei	saputo
tu	sapresti	avresti	saputo
egli	saprebbe	avrebbe	saputo
noi	sapremmo	avremmo	saputo
voi	sapreste	avreste	saputo
essi	saprebbero	avrebbero	saputo

SUBJUNTIVO (Congiuntivo)

Presente		**Pretérito perfecto**	
Presente		*Passato*	
che io	sappia	abbia	saputo
che tu	sappia	abbia	saputo
che egli	sappia	abbia	saputo
che noi	sappiamo	abbiamo	saputo
che voi	sappiate	abbiate	saputo
che essi	sappiano	abbiano	saputo

Pretérito imperfecto		**Pret. pluscuamperf.**	
Imperfetto		*Trapassato*	
che io	sapessi	avessi	saputo
che tu	sapessi	avessi	saputo
che egli	sapesse	avesse	saputo
che noi	sapessimo	avessimo	saputo
che voi	sapeste	aveste	saputo
che essi	sapessero	avessero	saputo

IMPERATIVO

sappi	tu
sappia	egli
sappiamo	noi
sappiate	voi
sappiano	essi

FORMAS NO PERSONALES
(Modi indefiniti)

Infinitivo	**Simple**	**Compuesto**
Infinito	*Semplice*	*Composto*
	sapere	avere saputo

Gerundio	**Simple**	**Compuesto**
Gerundio	*Semplice*	*Composto*
	sapendo	avendo saputo

Participio	**Pasado**	**Presente**
Participio	*Passato*	*Presente*
	saputo	–

SCEGLIERE

INDICATIVO (Indicativo)

Presente
Presente

io	scelgo	ho	scelto
tu	scegli	hai	scelto
egli	sceglie	ha	scelto
noi	scegliamo	abbiamo	scelto
voi	scegliete	avete	scelto
essi	scelgono	hanno	scelto

Pretérito perfecto
Passato prossimo

Pretérito imperfecto
Imperfetto

io	sceglievo	avevo	scelto
tu	sceglievi	avevi	scelto
egli	sceglieva	aveva	scelto
noi	sceglievamo	avevamo	scelto
voi	sceglievate	avevate	scelto
essi	sceglievano	avevano	scelto

Pret. pluscuamperf.
Trapassato prossimo

Pretérito indefinido
Passato remoto

io	scelsi	ebbi	scelto
tu	scegliesti	avesti	scelto
egli	scelse	ebbe	scelto
noi	scegliemmo	avemmo	scelto
voi	sceglieste	aveste	scelto
essi	scelsero	ebbero	scelto

Pretérito anterior
Trapassato remoto

Futuro imperfecto
Futuro semplice

io	sceglierò	avrò	scelto
tu	sceglierai	avrai	scelto
egli	sceglierà	avrà	scelto
noi	sceglieremo	avremo	scelto
voi	sceglierete	avrete	scelto
essi	sceglieranno	avranno	scelto

Futuro perfecto
Futuro anteriore

POTENCIAL (Condizionale)

Simple
Presente

io	sceglierei	avrei	scelto
tu	sceglieresti	avresti	scelto
egli	sceglierebbe	avrebbe	scelto
noi	sceglieremmo	avremmo	scelto
voi	scegliereste	avreste	scelto
essi	sceglierebbero	avrebbero	scelto

Compuesto
Passato

SUBJUNTIVO (Congiuntivo)

Presente
Presente

che io	scelga	abbia	scelto
che tu	scelga	abbia	scelto
che egli	scelga	abbia	scelto
che noi	scegliamo	abbiamo	scelto
che voi	scegliate	abbiate	scelto
che essi	scelgano	abbiano	scelto

Pretérito perfecto
Passato

Pretérito imperfecto
Imperfetto

che io	scegliessi	avessi	scelto
che tu	scegliessi	avessi	scelto
che egli	scegliesse	avesse	scelto
che noi	scegliessimo	avessimo	scelto
che voi	sceglieste	aveste	scelto
che essi	scegliessero	avessero	scelto

Pret. pluscuamperf.
Trapassato

IMPERATIVO

scegli	tu
scelga	egli
scegliamo	noi
scegliete	voi
scelgano	essi

FORMAS NO PERSONALES
(Modi indefiniti)

Infinitivo Simple Compuesto
Infinito Semplice Composto
scegliere avere scelto

Gerundio Simple Compuesto
Gerundio Semplice Composto
scegliendo avendo scelto

Participio Pasado Presente
Participio Passato Presente
scelto —

SCENDERE

INDICATIVO (Indicativo)

Presente
Presente

io	scendo	sono	sceso
tu	scendi	sei	sceso
egli	scende	è	sceso
noi	scendiamo	siamo	scesi
voi	scendete	siete	scesi
essi	scendono	sono	scesi

Pretérito perfecto
Passato prossimo

Pretérito imperfecto
Imperfetto

io	scendevo	ero	sceso
tu	scendevi	eri	sceso
egli	scendeva	era	sceso
noi	scendevamo	eravamo	scesi
voi	scendevate	eravate	scesi
essi	scendevano	erano	scesi

Pret. pluscuamperf.
Trapassato prossimo

Pretérito indefinido
Passato remoto

io	scesi	fui	sceso
tu	scendesti	fosti	sceso
egli	scese	fu	sceso
noi	scendemmo	fummo	scesi
voi	scendeste	foste	scesi
essi	scesero	furono	scesi

Pretérito anterior
Trapassato remoto

Futuro imperfecto
Futuro semplice

io	scenderò	sarò	sceso
tu	scenderai	sarai	sceso
egli	scenderà	sarà	sceso
noi	scenderemo	saremo	scesi
voi	scenderete	sarete	scesi
essi	scenderanno	saranno	scesi

Futuro perfecto
Futuro anteriore

POTENCIAL (Condizionale)

Simple
Presente

Compuesto
Passato

io	scenderei	sarei	sceso
tu	scenderesti	saresti	sceso
egli	scenderebbe	sarebbe	sceso
noi	scenderemmo	saremmo	scesi
voi	scendereste	sareste	scesi
essi	scenderebbero	sarebbero	scesi

SUBJUNTIVO (Congiuntivo)

Presente
Presente

che io	scenda	sia	sceso
che tu	scenda	sia	sceso
che egli	scenda	sia	sceso
che noi	scendiamo	siamo	scesi
che voi	scendiate	siate	scesi
che essi	scendano	siano	scesi

Pretérito perfecto
Passato

Pretérito imperfecto
Imperfetto

che io	scendessi	fossi	sceso
che tu	scendessi	fossi	sceso
che egli	scendesse	fosse	sceso
che noi	scendessimo	fossimo	scesi
che voi	scendeste	foste	scesi
che essi	scendessero	fossero	scesi

Pret. pluscuamperf.
Trapassato

IMPERATIVO

scendi	tu
scenda	egli
scendiamo	noi
scendete	voi
scendano	essi

FORMAS NO PERSONALES
(Modi indefiniti)

Infinitivo	**Simple**	**Compuesto**
Infinito	*Semplice*	*Composto*
	scendere	essere sceso

Gerundio	**Simple**	**Compuesto**
Gerundio	*Semplice*	*Composto*
	scendendo	essendo sceso

Participio	**Pasado**	**Presente**
Participio	*Passato*	*Presente*
	sceso	scendente

SCINDERE

INDICATIVO (Indicativo)

Presente
Presente

io	scindo
tu	scindi
egli	scinde
noi	scindiamo
voi	scindete
essi	scindono

Pretérito perfecto
Passato prossimo

ho	scisso
hai	scisso
ha	scisso
abbiamo	scisso
avete	scisso
hanno	scisso

Pretérito imperfecto
Imperfetto

io	scindevo
tu	scindevi
egli	scindeva
noi	scindevamo
voi	scindevate
essi	scindevano

Pret. pluscuamperf.
Trapassato prossimo

avevo	scisso
avevi	scisso
aveva	scisso
avevamo	scisso
avevate	scisso
avevano	scisso

Pretérito indefinido
Passato remoto

io	scissi
tu	scindesti
egli	scisse
noi	scindemmo
voi	scindeste
essi	scissero

Pretérito anterior
Trapassato remoto

ebbi	scisso
avesti	scisso
ebbe	scisso
avemmo	scisso
aveste	scisso
ebbero	scisso

Futuro imperfecto
Futuro semplice

io	scinderò
tu	scinderai
egli	scinderà
noi	scinderemo
voi	scinderete
essi	scinderanno

Futuro perfecto
Futuro anteriore

avrò	scisso
avrai	scisso
avrà	scisso
avremo	scisso
avrete	scisso
avranno	scisso

POTENCIAL (Condizionale)

Simple
Presente

io	scinderei
tu	scinderesti
egli	scinderebbe
noi	scinderemmo
voi	scindereste
essi	scinderebbero

Compuesto
Passato

avrei	scisso
avresti	scisso
avrebbe	scisso
avremmo	scisso
avreste	scisso
avrebbero	scisso

SUBJUNTIVO (Congiuntivo)

Presente
Presente

che io	scinda
che tu	scinda
che egli	scinda
che noi	scindiamo
che voi	scindiate
che essi	scindano

Pretérito perfecto
Passato

abbia	scisso
abbia	scisso
abbia	scisso
abbiamo	scisso
abbiate	scisso
abbiano	scisso

Pretérito imperfecto
Imperfetto

che io	scindessi
che tu	scindessi
che egli	scindesse
che noi	scindessimo
che voi	scindeste
che essi	scindessero

Pret. pluscuamperf.
Trapassato

avessi	scisso
avessi	scisso
avesse	scisso
avessimo	scisso
aveste	scisso
avessero	scisso

IMPERATIVO

scindi	tu
scinda	egli
scindiamo	noi
scindete	voi
scindano	essi

FORMAS NO PERSONALES
(Modi indefiniti)

Infinitivo Simple Compuesto
Infinito Semplice Composto
scindere avere scisso

Gerundio Simple Compuesto
Gerundio Semplice Composto
scindendo avendo scisso

Participio Pasado Presente
Participio Passato Presente
scisso scindente

SCRIVERE

INDICATIVO (Indicativo)

Presente
Presente

io	scrivo	ho	scritto
tu	scrivi	hai	scritto
egli	scrive	ha	scritto
noi	scriviamo	abbiamo	scritto
voi	scrivete	avete	scritto
essi	scrivono	hanno	scritto

Pretérito perfecto
Passato prossimo

Pretérito imperfecto
Imperfetto

io	scrivevo	avevo	scritto
tu	scrivevi	avevi	scritto
egli	scriveva	aveva	scritto
noi	scrivevamo	avevamo	scritto
voi	scrivevate	avevate	scritto
essi	scrivevano	avevano	scritto

Pret. pluscuamperf.
Trapassato prossimo

Pretérito indefinido
Passato remoto

io	scrissi	ebbi	scritto
tu	scrivesti	avesti	scritto
egli	scrisse	ebbe	scritto
noi	scrivemmo	avemmo	scritto
voi	scriveste	aveste	scritto
essi	scrissero	ebbero	scritto

Pretérito anterior
Trapassato remoto

Futuro imperfecto
Futuro semplice

io	scriverò	avrò	scritto
tu	scriverai	avrai	scritto
egli	scriverà	avrà	scritto
noi	scriveremo	avremo	scritto
voi	scriverete	avrete	scritto
essi	scriveranno	avranno	scritto

Futuro perfecto
Futuro anteriore

POTENCIAL (Condizionale)

Simple
Presente

Compuesto
Passato

io	scriverei	avrei	scritto
tu	scriveresti	avresti	scritto
egli	scriverebbe	avrebbe	scritto
noi	scriveremmo	avremmo	scritto
voi	scrivereste	avreste	scritto
essi	scriverebbero	avrebbero	scritto

SUBJUNTIVO (Congiuntivo)

Presente
Presente

che io	scriva	abbia	scritto
che tu	scriva	abbia	scritto
che egli	scriva	abbia	scritto
che noi	scriviamo	abbiamo	scritto
che voi	scriviate	abbiate	scritto
che essi	scrivano	abbiano	scritto

Pretérito perfecto
Passato

Pretérito imperfecto
Imperfetto

che io	scrivessi	avessi	scritto
che tu	scrivessi	avessi	scritto
che egli	scrivesse	avesse	scritto
che noi	scrivessimo	avessimo	scritto
che voi	scriveste	aveste	scritto
che essi	scrivessero	avessero	scritto

Pret. pluscuamperf.
Trapassato

IMPERATIVO

scrivi	tu
scriva	egli
scriviamo	noi
scrivete	voi
scrivano	essi

FORMAS NO PERSONALES
(Modi indefiniti)

Infinitivo	Simple	Compuesto
Infinito	*Semplice*	*Composto*
	scrivere	avere scritto

Gerundio	Simple	Compuesto
Gerundio	*Semplice*	*Composto*
	scrivendo	avendo scritto

Participio	Pasado	Presente
Participio	*Passato*	*Presente*
	scritto	scrivente

SCUOTERE 89

INDICATIVO (Indicativo)

Presente / *Presente* — Pretérito perfecto / *Passato prossimo*

io	scuoto	ho	scosso
tu	scuoti	hai	scosso
egli	scuote	ha	scosso
noi	sc(u)otiamo	abbiamo	scosso
voi	sc(u)otete	avete	scosso
essi	scuotono	hanno	scosso

Pretérito imperfecto / *Imperfetto* — Pret. pluscuamperf. / *Trapassato prossimo*

io	sc(u)otevo	avevo	scosso
tu	sc(u)otevi	avevi	scosso
egli	sc(u)oteva	aveva	scosso
noi	sc(u)otevamo	avevamo	scosso
voi	sc(u)otevate	avevate	scosso
essi	sc(u)otevano	avevano	scosso

Pretérito indefinido / *Passato remoto* — Pretérito anterior / *Trapassato remoto*

io	scossi	ebbi	scosso
tu	sc(u)otesti	avesti	scosso
egli	scosse	ebbe	scosso
noi	sc(u)otemmo	avemmo	scosso
voi	sc(u)oteste	aveste	scosso
essi	scossero	ebbero	scosso

Futuro imperfecto / *Futuro semplice* — Futuro perfecto / *Futuro anteriore*

io	sc(u)oterò	avrò	scosso
tu	sc(u)oterai	avrai	scosso
egli	sc(u)oterà	avrà	scosso
noi	sc(u)oteremo	avremo	scosso
voi	sc(u)oterete	avrete	scosso
essi	sc(u)oteranno	avranno	scosso

POTENCIAL (Condizionale)

Simple / *Presente* — Compuesto / *Passato*

io	sc(u)oterei	avrei	scosso
tu	sc(u)oteresti	avresti	scosso
egli	sc(u)oterebbe	avrebbe	scosso
noi	sc(u)oteremmo	avremmo	scosso
voi	sc(u)otereste	avreste	scosso
essi	sc(u)oterebbero	avrebbero	scosso

SUBJUNTIVO (Congiuntivo)

Presente / *Presente* — Pretérito perfecto / *Passato*

che io	scuota	abbia	scosso
che tu	scuota	abbia	scosso
che egli	scuota	abbia	scosso
che noi	sc(u)otiamo	abbiamo	scosso
che voi	sc(u)otiate	abbiate	scosso
che essi	scuotano	abbiano	scosso

Pretérito imperfecto / *Imperfetto* — Pret. pluscuamperf. / *Trapassato*

che io	sc(u)otessi	avessi	scosso
che tu	sc(u)otessi	avessi	scosso
che egli	sc(u)otesse	avesse	scosso
che noi	sc(u)otessimo	avessimo	scosso
che voi	sc(u)oteste	aveste	scosso
che essi	sc(u)otessero	avessero	scosso

IMPERATIVO

scuoti	tu
scuota	egli
sc(u)otiamo	noi
sc(u)otete	voi
scuotano	essi

FORMAS NO PERSONALES (Modi indefiniti)

Infinitivo / *Infinito*

Simple / *Semplice*	Compuesto / *Composto*
scuotere	avere scosso

Gerundio / *Gerundio*

Simple / *Semplice*	Compuesto / *Composto*
sc(u)otendo	avendo scosso

Participio / *Participio*

Pasado / *Passato*	Presente / *Presente*
scosso	sc(u)otente

SEDERE

INDICATIVO (Indicativo)

Presente / *Presente* — Pretérito perfecto / *Passato prossimo*

	Presente	Pretérito perfecto	
io	siedo o seggo	sono	seduto
tu	siedi	sei	seduto
egli	siede	è	seduto
noi	sediamo	siamo	seduti
voi	sedete	siete	seduti
essi	siedono o seggono	sono	seduti

Pretérito imperfecto / *Imperfetto* — Pret. pluscuamperf. / *Trapassato prossimo*

io	sedevo	ero	seduto
tu	sedevi	eri	seduto
egli	sedeva	era	seduto
noi	sedevamo	eravamo	seduti
voi	sedevate	eravate	seduti
essi	sedevano	erano	seduti

Pretérito indefinido / *Passato remoto* — Pretérito anterior / *Trapassato remoto*

io	sedei o sedetti	fui	seduto
tu	sedesti	fosti	seduto
egli	sedè o sedette	fu	seduto
noi	sedemmo	fummo	seduti
voi	sedeste	foste	seduti
essi	sederono o sedettero	furono	seduti

Futuro imperfecto / *Futuro semplice* — Futuro perfecto / *Futuro anteriore*

io	sederò	sarò	seduto
tu	sederai	sarai	seduto
egli	sederà	sarà	seduto
noi	sederemo	saremo	seduti
voi	sederete	sarete	seduti
essi	sederanno	saranno	seduti

POTENCIAL (Condizionale)

Simple / *Presente* — Compuesto / *Passato*

io	sederei	sarei	seduto
tu	sederesti	saresti	seduto
egli	sederebbe	sarebbe	seduto
noi	sederemmo	saremmo	seduti
voi	sedereste	sareste	seduti
essi	sederebbero	sarebbero	seduti

SUBJUNTIVO (Congiuntivo)

Presente / *Presente* — Pretérito perfecto / *Passato*

che io	sieda o segga	sia	seduto
che tu	sieda o segga	sia	seduto
che egli	sieda o segga	sia	seduto
che noi	sediamo	siamo	seduti
che voi	sediate	siate	seduti
che essi	siedano o seggano	siano	seduti

Pretérito imperfecto / *Imperfetto* — Pret. pluscuamperf. / *Traspassato*

che io	sedessi	fossi	seduto
che tu	sedessi	fossi	seduto
che egli	sedesse	fosse	seduto
che noi	sedessimo	fossimo	seduti
che voi	sedeste	foste	seduti
che essi	sedessero	fossero	seduti

IMPERATIVO

siedi	tu
sieda o segga	egli
sediamo	noi
sedete	voi
siedano o seggano	essi

FORMAS NO PERSONALES (Modi indefiniti)

Infinitivo / *Infinito*	Simple / *Semplice*	Compuesto / *Composto*
	sedere	essere seduto

Gerundio / *Gerundio*	Simple / *Semplice*	Compuesto / *Composto*
	sedendo	essendo seduto

Participio / *Participio*	Pasado / *Passato*	Presente / *Presente*
	seduto	sedente

Nota: Se usa también como verbo pronominal: *sedersi*

SENTIRE

INDICATIVO (Indicativo)

Presente
Presente

io	sento	ho	sentito
tu	senti	hai	sentito
egli	sente	ha	sentito
noi	sentiamo	abbiamo	sentito
voi	sentite	avete	sentito
essi	sentono	hanno	sentito

Pretérito perfecto
Passato prossimo

Pretérito imperfecto
Imperfetto

io	sentivo	avevo	sentito
tu	sentivi	avevi	sentito
egli	sentiva	aveva	sentito
noi	sentivamo	avevamo	sentito
voi	sentivate	avevate	sentito
essi	sentivano	avevano	sentito

Pret. pluscuamperf.
Trapassato prossimo

Pretérito indefinido
Passato remoto

io	sentii	ebbi	sentito
tu	sentisti	avesti	sentito
egli	sentì	ebbe	sentito
noi	sentimmo	avemmo	sentito
voi	sentiste	aveste	sentito
essi	sentirono	ebbero	sentito

Pretérito anterior
Trapassato remoto

Futuro imperfecto
Futuro semplice

io	sentirò	avrò	sentito
tu	sentirai	avrai	sentito
egli	sentirà	avrà	sentito
noi	sentiremo	avremo	sentito
voi	sentirete	avrete	sentito
essi	sentiranno	avranno	sentito

Futuro perfecto
Futuro anteriore

POTENCIAL (Condizionale)

Simple
Presente

io	sentirei	avrei	sentito
tu	sentiresti	avresti	sentito
egli	sentirebbe	avrebbe	sentito
noi	sentiremmo	avremmo	sentito
voi	sentireste	avreste	sentito
essi	sentirebbero	avrebbero	sentito

Compuesto
Passato

SUBJUNTIVO (Congiuntivo)

Presente
Presente

che io	senta	abbia	sentito
che tu	senta	abbia	sentito
che egli	senta	abbia	sentito
che noi	sentiamo	abbiamo	sentito
che voi	sentiate	abbiate	sentito
che essi	sentano	abbiano	sentito

Pretérito perfecto
Passato

Pretérito imperfecto
Imperfetto

che io	sentissi	avessi	sentito
che tu	sentissi	avessi	sentito
che egli	sentisse	avesse	sentito
che noi	sentissimo	avessimo	sentito
che voi	sentiste	aveste	sentito
che essi	sentissero	avessero	sentito

Pret. pluscuamperf.
Trapassato

IMPERATIVO

senti	tu
senta	egli
sentiamo	noi
sentite	voi
sentano	essi

FORMAS NO PERSONALES
(Modi indefiniti)

Infinitivo **Simple** **Compuesto**
Infinito *Semplice* *Composto*
sentire avere sentito

Gerundio **Simple** **Compuesto**
Gerundio *Semplice* *Composto*
sentendo avendo sentito

Participio **Pasado** **Presente**
Participio *Passato* *Presente*
sentito senziente

SORGERE

INDICATIVO (Indicativo)

Presente	Pretérito perfecto
Presente	*Passato prossimo*

io	sorgo	sono	sorto
tu	sorgi	sei	sorto
egli	sorge	è	sorto
noi	sorgiamo	siamo	sorti
voi	sorgete	siete	sorti
essi	sorgono	sono	sorti

Pretérito imperfecto	Pret. pluscuamperf.
Imperfetto	*Trapassato prossimo*

io	sorgevo	ero	sorto
tu	sorgevi	eri	sorto
egli	sorgeva	era	sorto
noi	sorgevamo	eravamo	sorti
voi	sorgevate	eravate	sorti
essi	sorgevano	erano	sorti

Pretérito indefinido	Pretérito anterior
Passato remoto	*Trapassato remoto*

io	sorsi	fui	sorto
tu	sorgesti	fosti	sorto
egli	sorse	fu	sorto
noi	sorgemmo	fummo	sorti
voi	sorgeste	foste	sorti
essi	sorsero	furono	sorti

Futuro imperfecto	Futuro perfecto
Futuro semplice	*Futuro anteriore*

io	sorgerò	sarò	sorto
tu	sorgerai	sarai	sorto
egli	sorgerà	sarà	sorto
noi	sorgeremo	saremo	sorti
voi	sorgerete	sarete	sorti
essi	sorgeranno	saranno	sorti

POTENCIAL (Condizionale)

Simple	Compuesto
Presente	*Passato*

io	sorgerei	sarei	sorto
tu	sorgeresti	saresti	sorto
egli	sorgerebbe	sarebbe	sorto
noi	sorgeremmo	saremmo	sorti
voi	sorgereste	sareste	sorti
essi	sorgerebbero	sarebbero	sorti

SUBJUNTIVO (Congiuntivo)

Presente	Pretérito perfecto
Presente	*Passato*

che io	sorga	sia	sorto
che tu	sorga	sia	sorto
che egli	sorga	sia	sorto
che noi	sorgiamo	siamo	sorti
che voi	sorgiate	siate	sorti
che essi	sorgano	siano	sorti

Pretérito imperfecto	Pret. pluscuamperf.
Imperfetto	*Trapassato*

che io	sorgessi	fossi	sorto
che tu	sorgessi	fossi	sorto
che egli	sorgesse	fosse	sorto
che noi	sorgessimo	fossimo	sorti
che voi	sorgeste	foste	sorti
che essi	sorgessero	fossero	sorti

IMPERATIVO

sorgi	tu
sorga	egli
sorgiamo	noi
sorgete	voi
sorgano	essi

FORMAS NO PERSONALES
(Modi indefiniti)

Infinitivo	Simple	Compuesto
Infinito	*Semplice*	*Composto*
	sorgere	essere sorto

Gerundio	Simple	Compuesto
Gerundio	*Semplice*	*Composto*
	sorgendo	essendo sorto

Participio	Pasado	Presente
Participio	*Passato*	*Presente*
	sorto	sorgente

SPANDERE

INDICATIVO (Indicativo)

Presente
Presente

io	spando	ho	spanto
tu	spandi	hai	spanto
egli	spande	ha	spanto
noi	spandiamo	abbiamo	spanto
voi	spandete	avete	spanto
essi	spandono	hanno	spanto

Pretérito perfecto
Passato prossimo

Pretérito imperfecto
Imperfetto

io	spandevo	avevo	spanto
tu	spandevi	avevi	spanto
egli	spandeva	aveva	spanto
noi	spandevamo	avevamo	spanto
voi	spandevate	avevate	spanto
essi	spandevano	avevano	spanto

Pret. pluscuamperf.
Trapassato prossimo

Pretérito indefinido
Passato remoto

io	spandei (spansi)	ebbi	spanto
tu	spandesti	avesti	spanto
egli	spandè	ebbe	spanto
noi	spandemmo	avemmo	spanto
voi	spandeste	aveste	spanto
essi	spanderono	ebbero	spanto

Pretérito anterior
Trapassato remoto

Futuro imperfecto
Futuro semplice

io	spanderò	avrò	spanto
tu	spanderai	avrai	spanto
egli	spanderà	avrà	spanto
noi	spanderemo	avremo	spanto
voi	spanderete	avrete	spanto
essi	spanderanno	avranno	spanto

Futuro perfecto
Futuro anteriore

POTENCIAL (Condizionale)

Simple
Presente

io	spanderei	avrei	spanto
tu	spanderesti	avresti	spanto
egli	spanderebbe	avrebbe	spanto
noi	spanderemmo	avremmo	spanto
voi	spandereste	avreste	spanto
essi	spanderebbero	avrebbero	spanto

Compuesto
Passato

SUBJUNTIVO (Congiuntivo)

Presente
Presente

che io	spanda	abbia	spanto
che tu	spanda	abbia	spanto
che egli	spanda	abbia	spanto
che noi	spandiamo	abbiamo	spanto
che voi	spandiate	abbiate	spanto
che essi	spandano	abbiano	spanto

Pretérito perfecto
Passato

Pretérito imperfecto
Imperfetto

che io	spandessi	avessi	spanto
che tu	spandessi	avessi	spanto
che egli	spandesse	avesse	spanto
che noi	spandessimo	avessimo	spanto
che voi	spandeste	aveste	spanto
che essi	spandessero	avessero	spanto

Pret. pluscuamperf.
Trapassato

IMPERATIVO

spandi	tu
spanda	egli
spandiamo	noi
spandete	voi
spandano	essi

FORMAS NO PERSONALES
(Modi indefiniti)

Infinitivo	**Semplice**	**Composto**
Infinito	spandere	avere spanto

Gerundio	**Semplice**	**Composto**
Gerundio	spandendo	avendo spanto

Participio	**Pasado**	**Presente**
Participio	spanto	spandente
	(raro spanduto)	

Nota:
El Pretérito indefinido puede ser también aunque es menos usado: *spansi, spanse, spansero.*

SPARGERE

INDICATIVO (Indicativo)

Presente
Presente

io	spargo	ho	sparso
tu	spargi	hai	sparso
egli	sparge	ha	sparso
noi	spargiamo	abbiamo	sparso
voi	spargete	avete	sparso
essi	spargono	hanno	sparso

Pretérito perfecto
Passato prossimo

Pretérito imperfecto / *Imperfetto*
Pret. pluscuamperf. / *Trapassato prossimo*

io	spargevo	avevo	sparso
tu	spargevi	avevi	sparso
egli	spargeva	aveva	sparso
noi	spargevamo	avevamo	sparso
voi	spargevate	avevate	sparso
essi	spargevano	avevano	sparso

Pretérito indefinido / *Passato remoto*
Pretérito anterior / *Trapassato remoto*

io	sparsi	ebbi	sparso
tu	spargesti	avesti	sparso
egli	sparse	ebbe	sparso
noi	spargemmo	avemmo	sparso
voi	spargeste	aveste	sparso
essi	sparsero	ebbero	sparso

Futuro imperfecto / *Futuro semplice*
Futuro perfecto / *Futuro anteriore*

io	spargerò	avrò	sparso
tu	spargerai	avrai	sparso
egli	spargerà	avrà	sparso
noi	spargeremo	avremo	sparso
voi	spargerete	avrete	sparso
essi	spargeranno	avranno	sparso

POTENCIAL (Condizionale)

Simple / *Presente*
Compuesto / *Passato*

io	spargerei	avrei	sparso
tu	spargeresti	avresti	sparso
egli	spargerebbe	avrebbe	sparso
noi	spargeremmo	avremmo	sparso
voi	spargereste	avreste	sparso
essi	spargerebbero	avrebbero	sparso

SUBJUNTIVO (Congiuntivo)

Presente
Presente

che io	sparga	abbia	sparso
che tu	sparga	abbia	sparso
che egli	sparga	abbia	sparso
che noi	spargiamo	abbiamo	sparso
che voi	spargiate	abbiate	sparso
che essi	spargano	abbiano	sparso

Pretérito perfecto
Passato

Pretérito imperfecto / *Imperfetto*
Pret. pluscuamperf. / *Trapassato*

che io	spargessi	avessi	sparso
che tu	spargessi	avessi	sparso
che egli	spargesse	avesse	sparso
che noi	spargessimo	avessimo	sparso
che voi	spargeste	aveste	sparso
che essi	spargessero	avessero	sparso

IMPERATIVO

spargi	tu
sparga	egli
spargiamo	noi
spargete	voi
spargano	essi

FORMAS NO PERSONALES
(Modi indefiniti)

Infinitivo **Simple** **Compuesto**
Infinito *Semplice* *Composto*
spargere   avere sparso

Gerundio **Simple** **Compuesto**
Gerundio *Semplice* *Composto*
spargendo   avendo sparso

Participio **Pasado** **Presente**
Participio *Passato* *Presente*
sparso   spargente

SPEGNERE

INDICATIVO (Indicativo)

Presente
Presente

io	spengo	ho	spento
tu	spegni	hai	spento
egli	spegne	ha	spento
noi	spegniamo	abbiamo	spento
voi	spegnete	avete	spento
essi	spengono	hanno	spento

Pretérito perfecto
Passato prossimo

Pretérito imperfecto
Imperfetto

io	spegnevo	avevo	spento
tu	spegnevi	avevi	spento
egli	spegneva	aveva	spento
noi	spegnevamo	avevamo	spento
voi	spegnevate	avevate	spento
essi	spegnevano	avevano	spento

Pret. pluscuamperf.
Trapassato prossimo

Pretérito indefinido
Passato remoto

io	spensi	ebbi	spento
tu	spegnesti	avesti	spento
egli	spense	ebbe	spento
noi	spegnemmo	avemmo	spento
voi	spegneste	aveste	spento
essi	spensero	ebbero	spento

Pretérito anterior
Trapassato remoto

Futuro imperfecto
Futuro semplice

io	spegnerò	avrò	spento
tu	spegnerai	avrai	spento
egli	spegnerà	avrà	spento
noi	spegneremo	avremo	spento
voi	spegnerete	avrete	spento
essi	spegneranno	avranno	spento

Futuro perfecto
Futuro anteriore

POTENCIAL (Condizionale)

Simple
Presente

Compuesto
Passato

io	spegnerei	avrei	spento
tu	spegneresti	avresti	spento
egli	spegnerebbe	avrebbe	spento
noi	spegneremmo	avremmo	spento
voi	spegnereste	avreste	spento
essi	spegnerebbero	avrebbero	spento

SUBJUNTIVO (Congiuntivo)

Presente
Presente

che io	spenga	abbia	spento
che tu	spenga	abbia	spento
che egli	spenga	abbia	spento
che noi	spegniamo	abbiamo	spento
che voi	spegniate	abbiate	spento
che essi	spengano	abbiano	spento

Pretérito perfecto
Passato

Pretérito imperfecto
Imperfetto

che io	spegnessi	avessi	spento
che tu	spegnessi	avessi	spento
che egli	spegnesse	avesse	spento
che noi	spegnessimo	avessimo	spento
che voi	spegneste	aveste	spento
che essi	spegnessero	avessero	spento

Pret. pluscuamperf.
Trapassato

IMPERATIVO

spegni	tu
spenga	egli
spegniamo	noi
spegnete	voi
spengano	essi

FORMAS NO PERSONALES
(Modi indefiniti)

Infinitivo	**Simple**	**Compuesto**
Infinito	*Semplice*	*Composto*
	spegnere	avere spento

Gerundio	**Simple**	**Compuesto**
Gerundio	*Semplice*	*Composto*
	spegnendo	avendo spento

Participio	**Pasado**	**Presente**
Participio	*Passato*	*Presente*
	spento	–

STARE

INDICATIVO (Indicativo)

Presente
Presente

io	sto	sono	stato
tu	stai	sei	stato
egli	sta	è	stato
noi	stiamo	siamo	stati
voi	state	siete	stati
essi	stanno	sono	stati

Pretérito perfecto
Passato prossimo

Pretérito imperfecto
Imperfetto

io	stavo	ero	stato
tu	stavi	eri	stato
egli	stava	era	stato
noi	stavamo	eravamo	stati
voi	stavate	eravate	stati
essi	stavano	erano	stati

Pret. pluscuamperf.
Trapassato prossimo

Pretérito indefinido
Passato remoto

io	stetti	fui	stato
tu	stesti	fosti	stato
egli	stette	fu	stato
noi	stemmo	fummo	stati
voi	steste	foste	stati
essi	stettero	furono	stati

Pretérito anterior
Trapassato remoto

Futuro imperfecto
Futuro semplice

io	starò	sarò	stato
tu	starai	sarai	stato
egli	starà	sarà	stato
noi	staremo	saremo	stati
voi	starete	sarete	stati
essi	staranno	saranno	stati

Futuro perfecto
Futuro anteriore

POTENCIAL (Condizionale)

Simple
Presente

Compuesto
Passato

io	starei	sarei	stato
tu	staresti	saresti	stato
egli	starebbe	sarebbe	stato
noi	staremmo	saremmo	stati
voi	stareste	sareste	stati
essi	starebbero	sarebbero	stati

SUBJUNTIVO (Congiuntivo)

Presente
Presente

Pretérito perfecto
Passato

che io	stia	sia	stato
che tu	stia	sia	stato
che egli	stia	sia	stato
che noi	stiamo	siamo	stati
che voi	stiate	siate	stati
che essi	stiano	siano	stati

Pretérito imperfecto
Imperfetto

Pret. pluscuamperf.
Trapassato

che io	stessi	fossi	stato
che tu	stessi	fossi	stato
che egli	stesse	fosse	stato
che noi	stessimo	fossimo	stati
che voi	steste	foste	stati
che essi	stessero	fossero	stati

IMPERATIVO

sta	tu
stia	egli
stiamo	noi
state	voi
stiano	essi

FORMAS NO PERSONALES
(Modi indefiniti)

Infinitivo	**Simple**	**Compuesto**
Infinito	*Semplice*	*Composto*
	stare	essere stato

Gerundio	**Simple**	**Compuesto**
Gerundio	*Semplice*	*Composto*
	stando	essendo stato

Participio	**Pasado**	**Presente**
Participio	*Passato*	*Presente*
	stato	stante

STRINGERE

INDICATIVO (Indicativo)

Presente		**Pretérito perfecto**	
Presente		*Passato prossimo*	
io	stringo	ho	stretto
tu	stringi	hai	stretto
egli	stringe	ha	stretto
noi	stringiamo	abbiamo	stretto
voi	stringete	avete	stretto
essi	stringono	hanno	stretto

Pretérito imperfecto		**Pret. pluscuamperf.**	
Imperfetto		*Trapassato prossimo*	
io	stringevo	avevo	stretto
tu	stringevi	avevi	stretto
egli	stringeva	aveva	stretto
noi	stringevamo	avevamo	stretto
voi	stringevate	avevate	stretto
essi	stringevano	avevano	stretto

Pretérito indefinido		**Pretérito anterior**	
Passato remoto		*Trapassato remoto*	
io	strinsi	ebbi	stretto
tu	stringesti	avesti	stretto
egli	strinse	ebbe	stretto
noi	stringemmo	avemmo	stretto
voi	stringeste	aveste	stretto
essi	strinsero	ebbero	stretto

Futuro imperfecto		**Futuro perfecto**	
Futuro semplice		*Futuro anteriore*	
io	stringerò	avrò	stretto
tu	stringerai	avrai	stretto
egli	stringerà	avrà	stretto
noi	stringeremo	avremo	stretto
voi	stringerete	avrete	stretto
essi	stringeranno	avranno	stretto

POTENCIAL (Condizionale)

Simple		**Compuesto**	
Presente		*Passato*	
io	stringerei	avrei	stretto
tu	stringeresti	avresti	stretto
egli	stringerebbe	avrebbe	stretto
noi	stringeremmo	avremmo	stretto
voi	stringereste	avreste	stretto
essi	stringerebbero	avrebbero	stretto

SUBJUNTIVO (Congiuntivo)

Presente		**Pretérito perfecto**	
Presente		*Passato*	
che io	stringa	abbia	stretto
che tu	stringa	abbia	stretto
che egli	stringa	abbia	stretto
che noi	stringiamo	abbiamo	stretto
che voi	stringiate	abbiate	stretto
che essi	stringano	abbiano	stretto

Pretérito imperfecto		**Pret. pluscuamperf.**	
Imperfetto		*Trapassato*	
che io	stringessi	avessi	stretto
che tu	stringessi	avessi	stretto
che egli	stringesse	avesse	stretto
che noi	stringessimo	avessimo	stretto
che voi	stringeste	aveste	stretto
che essi	stringessero	avessero	stretto

IMPERATIVO

stringi	tu
stringa	egli
stringiamo	noi
stringete	voi
stringano	essi

FORMAS NO PERSONALES
(Modi indefiniti)

Infinitivo	**Simple**	**Compuesto**
Infinito	*Semplice*	*Composto*
	stringere	avere stretto

Gerundio	**Simple**	**Compuesto**
Gerundio	*Semplice*	*Composto*
	stringendo	avendo stretto

Participio	**Pasado**	**Presente**
Participio	*Passato*	*Presente*
	stretto	stringente

STUDIARE

INDICATIVO (Indicativo)

Presente
Presente

io	studio	ho	studiato
tu	studi	hai	studiato
egli	studia	ha	studiato
noi	studiamo	abbiamo	studiato
voi	studiate	avete	studiato
essi	studiano	hanno	studiato

Pretérito perfecto
Passato prossimo

Pretérito imperfecto
Imperfetto

io	studiavo	avevo	studiato
tu	studiavi	avevi	studiato
egli	studiava	aveva	studiato
noi	studiavamo	avevamo	studiato
voi	studiavate	avevate	studiato
essi	studiavano	avevano	studiato

Pret. pluscuamperf.
Trapassato prossimo

Pretérito indefinido
Passato remoto

io	studiai	ebbi	studiato
tu	studiasti	avesti	studiato
egli	studiò	ebbe	studiato
noi	studiammo	avemmo	studiato
voi	studiaste	aveste	studiato
essi	studiarono	ebbero	studiato

Pretérito anterior
Trapassato remoto

Futuro imperfecto
Futuro semplice

io	studierò	avrò	studiato
tu	studierai	avrai	studiato
egli	studierà	avrà	studiato
noi	studieremo	avremo	studiato
voi	studierete	avrete	studiato
essi	studieranno	avranno	studiato

Futuro perfecto
Futuro anteriore

POTENCIAL (Condizionale)

Simple
Presente

io	studierei	avrei	studiato
tu	studieresti	avresti	studiato
egli	studierebbe	avrebbe	studiato
noi	studieremmo	avremmo	studiato
voi	studiereste	avreste	studiato
essi	studierebbero	avrebbero	studiato

Compuesto
Passato

SUBJUNTIVO (Congiuntivo)

Presente
Presente

che io	studi	abbia	studiato
che tu	studi	abbia	studiato
che egli	studi	abbia	studiato
che noi	studiamo	abbiamo	studiato
che voi	studiate	abbiate	studiato
che essi	studino	abbiano	studiato

Pretérito perfecto
Passato

Pretérito imperfecto
Imperfetto

che io	studiassi	avessi	studiato
che tu	studiassi	avessi	studiato
che egli	studiasse	avesse	studiato
che noi	studiassimo	avessimo	studiato
che voi	studiaste	aveste	studiato
che essi	studiassero	avessero	studiato

Pret. pluscuamperf.
Trapassato

IMPERATIVO

studia	tu
studi	egli
studiamo	noi
studiate	voi
studino	essi

FORMAS NO PERSONALES
(Modi indefiniti)

Infinitivo	**Simple**	**Compuesto**
Infinito	*Semplice*	*Composto*
	studiare	avere studiato

Gerundio	**Simple**	**Compuesto**
Gerundio	*Semplice*	*Composto*
	studiando	avendo studiato

Participio	**Pasado**	**Presente**
Participio	*Passato*	*Presente*
	studiato	–

SVELLERE

INDICATIVO (Indicativo)

Presente
Presente

io	svello/svelgo	ho	svelto
tu	svelli	hai	svelto
egli	svelle	ha	svelto
noi	svelliamo	abbiamo	svelto
voi	svellete	avete	svelto
essi	svellono/svelgono	hanno	svelto

Pretérito perfecto
Passato prossimo

Pretérito imperfecto
Imperfetto

io	svellevo	avevo	svelto
tu	svellevi	avevi	svelto
egli	svelleva	aveva	svelto
noi	svellevamo	avevamo	svelto
voi	svellevate	avevate	svelto
essi	svellevano	avevano	svelto

Pret. pluscuamperf.
Trapassato prossimo

Pretérito indefinido
Passato remoto

io	svelsi	ebbi	svelto
tu	svellesti	avesti	svelto
egli	svelse	ebbe	svelto
noi	svellemmo	avemmo	svelto
voi	svelleste	aveste	svelto
essi	svelsero	ebbero	svelto

Pretérito anterior
Trapassato remoto

Futuro imperfecto
Futuro semplice

io	svellerò	avrò	svelto
tu	svellerai	avrai	svelto
egli	svellerà	avrà	svelto
noi	svelleremo	avremo	svelto
voi	svellerete	avrete	svelto
essi	svelleranno	avranno	svelto

Futuro perfecto
Futuro anteriore

POTENCIAL (Condizionale)

Simple
Presente

Compuesto
Passato

io	svellerei	avrei	svelto
tu	svelleresti	avresti	svelto
egli	svellerebbe	avrebbe	svelto
noi	svelleremmo	avremmo	svelto
voi	svellereste	avreste	svelto
essi	svellerebbero	avrebbero	svelto

SUBJUNTIVO (Congiuntivo)

Presente
Presente

che io	svella/svelga	abbia	svelto
che tu	svella/svelga	abbia	svelto
che egli	svella/svelga	abbia	svelto
che noi	svelliamo	abbiamo	svelto
che voi	svelliate	abbiate	svelto
che essi	svellano/svelgano	abbiano	svelto

Pretérito perfecto
Passato

Pretérito imperfecto
Imperfetto

che io	svellessi	avessi	svelto
che tu	svellessi	avessi	svelto
che egli	svellesse	avesse	svelto
che noi	svellessimo	avessimo	svelto
che voi	svelleste	aveste	svelto
che essi	svellessero	avessero	svelto

Pret. pluscuamperf.
Trapassato

IMPERATIVO

svelli	tu
svella/svelga	egli
svelliamo	noi
svellete	voi
svellano/svelgano	essi

FORMAS NO PERSONALES
(Modi indefiniti)

Infinitivo	**Simple**	**Compuesto**
Infinito	*Semplice*	*Composto*
	svellere	avere svelto

Gerundio	**Simple**	**Compuesto**
Gerundio	*Semplice*	*Composto*
	svellendo	avendo svelto

Participio	**Pasado**	**Presente**
Participio	*Passato*	*Presente*
	svelto	–

TACERE

INDICATIVO (Indicativo)

Presente
Presente

io	taccio	ho	taciuto
tu	taci	hai	taciuto
egli	tace	ha	taciuto
noi	taciamo	abbiamo	taciuto
voi	tacete	avete	taciuto
essi	tacciono	hanno	taciuto

Pretérito perfecto
Passato prossimo

(vedi sopra)

Pretérito imperfecto
Imperfetto

io	tacevo	avevo	taciuto
tu	tacevi	avevi	taciuto
egli	taceva	aveva	taciuto
noi	tacevamo	avevamo	taciuto
voi	tacevate	avevate	taciuto
essi	tacevano	avevano	taciuto

Pret. pluscuamperf.
Trapassato prossimo

Pretérito indefinido
Passato remoto

io	tacqui	ebbi	taciuto
tu	tacesti	avesti	taciuto
egli	tacque	ebbe	taciuto
noi	tacemmo	avemmo	taciuto
voi	taceste	aveste	taciuto
essi	tacquero	ebbero	taciuto

Pretérito anterior
Trapassato remoto

Futuro imperfecto
Futuro semplice

io	tacerò	avrò	taciuto
tu	tacerai	avrai	taciuto
egli	tacerà	avrà	taciuto
noi	taceremo	avremo	taciuto
voi	tacerete	avrete	taciuto
essi	taceranno	avranno	taciuto

Futuro perfecto
Futuro anteriore

POTENCIAL (Condizionale)

Simple
Presente

io	tacerei	avrei	taciuto
tu	taceresti	avresti	taciuto
egli	tacerebbe	avrebbe	taciuto
noi	taceremmo	avremmo	taciuto
voi	tacereste	avreste	taciuto
essi	tacerebbero	avrebbero	taciuto

Compuesto
Passato

SUBJUNTIVO (Congiuntivo)

Presente
Presente

che io	taccia	abbia	taciuto
che tu	taccia	abbia	taciuto
che egli	taccia	abbia	taciuto
che noi	taciamo	abbiamo	taciuto
che voi	taciate	abbiate	taciuto
che essi	tacciano	abbiano	taciuto

Pretérito perfecto
Passato

Pretérito imperfecto
Imperfetto

che io	tacessi	avessi	taciuto
che tu	tacessi	avessi	taciuto
che egli	tacesse	avesse	taciuto
che noi	tacessimo	avessimo	taciuto
che voi	taceste	aveste	taciuto
che essi	tacessero	avessero	taciuto

Pret. pluscuamperf.
Trapassato

IMPERATIVO

taci	tu
taccia	egli
taciamo	noi
tacete	voi
tacciano	essi

FORMAS NO PERSONALES
(Modi indefiniti)

Infinitivo	**Simple**	**Compuesto**
Infinito	*Semplice*	*Composto*
	tacere	avere taciuto

Gerundio	**Simple**	**Compuesto**
Gerundio	*Semplice*	*Composto*
	tacendo	avendo taciuto

Participio	**Pasado**	**Presente**
Participio	*Passato*	*Presente*
	taciuto	

TEMERE 101

INDICATIVO (Indicativo)

Presente / *Presente* — Pretérito perfecto / *Passato prossimo*

io	temo	ho	temuto
tu	temi	hai	temuto
egli	teme	ha	temuto
noi	temiamo	abbiamo	temuto
voi	temete	avete	temuto
essi	temono	hanno	temuto

Pretérito imperfecto / *Imperfetto* — Pret. pluscuamperf. / *Trapassato prossimo*

io	temevo	avevo	temuto
tu	temevi	avevi	temuto
egli	temeva	aveva	temuto
noi	temevamo	avevamo	temuto
voi	temevate	avevate	temuto
essi	temevano	avevano	temuto

Pretérito indefinido / *Passato remoto* — Pretérito anterior / *Trapassato remoto*

io	temei/temetti	ebbi	temuto
tu	temesti	temuto	
egli	temè/temette	ebbe	temuto
noi	tememmo	avemmo	temuto
voi	temeste	aveste	temuto
essi	temerono/temettero	ebbero	temuto

Futuro imperfecto / *Futuro semplice* — Futuro perfecto / *Futuro anteriore*

io	temerò	avrò	temuto
tu	temerai	avrai	temuto
egli	temerà	avrà	temuto
noi	temeremo	avremo	temuto
voi	temerete	avrete	temuto
essi	temeranno	avranno	temuto

POTENCIAL (Condizionale)

Simple / *Presente* — Compuesto / *Passato*

io	temerei	avrei	temuto
tu	temeresti	avresti	temuto
egli	temerebbe	avrebbe	temuto
noi	temeremmo	avremmo	temuto
voi	temereste	avreste	temuto
essi	temerebbero	avrebbero	temuto

SUBJUNTIVO (Congiuntivo)

Presente / *Presente* — Pretérito perfecto / *Passato*

che io	tema	abbia	temuto
che tu	tema	abbia	temuto
che egli	tema	abbia	temuto
che noi	temiamo	abbiamo	temuto
che voi	temiate	abbiate	temuto
che essi	temano	abbiano	temuto

Pretérito imperfecto / *Imperfetto* — Pret. pluscuamperf. / *Trapassato*

che io	temessi	avessi	temuto
che tu	temessi	avessi	temuto
che egli	temesse	avesse	temuto
che noi	temessimo	avessimo	temuto
che voi	temeste	aveste	temuto
che essi	temessero	avessero	temuto

IMPERATIVO

temi	tu
tema	egli
temiamo	noi
temete	voi
temano	essi

FORMAS NO PERSONALES
(Modi indefiniti)

Infinitivo / *Infinito*

Simple / *Semplice*	Compuesto / *Composto*
temere	avere temuto

Gerundio / *Gerundio*

Simple / *Semplice*	Compuesto / *Composto*
temendo	avendo temuto

Participio / *Participio*

Pasado / *Passato*	Presente / *Presente*
temuto	temente

TENDERE

INDICATIVO (Indicativo)

Presente
Presente

io	tendo	ho	teso
tu	tendi	hai	teso
egli	tende	ha	teso
noi	tendiamo	abbiamo	teso
voi	tendete	avete	teso
essi	tendono	hanno	teso

Pretérito perfecto
Passato prossimo

Pretérito imperfecto
Imperfetto

io	tendevo	avevo	teso
tu	tendevi	avevi	teso
egli	tendeva	aveva	teso
noi	tendevamo	avevamo	teso
voi	tendevate	avevate	teso
essi	tendevano	avevano	teso

Pret. pluscuamperf.
Trapassato prossimo

Pretérito indefinido
Passato remoto

io	tesi	ebbi	teso
tu	tendesti	avesti	teso
egli	tese	ebbe	teso
noi	tendemmo	avemmo	teso
voi	tendeste	aveste	teso
essi	tesero	ebbero	teso

Pretérito anterior
Trapassato remoto

Futuro imperfecto
Futuro semplice

io	tenderò	avrò	teso
tu	tenderai	avrai	teso
egli	tenderà	avrà	teso
noi	tenderemo	avremo	teso
voi	tenderete	avrete	teso
essi	tenderanno	avranno	teso

Futuro perfecto
Futuro anteriore

POTENCIAL (Condizionale)

Simple
Presente

io	tenderei	avrei	teso
tu	tenderesti	avresti	teso
egli	tenderebbe	avrebbe	teso
noi	tenderemmo	avremmo	teso
voi	tendereste	avreste	teso
essi	tenderebbero	avrebbero	teso

Compuesto
Passato

SUBJUNTIVO (Congiuntivo)

Presente
Presente

che io	tenda	abbia	teso
che tu	tenda	abbia	teso
che egli	tenda	abbia	teso
che noi	tendiamo	abbiamo	teso
che voi	tendiate	abbiate	teso
che essi	tendano	abbiano	teso

Pretérito perfecto
Passato

Pretérito imperfecto
Imperfetto

che io	tendessi	avessi	teso
che tu	tendessi	avessi	teso
che egli	tendesse	avesse	teso
che noi	tendessimo	avessimo	teso
che voi	tendeste	aveste	teso
che essi	tendessero	avessero	teso

Pret. pluscuamperf.
Trapassato

IMPERATIVO

tendi	tu
tenda	egli
tendiamo	noi
tendete	voi
tendano	essi

FORMAS NO PERSONALES
(Modi indefiniti)

Infinitivo	**Simple**	**Compuesto**
Infinito	*Semplice*	*Composto*
	tendere	avere teso

Gerundio	**Simple**	**Compuesto**
Gerundio	*Semplice*	*Composto*
	tendendo	avendo teso

Participio	**Pasado**	**Presente**
Participio	*Passato*	*Presente*
	teso	tendente

TENERE

INDICATIVO (Indicativo)

Presente
Presente

io	tengo	ho	tenuto
tu	tieni	hai	tenuto
egli	tiene	ha	tenuto
noi	teniamo	abbiamo	tenuto
voi	tenete	avete	tenuto
essi	tengono	hanno	tenuto

Pretérito perfecto
Passato prossimo

Pretérito imperfecto
Imperfetto

io	tenevo	avevo	tenuto
tu	tenevi	avevi	tenuto
egli	teneva	aveva	tenuto
noi	tenevamo	avevamo	tenuto
voi	tenevate	avevate	tenuto
essi	tenevano	avevano	tenuto

Pret. pluscuamperf.
Trapassato prossimo

Pretérito indefinido
Passato remoto

io	tenni	ebbi	tenuto
tu	tenesti	avesti	tenuto
egli	tenne	ebbe	tenuto
noi	tenemmo	avemmo	tenuto
voi	teneste	aveste	tenuto
essi	tennero	ebbero	tenuto

Pretérito anterior
Trapassato remoto

Futuro imperfecto
Futuro semplice

io	terrò	avrò	tenuto
tu	terrai	avrai	tenuto
egli	terrà	avrà	tenuto
noi	terremo	avremo	tenuto
voi	terrete	avrete	tenuto
essi	terranno	avranno	tenuto

Futuro perfecto
Futuro anteriore

POTENCIAL (Condizionale)

Simple
Presente

Compuesto
Passato

io	terrei	avrei	tenuto
tu	terresti	avresti	tenuto
egli	terrebbe	avrebbe	tenuto
noi	terremmo	avremmo	tenuto
voi	terreste	avreste	tenuto
essi	terrebbero	avrebbero	tenuto

SUBJUNTIVO (Congiuntivo)

Presente
Presente

che io	tenga	abbia	tenuto
che tu	tenga	abbia	tenuto
che egli	tenga	abbia	tenuto
che noi	teniamo	abbiamo	tenuto
che voi	teniate	abbiate	tenuto
che essi	tengano	abbiano	tenuto

Pretérito perfecto
Passato

Pretérito imperfecto
Imperfetto

che io	tenessi	avessi	tenuto
che tu	tenessi	avessi	tenuto
che egli	tenesse	avesse	tenuto
che noi	tenessimo	avessimo	tenuto
che voi	teneste	aveste	tenuto
che essi	tenessero	avessero	tenuto

Pret. pluscuamperf.
Trapassato

IMPERATIVO

tieni	tu
tenga	egli
teniamo	noi
tenete	voi
tengano	essi

FORMAS NO PERSONALES
(Modi indefiniti)

Infinitivo	**Simple**	**Compuesto**
Infinito	*Semplice*	*Composto*
	tenere	avere tenuto

Gerundio	**Simple**	**Compuesto**
Gerundio	*Semplice*	*Composto*
	tenendo	avendo tenuto

Participio	**Pasado**	**Presente**
Participio	*Passato*	*Presente*
	tenuto	tenente

TOGLIERE

INDICATIVO (Indicativo)

Presente / Presente

io	tolgo	ho	tolto
tu	togli	hai	tolto
egli	toglie	ha	tolto
noi	togliamo	abbiamo	tolto
voi	togliete	avete	tolto
essi	tolgono	hanno	tolto

Pretérito perfecto / *Passato prossimo*

Pretérito imperfecto / Imperfetto

io	toglievo	avevo	tolto
tu	toglievi	avevi	tolto
egli	toglieva	aveva	tolto
noi	toglievamo	avevamo	tolto
voi	toglievate	avevate	tolto
essi	toglievano	avevano	tolto

Pret. pluscuamperf. / *Trapassato prossimo*

Pretérito indefinido / Passato remoto

io	tolsi	ebbi	tolto
tu	togliesti	avesti	tolto
egli	tolse	ebbe	tolto
noi	togliemmo	avemmo	tolto
voi	toglieste	aveste	tolto
essi	tolsero	ebbero	tolto

Pretérito anterior / *Trapassato remoto*

Futuro imperfecto / Futuro semplice

io	toglierò	avrò	tolto
tu	toglierai	avrai	tolto
egli	toglierà	avrà	tolto
noi	toglieremo	avremo	tolto
voi	toglierete	avrete	tolto
essi	toglieranno	avranno	tolto

Futuro perfecto / *Futuro anteriore*

POTENCIAL (Condizionale)

Simple / Presente

io	toglierei	avrei	tolto
tu	toglieresti	avresti	tolto
egli	toglierebbe	avrebbe	tolto
noi	toglieremmo	avremmo	tolto
voi	togliereste	avreste	tolto
essi	toglierebbero	avrebbero	tolto

Compuesto / *Passato*

SUBJUNTIVO (Congiuntivo)

Presente / Presente

che io	tolga	abbia	tolto
che tu	tolga	abbia	tolto
che egli	tolga	abbia	tolto
che noi	togliamo	abbiamo	tolto
che voi	togliate	abbiate	tolto
che essi	tolgano	abbiano	tolto

Pretérito perfecto / *Passato*

Pretérito imperfecto / Imperfetto

che io	togliessi	avessi	tolto
che tu	togliessi	avessi	tolto
che egli	togliesse	avesse	tolto
che noi	togliessimo	avessimo	tolto
che voi	toglieste	aveste	tolto
che essi	togliessero	avessero	tolto

Pret. pluscuamperf. / *Trapassato*

IMPERATIVO

togli	tu
tolga	egli
togliamo	noi
togliete	voi
tolgano	essi

FORMAS NO PERSONALES (Modi indefiniti)

Infinitivo / *Infinito*	Simple / *Semplice*	Compuesto / *Composto*
	togliere	avere tolto

Gerundio / *Gerundio*	Simple / *Semplice*	Compuesto / *Composto*
	togliendo	avendo tolto

Participio / *Participio*	Pasado / *Passato*	Presente / *Presente*
	tolto	

TORCERE

INDICATIVO (Indicativo)

Presente
Presente

io	torco	ho	torto
tu	torci	hai	torto
egli	torce	ha	torto
noi	torciamo	abbiamo	torto
voi	torcete	avete	torto
essi	torcono	hanno	torto

Pretérito perfecto / *Passato prossimo*

Pretérito imperfecto
Imperfetto

io	torcevo	avevo	torto
tu	torcevi	avevi	torto
egli	torceva	aveva	torto
noi	torcevamo	avevamo	torto
voi	torcevate	avevate	torto
essi	torcevano	avevano	torto

Pret. pluscuamperf. / *Trapassato prossimo*

Pretérito indefinido
Passato remoto

io	torsi	ebbi	torto
tu	torcesti	avesti	torto
egli	torse	ebbe	torto
noi	torcemmo	avemmo	torto
voi	torceste	aveste	torto
essi	torsero	ebbero	torto

Pretérito anterior / *Trapassato remoto*

Futuro imperfecto
Futuro semplice

io	torcerò	avrò	torto
tu	torcerai	avrai	torto
egli	torcerà	avrà	torto
noi	torceremo	avremo	torto
voi	torcerete	avrete	torto
essi	torceranno	avranno	torto

Futuro perfecto / *Futuro anteriore*

POTENCIAL (Condizionale)

Simple
Presente

io	torcerei	avrei	torto
tu	torceresti	avresti	torto
egli	torcerebbe	avrebbe	torto
noi	torceremmo	avremmo	torto
voi	torcereste	avreste	torto
essi	torcerebbero	avrebbero	torto

Compuesto / *Passato*

SUBJUNTIVO (Congiuntivo)

Presente
Presente

che io	torca	abbia	torto
che tu	torca	abbia	torto
che egli	torca	abbia	torto
che noi	torciamo	abbiamo	torto
che voi	torciate	abbiate	torto
che essi	torcano	abbiano	torto

Pretérito perfecto / *Passato*

Pretérito imperfecto
Imperfetto

che io	torcessi	avessi	torto
che tu	torcessi	avessi	torto
che egli	torcesse	avesse	torto
che noi	torcessimo	avessimo	torto
che voi	torceste	aveste	torto
che essi	torcessero	avessero	torto

Pret. pluscuamperf. / *Trapassato*

IMPERATIVO

torci	tu
torca	egli
torciamo	noi
torcete	voi
torcano	essi

FORMAS NO PERSONALES
(Modi indefiniti)

Infinitivo	Simple	Compuesto
Infinito	*Semplice*	*Composto*
	torcere	avere torto

Gerundio	Simple	Compuesto
Gerundio	*Semplice*	*Composto*
	torcendo	avendo torto

Participio	Pasado	Presente
Participio	*Passato*	*Presente*
	torto	–

TRARRE

INDICATIVO (Indicativo)

Presente
Presente

io	traggo	ho	tratto
tu	trai	hai	tratto
egli	trae	ha	tratto
noi	traiamo	abbiamo	tratto
voi	traete	avete	tratto
essi	traggono	hanno	tratto

Pretérito perfecto
Passato prossimo

Pretérito imperfecto
Imperfetto

io	traevo	avevo	tratto
tu	traevi	avevi	tratto
egli	traeva	aveva	tratto
noi	traevamo	avevamo	tratto
voi	traevate	avevate	tratto
essi	traevano	avevano	tratto

Pret. pluscuamperf.
Trapassato prossimo

Pretérito indefinido
Passato remoto

io	trassi	ebbi	tratto
tu	traesti	avesti	tratto
egli	trasse	ebbe	tratto
noi	traemmo	avemmo	tratto
voi	traeste	aveste	tratto
essi	trassero	ebbero	tratto

Pretérito anterior
Trapassato remoto

Futuro imperfecto
Futuro semplice

io	trarrò	avrò	tratto
tu	trarrai	avrai	tratto
egli	trarrà	avrà	tratto
noi	trarremo	avremo	tratto
voi	trarrete	avrete	tratto
essi	trarranno	avranno	tratto

Futuro perfecto
Futuro anteriore

POTENCIAL (Condizionale)

Simple
Presente

io	trarrei	avrei	tratto
tu	trarresti	avresti	tratto
egli	trarrebbe	avrebbe	tratto
noi	trarremmo	avremmo	tratto
voi	trarreste	avreste	tratto
essi	trarrebbero	avrebbero	tratto

Compuesto
Passato

SUBJUNTIVO (Congiuntivo)

Presente
Presente

che io	tragga	abbia	tratto
che tu	tragga	abbia	tratto
che egli	tragga	abbia	tratto
che noi	traiamo	abbiamo	tratto
che voi	traiate	abbiate	tratto
che essi	traggano	abbiano	tratto

Pretérito perfecto
Passato

Pretérito imperfecto
Imperfetto

che io	traessi	avessi	tratto
che tu	traessi	avessi	tratto
che egli	traesse	avesse	tratto
che noi	traessimo	avessimo	tratto
che voi	traeste	aveste	tratto
che essi	traessero	avessero	tratto

Pret. pluscuamperf.
Trapassato

IMPERATIVO

trai	tu
tragga	egli
traiamo	noi
traete	voi
traggano	essi

FORMAS NO PERSONALES
(Modi indefiniti)

Infinitivo	**Simple**	**Compuesto**
Infinito	*Semplice*	*Composto*
	trarre	avere tratto

Gerundio	**Simple**	**Compuesto**
Gerundio	*Semplice*	*Composto*
	traendo	avendo tratto

Participio	**Pasado**	**Presente**
Participio	*Passato*	*Presente*
	tratto	traente

UDIRE

INDICATIVO (Indicativo)

Presente *Presente*		**Pretérito perfecto** *Passato prossimo*	
io	odo	ho	udito
tu	odi	hai	udito
egli	ode	ha	udito
noi	udiamo	abbiamo	udito
voi	udite	avete	udito
essi	odono	hanno	udito

Pretérito imperfecto *Imperfetto*		**Pret. pluscuamperf.** *Trapassato prossimo*	
io	udivo	avevo	udito
tu	udivi	avevi	udito
egli	udiva	aveva	udito
noi	udivamo	avevamo	udito
voi	udivate	avevate	udito
essi	udivano	avevano	udito

Pretérito indefinido *Passato remoto*		**Pretérito anterior** *Trapassato remoto*	
io	udii	ebbi	udito
tu	udisti	avesti	udito
egli	udì	ebbe	udito
noi	udimmo	avemmo	udito
voi	udiste	aveste	udito
essi	udirono	ebbero	udito

Futuro imperfecto *Futuro semplice*		**Futuro perfecto** *Futuro anteriore*	
io	ud(i)rò	avrò	udito
tu	ud(i)rai	avrai	udito
egli	ud(i)rà	avrà	udito
noi	ud(i)remo	avremo	udito
voi	ud(i)rete	avrete	udito
essi	ud(i)ranno	avranno	udito

POTENCIAL (Condizionale)

Simple *Presente*		**Compuesto** *Passato*	
io	ud(i)rei	avrei	udito
tu	ud(i)resti	avresti	udito
egli	ud(i)rebbe	avrebbe	udito
noi	ud(i)remmo	avremmo	udito
voi	ud(i)reste	avreste	udito
essi	ud(i)rebbero	avrebbero	udito

SUBJUNTIVO (Congiuntivo)

Presente *Presente*		**Pretérito perfecto** *Passato*	
che io	oda	abbia	udito
che tu	oda	abbia	udito
che egli	oda	abbia	udito
che noi	udiamo	abbiamo	udito
che voi	udiate	abbiate	udito
che essi	odano	abbiano	udito

Pretérito imperfecto *Imperfetto*		**Pret. pluscuamperf.** *Trapassato*	
che io	udissi	avessi	udito
che tu	udissi	avessi	udito
che egli	udisse	avesse	udito
che noi	udissimo	avessimo	udito
che voi	udiste	aveste	udito
che essi	udissero	avessero	udito

IMPERATIVO

odi	tu
oda	egli
udiamo	noi
udite	voi
odano	essi

FORMAS NO PERSONALES
(Modi indefiniti)

Infinitivo *Infinito*	**Simple** *Semplice*	**Compuesto** *Composto*
	udire	avere udito

Gerundio *Gerundio*	**Simple** *Semplice*	**Compuesto** *Composto*
	udendo	avendo udito

Participio *Participio*	**Pasado** *Passato*	**Presente** *Presente*
	udito	udente

USCIRE

INDICATIVO (Indicativo)

Presente
Presente

io	esco	sono	uscito
tu	esci	sei	uscito
egli	esce	è	uscito
noi	usciamo	siamo	usciti
voi	uscite	siete	usciti
essi	escono	sono	usciti

Pretérito perfecto
Passato prossimo

Pretérito imperfecto
Imperfetto

io	uscivo	ero	uscito
tu	uscivi	eri	uscito
egli	usciva	era	uscito
noi	uscivamo	eravamo	usciti
voi	uscivate	eravate	usciti
essi	uscivano	erano	usciti

Pret. pluscuamperf.
Trapassato prossimo

Pretérito indefinido
Passato remoto

io	uscii	fui	uscito
tu	uscisti	fosti	uscito
egli	uscì	fu	uscito
noi	uscimmo	fummo	usciti
voi	usciste	foste	usciti
essi	uscirono	furono	usciti

Pretérito anterior
Trapassato remoto

Futuro imperfecto
Futuro semplice

io	uscirò	sarò	uscito
tu	uscirai	sarai	uscito
egli	uscirà	sarà	uscito
noi	usciremo	saremo	usciti
voi	uscirete	sarete	usciti
essi	usciranno	saranno	usciti

Futuro perfecto
Futuro anteriore

POTENCIAL (Condizionale)

Simple
Presente

Compuesto
Passato

io	uscirei	sarei	uscito
tu	usciresti	saresti	uscito
egli	uscirebbe	sarebbe	uscito
noi	usciremmo	saremmo	usciti
voi	uscireste	sareste	usciti
essi	uscirebbero	sarebbero	usciti

SUBJUNTIVO (Congiuntivo)

Presente
Presente

che io	esca	sia	uscito
che tu	esca	sia	uscito
che egli	esca	sia	uscito
che noi	usciamo	siamo	usciti
che voi	usciate	siate	usciti
che essi	escano	siano	usciti

Pretérito perfecto
Passato

Pretérito imperfecto
Imperfetto

che io	uscissi	fossi	uscito
che tu	uscissi	fossi	uscito
che egli	uscisse	fosse	uscito
che noi	uscissimo	fossimo	usciti
che voi	usciste	foste	usciti
che essi	uscissero	fossero	usciti

Pret. pluscuamperf.
Trapassato

IMPERATIVO

esci	tu
esca	egli
usciamo	noi
uscite	voi
escano	essi

FORMAS NO PERSONALES
(Modi indefiniti)

Infinitivo	Simple	Compuesto
Infinito	*Semplice*	*Composto*
	uscire	essere uscito

Gerundio	Simple	Compuesto
Gerundio	*Semplice*	*Composto*
	uscendo	essendo uscito

Participio	Pasado	Presente
Participio	*Passato*	*Presente*
	uscito	uscente

VALERE

INDICATIVO (Indicativo)

Presente
Presente

io	valgo	sono	valso
tu	vali	sei	valso
egli	vale	è	valso
noi	valiamo	siamo	valsi
voi	valete	siete	valsi
essi	valgono	sono	valsi

Pretérito perfecto
Passato prossimo

Pretérito imperfecto
Imperfetto

io	valevo	ero	valso
tu	valevi	eri	valso
egli	valeva	era	valso
noi	valevamo	eravamo	valsi
voi	valevate	eravate	valsi
essi	valevano	erano	valsi

Pret. pluscuamperf.
Trapassato prossimo

Pretérito indefinido
Passato remoto

io	valsi	fui	valso
tu	valesti	fosti	valso
egli	valse	fu	valso
noi	valemmo	fummo	valsi
voi	valeste	foste	valsi
essi	valsero	furono	valsi

Pretérito anterior
Trapassato remoto

Futuro imperfecto
Futuro semplice

io	varrò	sarò	valso
tu	varrai	sarai	valso
egli	varrà	sarà	valso
noi	varremo	saremo	valsi
voi	varrete	sarete	valsi
essi	varranno	saranno	valsi

Futuro perfecto
Futuro anteriore

POTENCIAL (Condizionale)

Simple
Presente

io	varrei	sarei	valso
tu	varresti	saresti	valso
egli	varrebbe	sarebbe	valso
noi	varremmo	saremmo	valsi
voi	varreste	sareste	valsi
essi	varrebbero	sarebbero	valsi

Compuesto
Passato

SUBJUNTIVO (Congiuntivo)

Presente
Presente

che io	valga	sia	valso
che tu	valga	sia	valso
che egli	valga	sia	valso
che noi	valiamo	siamo	valsi
che voi	valiate	siate	valsi
che essi	valgano	siano	valsi

Pretérito perfecto
Passato

Pretérito imperfecto
Imperfetto

che io	valessi	fossi	valso
che tu	valessi	fossi	valso
che egli	valesse	fosse	valso
che noi	valessimo	fossimo	valsi
che voi	valeste	foste	valsi
che essi	valessero	fossero	valsi

Pret. pluscuamperf.
Trapassato

IMPERATIVO

vali	tu
valga	egli
valiamo	noi
valete	voi
valgano	essi

FORMAS NO PERSONALES
(Modi indefiniti)

Infinitivo Simple   Compuesto
Infinito Semplice Composto
          valere   essere valso

Gerundio Simple   Compuesto
Gerundio Semplice Composto
          valendo   essendo valso

Participio Pasado   Presente
Participio Passato Presente
          valso   valente

VEDERE

INDICATIVO (Indicativo)

Presente
Presente

io	vedo	ho	veduto
tu	vedi	hai	veduto
egli	vede	ha	veduto
noi	vediamo	abbiamo	veduto
voi	vedete	avete	veduto
essi	vedono	hanno	veduto

Pretérito perfecto
Passato prossimo

Pretérito imperfecto
Imperfetto

io	vedevo	avevo	veduto
tu	vedevi	avevi	veduto
egli	vedeva	aveva	veduto
noi	vedevamo	avevamo	veduto
voi	vedevate	avevate	veduto
essi	vedevano	avevano	veduto

Pret. pluscuamperf.
Trapassato prossimo

Pretérito indefinido
Passato remoto

io	vidi	ebbi	veduto
tu	vedesti	avesti	veduto
egli	vide	ebbe	veduto
noi	vedemmo	avemmo	veduto
voi	vedeste	aveste	veduto
essi	videro	ebbero	veduto

Pretérito anterior
Trapassato remoto

Futuro imperfecto
Futuro semplice

io	vedrò	avrò	veduto
tu	vedrai	avrai	veduto
egli	vedrà	avrà	veduto
noi	vedremo	avremo	veduto
voi	vedrete	avrete	veduto
essi	vedranno	avranno	veduto

Futuro perfecto
Futuro anteriore

POTENCIAL (Condizionale)

Simple
Presente

io	vedrei	avrei	veduto
tu	vedresti	avresti	veduto
egli	vedrebbe	avrebbe	veduto
noi	vedremmo	avremmo	veduto
voi	vedreste	avreste	veduto
essi	vedrebbero	avrebbero	veduto

Compuesto
Passato

SUBJUNTIVO (Congiuntivo)

Presente
Presente

che io	veda	abbia	veduto
che tu	veda	abbia	veduto
che egli	veda	abbia	veduto
che noi	vediamo	abbiamo	veduto
che voi	vediate	abbiate	veduto
che essi	vedano	abbiano	veduto

Pretérito perfecto
Passato

Pretérito imperfecto
Imperfetto

che io	vedessi	avessi	veduto
che tu	vedessi	avessi	veduto
che egli	vedesse	avesse	veduto
che noi	vedessimo	avessimo	veduto
che voi	vedeste	aveste	veduto
che essi	vedessero	avessero	veduto

Pret. pluscuamperf.
Trapassato

IMPERATIVO

vedi	tu
veda	egli
vediamo	noi
vedete	voi
vedano	essi

FORMAS NO PERSONALES
(Modi indefiniti)

Infinitivo	**Simple**	**Compuesto**
Infinito	*Semplice*	*Composto*
	vedere	avere veduto

Gerundio	**Simple**	**Compuesto**
Gerundio	*Semplice*	*Composto*
	vedendo	avendo veduto

Participio	**Pasado**	**Presente**
Participio	*Passato*	*Presente*
	veduto	vedente

Nota: Este verbo tiene otro participio: visto

VENIRE 111

INDICATIVO (Indicativo)

Presente
Presente

io	vengo	sono	venuto
tu	vieni	sei	venuto
egli	viene	è	venuto
noi	veniamo	siamo	venuti
voi	venite	siete	venuti
essi	vengono	sono	venuti

Pretérito perfecto
Passato prossimo

Pretérito imperfecto
Imperfetto

io	venivo	ero	venuto
tu	venivi	eri	venuto
egli	veniva	era	venuto
noi	venivamo	eravamo	venuti
voi	venivate	eravate	venuti
essi	venivano	erano	venuti

Pret. pluscuamperf.
Trapassato prossimo

Pretérito indefinido
Passato remoto

io	venni	fui	venuto
tu	venisti	fosti	venuto
egli	venne	fu	venuto
noi	venimmo	fummo	venuti
voi	veniste	foste	venuti
essi	vennero	furono	venuti

Pretérito anterior
Trapassato remoto

Futuro imperfecto
Futuro semplice

io	verrò	sarò	venuto
tu	verrai	sarai	venuto
egli	verrà	sarà	venuto
noi	verremo	saremo	venuti
voi	verrete	sarete	venuti
essi	verranno	saranno	venuti

Futuro perfecto
Futuro anteriore

POTENCIAL (Condizionale)

Simple
Presente

Compuesto
Passato

io	verrei	sarei	venuto
tu	verresti	saresti	venuto
egli	verrebbe	sarebbe	venuto
noi	verremmo	saremmo	venuti
voi	verreste	sareste	venuti
essi	verrebbero	sarebbero	venuti

SUBJUNTIVO (Congiuntivo)

Presente
Presente

che io	venga	sia	venuto
che tu	venga	sia	venuto
che egli	venga	sia	venuto
che noi	veniamo	siamo	venuti
che voi	veniate	siate	venuti
che essi	vengano	siano	venuti

Pretérito perfecto
Passato

Pretérito imperfecto
Imperfetto

che io	venissi	fossi	venuto
che tu	venissi	fossi	venuto
che egli	venisse	fosse	venuto
che noi	venissimo	fossimo	venuti
che voi	veniste	foste	venuti
che essi	venissero	fossero	venuti

Pret. pluscuamperf.
Trapassato

IMPERATIVO

vieni	tu
venga	egli
veniamo	noi
venite	voi
vengano	essi

FORMAS NO PERSONALES
(Modi indefiniti)

Infinitivo	Simple	Compuesto
Infinito	*Semplice*	*Composto*
	venire	essere venuto

Gerundio	Simple	Compuesto
Gerundio	*Semplice*	*Composto*
	venendo	essendo venuto

Participio	Pasado	Presente
Participio	*Passato*	*Presente*
	venuto	veniente

VINCERE

INDICATIVO (Indicativo)

Presente
Presente

io	vinco	ho	vinto
tu	vinci	hai	vinto
egli	vince	ha	vinto
noi	vinciamo	abbiamo	vinto
voi	vincete	avete	vinto
essi	vincono	hanno	vinto

Pretérito perfecto
Passato prossimo

Pretérito imperfecto
Imperfetto

io	vincevo	avevo	vinto
tu	vincevi	avevi	vinto
egli	vinceva	aveva	vinto
noi	vincevamo	avevamo	vinto
voi	vincevate	avevate	vinto
essi	vincevano	avevano	vinto

Pret. pluscuamperf.
Trapassato prossimo

Pretérito indefinido
Passato remoto

io	vinsi	ebbi	vinto
tu	vincesti	avesti	vinto
egli	vinse	ebbe	vinto
noi	vincemmo	avemmo	vinto
voi	vinceste	aveste	vinto
essi	vinsero	ebbero	vinto

Pretérito anterior
Trapassato remoto

Futuro imperfecto
Futuro semplice

io	vincerò	avrò	vinto
tu	vincerai	avrai	vinto
egli	vincerà	avrà	vinto
noi	vinceremo	avremo	vinto
voi	vincerete	avrete	vinto
essi	vinceranno	avranno	vinto

Futuro perfecto
Futuro anteriore

POTENCIAL (Condizionale)

Simple
Presente

io	vincerei	avrei	vinto
tu	vinceresti	avresti	vinto
egli	vincerebbe	avrebbe	vinto
noi	vinceremmo	avremmo	vinto
voi	vincereste	avreste	vinto
essi	vincerebbero	avrebbero	vinto

Compuesto
Passato

SUBJUNTIVO (Congiuntivo)

Presente
Presente

che io	vinca	abbia	vinto
che tu	vinca	abbia	vinto
che egli	vinca	abbia	vinto
che noi	vinciamo	abbiamo	vinto
che voi	vinciate	abbiate	vinto
che essi	vincano	abbiano	vinto

Pretérito perfecto
Passato

Pretérito imperfecto
Imperfetto

che io	vincessi	avessi	vinto
che tu	vincessi	avessi	vinto
che egli	vincesse	avesse	vinto
che noi	vincessimo	avessimo	vinto
che voi	vinceste	aveste	vinto
che essi	vincessero	avessero	vinto

Pret. pluscuamperf.
Trapassato

IMPERATIVO

vinci	tu
vinca	egli
vinciamo	noi
vincete	voi
vincano	essi

FORMAS NO PERSONALES
(Modi indefiniti)

Infinitivo Simple — Compuesto
Infinito Semplice — Composto

vincere — avere vinto

Gerundio Simple — Compuesto
Gerundio Semplice — Composto

vincendo — avendo vinto

Participio Pasado — Presente
Participio Passato — Presente

vinto — vincente

VIVERE 113

INDICATIVO (Indicativo) **SUBJUNTIVO** (Congiuntivo)

| **Presente** | **Pretérito perfecto** | **Presente** | **Pretérito perfecto** |
| *Presente* | *Passato prossimo* | *Presente* | *Passato* |

io	vivo	ho	vissuto	che io	viva	abbia	vissuto
tu	vivi	hai	vissuto	che tu	viva	abbia	vissuto
egli	vive	ha	vissuto	che egli	viva	abbia	vissuto
noi	viviamo	abbiamo	vissuto	che noi	viviamo	abbiamo	vissuto
voi	vivete	avete	vissuto	che voi	viviate	abbiate	vissuto
essi	vivono	hanno	vissuto	che essi	vivano	abbiano	vissuto

| **Pretérito imperfecto** | **Pret. pluscuamperf.** | **Pretérito imperfecto** | **Pret. plucuamperf.** |
| *Imperfetto* | *Trapassato prossimo* | *Imperfetto* | *Trapassato* |

io	vivevo	avevo	vissuto	che io	vivessi	avessi	vissuto
tu	vivevi	avevi	vissuto	che tu	vivessi	avessi	vissuto
egli	viveva	aveva	vissuto	che egli	vivesse	avesse	vissuto
noi	vivevamo	avevamo	vissuto	che noi	vivessimo	avessimo	vissuto
voi	vivevate	avevate	vissuto	che voi	viveste	aveste	vissuto
essi	vivevano	avevano	vissuto	che essi	vivessero	avessero	vissuto

| **Pretérito indefinido** | **Pretérito anterior** |
| *Passato remoto* | *Trapassato remoto* |

IMPERATIVO

io	vissi	ebbi	vissuto
tu	vivesti	avesti	vissuto
egli	visse	ebbe	vissuto
noi	vivemmo	avemmo	vissuto
voi	viveste	aveste	vissuto
essi	vissero	ebbero	vissuto

vivi	tu
viva	egli
viviamo	noi
vivete	voi
vivano	essi

| **Futuro imperfecto** | **Futuro perfecto** |
| *Futuro semplice* | *Futuro anteriore* |

FORMAS NO PERSONALES
(Modi indefiniti)

io	vivrò	avrò	vissuto
tu	vivrai	avrai	vissuto
egli	vivrà	avrà	vissuto
noi	vivremo	avremo	vissuto
voi	vivrete	avrete	vissuto
essi	vivranno	avranno	vissuto

Infinitivo	**Simple**	**Compuesto**
Infinito	*Semplice*	*Composto*
	vivere	avere vissuto

Gerundio	**Simple**	**Compuesto**
Gerundio	*Semplice*	*Composto*
	vivendo	avendo vissuto

POTENCIAL (Condizionale)

Participio	**Pasado**	**Presente**
Participio	*Passato*	*Presente*
	vissuto	vivente

| **Simple** | **Compuesto** |
| *Presente* | *Passato* |

io	vivrei	avrei	vissuto
tu	vivresti	avresti	vissuto
egli	vivrebbe	avrebbe	vissuto
noi	vivremmo	avremmo	vissuto
voi	vivreste	avreste	vissuto
essi	vivrebbero	avrebbero	vissuto

VOLERE

INDICATIVO (Indicativo)

Presente
Presente

io	voglio	ho	voluto
tu	vuoi	hai	voluto
egli	vuole	ha	voluto
noi	vogliamo	abbiamo	voluto
voi	volete	avete	voluto
essi	vogliono	hanno	voluto

Pretérito perfecto
Passato prossimo

Pretérito imperfecto
Imperfetto

io	volevo	avevo	voluto
tu	volevi	avevi	voluto
egli	voleva	aveva	voluto
noi	volevamo	avevamo	voluto
voi	volevate	avevate	voluto
essi	volevano	avevano	voluto

Pret. pluscuamperf.
Trapassato prossimo

Pretérito indefinido
Passato remoto

io	volli	ebbi	voluto
tu	volesti	avesti	voluto
egli	volle	ebbe	voluto
noi	volemmo	avemmo	voluto
voi	voleste	aveste	voluto
essi	vollero	ebbero	voluto

Pretérito anterior
Trapassato remoto

Futuro imperfecto
Futuro semplice

io	vorrò	avrò	voluto
tu	vorrai	avrai	voluto
egli	vorrà	avrà	voluto
noi	vorremo	avremo	voluto
voi	vorrete	avrete	voluto
essi	vorranno	avranno	voluto

Futuro perfecto
Futuro anteriore

POTENCIAL (Condizionale)

Simple
Presente

io	vorrei	avrei	voluto
tu	vorresti	avresti	voluto
egli	vorrebbe	avrebbe	voluto
noi	vorremmo	avremmo	voluto
voi	vorreste	avreste	voluto
essi	vorrebbero	avrebbero	voluto

Compuesto
Passato

SUBJUNTIVO (Congiuntivo)

Presente
Presente

che io	voglia	abbia	voluto
che tu	voglia	abbia	voluto
che egli	voglia	abbia	voluto
che noi	vogliamo	abbiamo	voluto
che voi	vogliate	abbiate	voluto
che essi	vogliano	abbiano	voluto

Pretérito perfecto
Passato

Pretérito imperfecto
Imperfetto

che io	volessi	avessi	voluto
che tu	volessi	avessi	voluto
che egli	volesse	avesse	voluto
che noi	volessimo	avessimo	voluto
che voi	voleste	aveste	voluto
che essi	volessero	avessero	voluto

Pret. pluscuamperf.
Trapassato

IMPERATIVO

vogli	tu
voglia	egli
vogliamo	noi
vogliate	voi
vogliano	essi

FORMAS NO PERSONALES
(Modi indefiniti)

Infinitivo Simple / Compuesto
Infinito Semplice / Composto

volere — avere voluto

Gerundio Simple / Compuesto
Gerundio Semplice / Composto

volendo — avendo voluto

Participio Pasado / Presente
Participio Passato / Presente

voluto — volente

VOLGERE

INDICATIVO (Indicativo)

Presente		**Pretérito perfecto**	
Presente		*Passato prossimo*	
io	volgo	ho	volto
tu	volgi	hai	volto
egli	volge	ha	volto
noi	volgiamo	abbiamo	volto
voi	volgete	avete	volto
essi	volgono	hanno	volto

Pretérito imperfecto		**Pret. pluscuamperf.**	
Imperfetto		*Trapassato prossimo*	
io	volgevo	avevo	volto
tu	volgevi	avevi	volto
egli	volgeva	aveva	volto
noi	volgevamo	avevamo	volto
voi	volgevate	avevate	volto
essi	volgevano	avevano	volto

Pretérito indefinido		**Pretérito anterior**	
Passato remoto		*Trapassato remoto*	
io	volsi	ebbi	volto
tu	volgesti	avesti	volto
egli	volse	ebbe	volto
noi	volgemmo	avemmo	volto
voi	volgeste	aveste	volto
essi	volsero	ebbero	volto

Futuro imperfecto		**Futuro perfecto**	
Futuro semplice		*Futuro anteriore*	
io	volgerò	avrò	volto
tu	volgerai	avrai	volto
egli	volgerà	avrà	volto
noi	volgeremo	avremo	volto
voi	volgerete	avrete	volto
essi	volgeranno	avranno	volto

POTENCIAL (Condizionale)

Simple		**Compuesto**	
Presente		*Passato*	
io	volgerei	avrei	volto
tu	volgeresti	avresti	volto
egli	volgerebbe	avrebbe	volto
noi	volgeremmo	avremmo	volto
voi	volgereste	avreste	volto
essi	volgerebbero	avrebbero	volto

SUBJUNTIVO (Congiuntivo)

Presente		**Pretérito perfecto**	
Presente		*Passato*	
che io	volga	abbia	volto
che tu	volga	abbia	volto
che egli	volga	abbia	volto
che noi	volgiamo	abbiamo	volto
che voi	volgiate	abbiate	volto
che essi	volgano	abbiano	volto

Pretérito imperfecto		**Pret. plucuamperf.**	
Imperfetto		*Trapassato*	
che io	volgessi	avessi	volto
che tu	volgessi	avessi	volto
che egli	volgesse	avesse	volto
che noi	volgessimo	avessimo	volto
che voi	volgeste	aveste	volto
che essi	volgessero	avessero	volto

IMPERATIVO

volgi	tu
volga	egli
volgiamo	noi
volgete	voi
volgano	essi

FORMAS NO PERSONALES
(Modi indefiniti)

Infinitivo	**Simple**	**Compuesto**
Infinito	*Semplice*	*Composto*
	volgere	avere volto

Gerundio	**Simple**	**Compuesto**
Gerundio	*Semplice*	*Composto*
	volgendo	avendo volto

Participio	**Pasado**	**Presente**
Participio	*Passato*	*Presente*
	volto	volgente

TERCERA PARTE

LISTA DE VERBOS ITALIANOS

Cada verbo va seguido del número del cuadro de conjugación que le sirve de modelo. Cuando haya dos números, el primero hace referencia al modelo de conjugación y el segundo a alguna peculiaridad que hay que tener en cuenta: por ejemplo *impadronirsi* lleva el 45 y el 52: quiere decir que se conjuga según el modelo del cuadro 45 (=*finire*), pero, por ser reflexivo, hay que tener en cuenta la conjugación de los verbos reflexivos ejemplarizada en el cuadro 52 (=*lavarsi*); *educare* que lleva 15,1 se conjuga como el modelo del cuadro 15 (=*cercare*) y cambia el acento en determinadas personas como el modelo del cuadro 1 (=*abitare*).

Muchos verbos van seguidos de las letras A (=*Avere*), E (=*Essere*) A/E (=*Avere y Essere*) que indican el auxiliar que corresponde a ese verbo. No llevan ninguna letra aquellos que no ofrecen dificultad en el uso del auxiliar, como son todos los verbos transitivos. La D significa que el verbo es defectivo. La F que el verbo es irregular en el futuro.

A			abbuiare	98	anochecer, oscurecer
abbacinare	1,A.	cegar	abdicare	15,1	abdicar
abbagliare	98.	deslumbrar	aberrare	5, A	extraviar, aberrar
abbaiare	98, A	ladrar			
abbandonare	5	abandonar	abilitare	1	habilitar
abbassare	5	bajar	**abitare**	1, A	habitar
abbattere	101	abatir, derribar	abituare	1	habituar
			abiurare	5	abjurar
abbellire	45	embellecer, adornar	abnegare	54	abnegar
			abolire	45	abolir
abbeverare	5	abrevar	abominare	1	abominar
abbigliare	98	vestir, engalanar	aborrire	45,91	aborrecer
			abortire	45,E/A	abortar
abbinare	5	acoplar	abrogare	54,1	abrogar
abbindolare	5	engañar, enredar	abusare	5, A	abusar
			accadere	14,E	acontecer, acaecer
abboccare	15, A	picar el anzuelo, caer en la trampa	accalappiare	98	lazar, coger con lazo
			accalcare	15	amontonar, hacinar
abbonacciare	19	abonanzar			
abbonare	5	abonar, rebajar	accaldarsi	52,E	acalorarse
			accalorare	5	acalorar
abbondare	5, A	abundar	accampare	5	acampar
abbonire	45	calmar	accanirsi	45,E	encarnizarse
abbordare	5, A	abordar	accantonare	5	acantonar
abborracciare	19	hacer una chapuza	accaparrare	5	acaparar
			accapigliarsi	98,52,E	andar a la greña, enzarzarse
abbottonare	5	abrochar, abotonar			
abbozzare	5, A	esbozar, bosquejar	accapponare	5	capar
			accarezzare	5	acariciar
abbracciare	19	abrazar	accasare	5	casar
abbrancare	15	agarrar, asir	accasciare	19	postrar, debilitar
abbreviare	98, A	abreviar			
abbronzare	5,A/E	broncear	accasermare	5	acuartelar
abbrunare	5	enlutar, pardear	accatastare	5	apilar, amontonar
abbrunire	45,E	pardear, obscurecer	accattare	5	pordiosear,
			accavallare	5	superponer, cruzar
abbrustolire	45	tostar			
abbrutire	45,A/E	embrutecer	accecare	15, A	cegar, obturar

219

Italiano	Ref.	Español
accedere	101,E/A	entrar, consentir
accelerare	1, A	acelerar
accendere	71	encender, inflamar
accennare	5, A	señalar, indicar
accentare	5	acentuar
accentrare	5	concentrar
accentuare	1	acentuar
accerchiare	98	cercar, rodear
accertare	5	acertar, establecer
accettare	5	aceptar
acchiappare	5	atrapar
acciabattare	5, A	hacer una chapuza
acciaccare	15	aplastar, chafar, abollar
acciambellare	5,A/E	enroscar
accigliarsi	98,52 ,E	fruncir las cejas
accingersi	44,E	aprestarse, prepararse
acciuffare	5	agarrar, atrapar
acclamare	5, A	aclamar
acclimatare	1	aclimatar
accludere	17	incluir
accoccolarsi	1,52,E	acuclillarse, acurrucarse
accogliere	85	acoger, aceptar
accoltellare	5	acuchillar
accollare	5, A/E	ajustar el cuello, endosar
accomiatare	5	saludar, despedir, licenciar
accomodare	1,A	acomodar, ajustar
accompagnare	5	acompañar
accomunare	5	poner en común, unir
acconciare	19	acomodar, arreglar
acconsentire	91, A	consentir, conceder
accontentare	5	contentar
accoppare	5	desnucar, cargarse
accoppiare	98	acoplar, juntar
accorciare	19	acortar, abreviar
accordare	5	acordar, templar
accorgersi	2,E	advertir, repararse
accovacciarsi	19,52,E	agazaparse
accozzare	5	amontonar, hacinar
accrescere	25	acrecer, aumentar
accucciarsi	19,52,E	tumbarse, acurrucarse
accudire	45, A	atender, cuidar
accumulare	5	acumular, amontonarse
accusare	5	acusar
acidificare	15,1	acidificar
acquartierare	5	acuartelar
acquattarsi	52,E	esconder, agazaparse
acquietare	5	aquietar, tranquilizar
acquisire	45	adquirir
acquistare	5, A	comprar, adquirir
acuire	45	aguzar la vista, el oido
acuminare	1	aguzar, afilar
acutizzarsi	52,E	agudizarse
adagiare	56	acostar, recostar

adattare	5	adaptar
addebitare	1	adeudar, imputar, acusar
addensare	5	condensar
addentare	5	morder, hincar el diente
addentrarsi	37, 52, E	introducir, adentrarse
addestrare	5	adiestrar
additare	5	indicar, señalar con el dedo
addizionare	5	adicionar, sumar
addobbare	5	adornar, decorar
addolcire	45	endulzar, templar
addolorare	5	causar dolor, afligir
addomesticare	15,1	domesticar, domar
addormentare	5	adormecer
addossare	5	poner encima, adosar
addottrinare	5	doctrinar, adoctrinar
addrizzare	5	enderezar
addurre	22	aducir, alegar
adeguare	5	adecuar
adempi(e)re	20, A	cumplir
aderire	45, A	adherir, convenir
adescare	15, A	engañar, seducir, poner trampas
adibire	45	destinar, emplear
adirarsi	5,52,E	enfadarse, enojarse
adire	45,A	dirigirse, recurrir
adocchiare	98	ojear, mirar
adombrare	5	sombrear, esconder
adontarsi	52,E	enfadarse, ofenderse
adoperare	1	emplear, usar
adorare	5	adorar, amarse
adornare	5	adornar
adottare	5	adoptar, reconocer, aceptar
adulare	5	jactarse, adular
adulterare	1	adulterar
adunare	5	reunir, aunar
aerare	1	airear, ventilar
affaccendarsi	52,E	atarearse, afanarse
affacciare	19	asomar
affamare	5	hacer pasar hambre
affannare	5	afanar
affardellare	5	enfardar, enfardelar
affascinare	1	fascinar
affastellare	5	hacinar, amontonar
affaticare	15	fatigar, cansar
affermare	5	afirmar
afferrare	5	aferrar, comprender
affettare	5	aparentar, cortar rebanadas, lonchas
affezionare	5	aficionar
affiancare	15	flanquear
affiatare	5	poner de acuerdo
affidare	5	fiar, encomendar
affievolire	45,A/E	debilitar
affiggere	3	pegar
affilare	5	afilar, enfilar
affiliare	98	afiliar

affinare	5	afinar, purificar	
affiorare	5,A/E	aflorar	
affittare	5	arrendar, alquilar	
affliggere	4	afligir	
afflosciare	19	aflojar	
affluire	45,E	afluir	
affogare	54,A/E	ahogar	
affollare	5	abarrotar, importunar	
affondare	5,A/E	ahondar, hundir	
affossare	5	zanjar, cavar	
affrancare	15	libertar, franquear	
affratellare	5	fraternizar, hermanar	
affrescare	15	pintar al fresco	
affrettare	5	acelerar	
affrontare	5	afrontar, enfrentarse	
affumicare	15,1	ahumar	
agevolare	1	facilitar, simplificar	
agganciare	19	enganchar	
aggettivare	5	adjetivar	
agghiacciare	19	helar, causar miedo	
aggiogare	54	uncir	
aggiornare	5	aplazar, actualizar, poner al día	
aggirare	5	rodear, enredar	
aggiudicare	15,1	adjudicar	
aggiungere	48	añadir, juntar	
aggiuntare	5	juntar	
aggiustare	5	arreglar, componer, reparar	
agglomerare	1	aglomerar	
agglutinare	1	aglutinar	
aggomitolare	1	ovillar	
aggottare	5	agotar, achicar el agua	
aggrappare	5	enganchar, agarrar	
aggravare	5	agravar	
aggredire	45	agredir, ofender	
aggregare	54	agregar	
aggrinzire	45	arrugar	
aggrottare	5	fruncir	
aggrovigliare	98	embrollar, enredar	
aggrumare	5,E	agrumar	
aggruppare	5	agrupar	
agguantare	5	agarrar, asir, empuñar	
agguerrire	45	aguerrir	
agire	45	actuar, obrar	
agitare	1	agitar, conmover	
agognare	5	anhelar, codiciar	
agonizzare	5	agonizar	
aguzzare	5	aguzar, afilar, estimular	
aiutare	5	ayudar, contribuir	
aizzare	5	instigar, azuzar	
albeggiare	56,E	alborear	
alberare	1	plantar árboles	
albergare	54	albergar	
alcolizzare	5	alcoholizar	
alfabetizzare	5	alfabetizar	
alienare	5	enajenar	
alimentare	5	alimentar, nutrir	
alitare	1, A	respirar, soplar la brisa	
almanaccare	15, A	fantasear	
altalenare	5, A	columpiarse	

alterare	1	alterar, causar enfado
altercare	15, A	altercar
alternare	5	alternar
alzare	5	alzar, crecer
allacciare	19	enlazar, unir
allagare	54	inundar, anegar
allargare	54	ensanchar, agrandar
allarmare	5	alarmar, asustar
allattare	5, A	amamantar
allearsi	52,E	aliarsi
allegare	54	adjuntar, alegar
alleggerire	45	aligerar, aliviar
allegrare	5	alegrar
allenare	5	entrenar, adiestrar
allentare	5	aflojar, relajar
allertare	5	alertar
allestire	45	preparar, equipar
allettare	5	lisonjear, embaucar
allevare	5	criar, educar
alleviare	51	aliviar, mitigar
allibire	45,E	amedrantarse, turbarse
allibrare	5	registrar, empadronar
allietare	5	alegrar
allignare	5,A/E	arraigar, establecerse
allineare	1	alinear
alloggiare	5,A/E	alojar, habitar, demorar
allontanare	5	alejar
allucinare	1	alucinar, ofuscar
alludere	17, A	aludir
allunare	5	alunar
allungare	54, A	alargar, diluir
amalgamare	1	amalgamar
amare	5	amar, querer
amareggiare	56	amargar, afligir
ambientare	5	acostumbrar
ambire	45, A	ambicionar
ammaccare	15	magullar
ammaestrare	5	amaestrar
ammainare	1	amainar, arriar
ammalarsi	52,E	enfermar
ammaliare	98	hechizar
ammanettare	5	esposar (con esposas)
ammanicarsi	52,1,E	estar enchufado
ammanierare	5	amanerar
ammanigliarsi	52,E	estar enchufado
ammannire	45	aparejar
ammansire	45	amansar
ammantare	5	esconder, encubrir
ammarare	5, A	amarar
ammassare	5	amasar, amontonar
ammatassare	5	devanar
ammattire	45,E	enloquecer
ammazzare	5	matar
ammettere	57	admitir, consentir
ammezzare	5	hacer a medias, partir
ammiccare	15, A	guiñar
amministrare	5	administrar
ammirare	5	admirar
ammobiliare	98	amueblar
ammodernare	5	modernizar
ammogliare	98	casar
ammonire	45	amonestar
ammontare	5,A/E	amontonar, montar, subir

ammorbare	5	infectar, contagiar	
ammorbidire	45	ablandar	
ammortizzare	5	amortizar	
ammosciare	19	languidecer	
ammucchiare	98	amontonar	
ammuffire	45,E	enmohecer	
ammutinare	1,5	amotinar	
ammutolire	45,E	enmudecer	
amnistiare	51	amnistiar	
amoreggiare	56, A	enamorar	
ampliare	98	ampliar, extenderse	
amplificare	15, 1	amplificar, magnificar	
amputare	1	amputar	
analizzare	5	analizar	
ancorare	1	anclar	
ancheggiare	56, A	contonearse	
anchilosarsi	1,E	anquilosarse	
andare	6,E	ir, marchar	
anelare	5, A	anhelar	
anestetizzare	5	anestesiar	
angariare	98	vejar	
angosciare	19	acongojar	
angustiare	98	angustiar	
animare	1	animar	
annacquare	5	aguar, templar	
annaffiare	98	regar	
annaspare	5, A	gesticular	
annebbiare	98	nublar, ofuscar	
annegare	54,A/E	ahogar, anegar	
annerire	45,E	ennegrecer	
annettere	78	anexionar,	
annichilire	45	aniquilar	
annidare	5	anidar	
annientare	5	aniquilar	
annodare	5	anudar	
annoiare	98	aburrir	
annotare	5,E	anotar, acotar	
annottare	5	anochecer	
annoverare	1	computar	
annuire	45, A	consentir	
annullare	5	anular	
annunciare	19	anunciar	
annusare	5	husmear	
ansare	5, A	jadear	
ansimare	1, A	jadear, resollar	
antecedere	101	anteceder	
anteporre	69	anteponer	
anticipare	1	anticipar	
apocopare	1	apocopar	
apologizzare	5, A	apologizar	
apostrofare	1	apostrofar	
appagare	54	satisfacer	
appaiare	98	parear	
appaltare	5	arrendar, subastar	
appallottolare	1	agrumar	
appannare	5	empañar, ofuscar	
apparecchiare	98	preparar	
apparire	7,E	aparecer, parecer	
appartare	5	apartar	
appartenere	103, A/E	pertenecer	
appassionare	5	apasionar	
appassire	45,A/E	marchitar	
appellare	5	llamar, interponer apelación	
appendere	86	colgar	
appesantire	45,A/E	recargar	
appestare	5,A/E	apestar, heder	
appetire	45,A/E	apetecer	
appianare	5	allanar, aplanar	
appiattire	45	aplastar	
appiccare	15	colgar, enganchar, prender fuego	
appiccicare	15,1	pegar, encolar	
appigionare	5	alquilar, arrendar	

appigliarsi	98,52,E	agarrarse, aferrarse	arenare	5,E	arenar
appioppare	5	endosar, endilgar	arginare	1	encauzar
			argomentare	5, A	argumentar
appisolarsi	52,1,E	adormilarse	arguire	45	argüir
applaudire	91,45,A	aplaudir	arieggiare	56, A	airear, parecerse
applicare	15,1	aplicar			
appoggiare	56,A/E	apoyar	armare	5	armar
apporre	69	poner	armeggiare	56,A	agitarse, trajinar
apportare	5	aportar			
appostare	5	apostar, acechar	armonizzare	5, A	armonizar
			arrabattarsi	52,E	afanarse
apprendere	71	aprender, enterarse	arrabbiare	98,E	rabiar, enojarse, enfadarse
			arraffare	5	aferrar
apprestare	5	aprestar	arrampicarsi	15,1,E	trepar
apprezzare	5	apreciar	arrangiare	56	arreglar, apañar
approdare	5,A/E	arribar, atracar			
approfittare	5,A	aprovechar	arrecare	15	causar, ocasionar
approfondire	45	ahondar, profundizar			
			arredare	5	amueblar, adornar
approntare	5	aprontar			
appropriarsi	98,52	apropiarse	arrembare	5, A	abordar
approssimare	1	aproximar, acercar	arrendersi	71,52,E	rendirse
			arrestare	5	parar, detener
approvare	5	aprobar	arretrare	5,A/E	retrasar, retroceder
approvvigionare	5	aprovisionar, abastecer			
			arricchire	45,A/E	enriquecer
appuntare	5	apuntar, censurar	arricciare	19	rizar
			arridere	77, A	sonreir
appuntellare	5	apuntalar	arringare	54	arengar
appuntire	45	sacar puntar	arrischiare	98	arriesgar
appurare	5	apurar	arrivare	5,E	llegar, alcanzar
aprire	8	abrir			
arabescare	15	adornar con arabescos	arroccare	15	enrocar (ajedrez)
arare	5	arar, labrar	arrochire	45,A/E	enronquecer
arbitrare	1,A	arbitrar	arrogare	54	arrogar
arcuare	1	arquear	arrogere	D	añadir
architettare	5	proyectar, planear	arrossire	45,E	enrojecer
			arrostire	45,A/E	asar
archiviare	98	archivar	arrotare	5	afilar, amolar
ardere	9,A/E	arder	arrotolare	1	arrollar, enrollar
ardire	45,A	osar			

225

arrotondare	5	redondear
arrovellare	5,E	enfadar
arroventare	5	encandecer
arruffare	5	enmarañar, enredar
arrugginire	45,E	oxidar, enmohecer
arruolare	5	alistar
artefare	43	falsear
articolare	1	articular
ascendere	86,A/E	subir, ascender
asciugare	54,A/E	secar
ascoltare	5	escuchar
asfaltare	5	asfaltar
asfissiare	98,A/E	asfixiar
aspergere	49	rociar, asperjar
aspettare	5	esperar
aspirare	5, A	aspirar
asportare	5	transportar, extirpar
assaggiare	56	probar, catar
assalire	83	asaltar, agredir
assaltare	5	asaltar
assaporare	5	saborear
assassinare	5	asesinar
assecondare	5	secundar
assediare	98	sitiar, asediar
assegnare	5	asignar
assentarsi	52,E	ausentarse
assentire	91, A	asentir
asserire	45	afirmar
asservire	45	someter
assestare	5	ordenar, asestar
assetare	5	hacer sufrir sed
assicurare	5	asegurar
assiderare	1,A/E	helar, aterirse
assieparsi	52,E	agolparse
assillare	5, A	apremiar, fastidiar
assimilare	1	asimilar
assistere	10	asistir, concurrir
associare	19	asociar
assodare	5,A/E	endurecer, averiguar
assoggettare	5	sujetar
assoldare	5	alistar, reclutar
assolvere	32	absolver
assomigliare	98,A/E	asemejar
assonnare	5,E	adormecer
assopire	45	amodorrar
assorbire	91,45	absorber
assordare	5	ensordecer
assortire	45	surtir, abastecer
assottigliare	98	adelgazar, afinar, mermar
assuefare	43	acostumbrar, habituar
assumere	11	asumir
astenersi	103,52,E	abstenerse
astrarre	106,A	abstraer
astringere	44	astringir
atomizzare	5	atomizar
atrofizzare	5	atrofiar
attaccare	15, A	pegar, colgar
attardarsi	52,E	demorarse, entretenerse
attecchire	45, A	arraigar
atteggiare	56	tomar postura, actitud
attendere	71,A	atender, esperar
attentare	5,A	atentar, arriesgarse
attenuare	1	atenuar
atterrare	5, A/E	aterrar, aterrizar
atterrire	45	aterrorizar
attestare	5	atestar, atestiguar

attingere	44,A	sacar, alcanzar
attirare	5	atraer
attivare	5	activar
attizzare	5	atizar
attorcigliare	98	torcer, enroscar
attorniare	98	rodear, cercar
attrarre	106	atraer
attraversare	5	atravesar
attrezzare	5	aparejar, equipar
attribuire	45	atribuir
attualizzare	5	actualizar
attuare	1	actuar
attutire	45	atenuar, amortiguar
augurare	1,A	augurar, agorar
aumentare	5	aumentar
auspicare	15,1	desear, augurar
autenticare	15,1	autenticar, legalizar
autorizzare	5	autorizar
avallare	5	avalar
avanzare	5,A/E	adelantar
avariare	98	estropear
avere	12	haber, tener, poseer
avvalersi	109,52,E	valerse
avvalorare	5	avalorar
avvampare	5,E	inflamar, arder
avvantaggiare	56	favorecer, aventajar
avvedersi	110,52,E	apercibirse
avvelenare	5	envenenar
avvenire	111,E	suceder, ocurrir
avventarsi	52,E	lanzarse, arrojarse
avventurare	5	aventurar
avversare	5	contrastar
avvertire	91	advertir
avviare	51	encaminar, arrancar
avvicendare	5	alternar, cambiarse
avvicinare	5	acercar, aproximar
avvilire	45	envilecer
avviluppare	5	envolver
avvincere	112	atar, cautivar
avvinghiare	98	aferrar
avvisare	5,A	avisar, creer, juzgar
avvistare	5	avistar
avvitare	5	atornillar
avvivare	5	avivar
avvizzire	45,E	marchitar
avvolgere	115	envolver
azionare	5	accionar
azzannare	5	aferrar con los colmillos
azzardare	5	arriesgar, aventurar
azzeccare	15	acertar, adivinar
azzerare	5	poner a cero
azzoppare	5,A/E	dejar cojo
azzuffarsi	52,E	pelear

B

bacare	15,E	agusanarse
baciare	19	besar
badare	5,A	cuidar, fijarse
bagnare	5	bañar, mojar
balbettare	5,A	balbucear, tartamudear
balenare	5,E	relampaguear
baluginare	1,E	vislumbrar
balzare	5,A/E	saltar, brincar
ballare	5,A	bailar, danzar
bambineggiare	56,A	niñear
bamboleggiare	56,A	tontear

banalizzare	5	banalizar, trivializar	biascicare	15,1	mascullar
banchettare	5,A	banquetear	biasimare	1	censurar, reprobar
bandire	45	pregonar, convocar, desterrar	bidonare	5	camelar, engañar
barare	5,A	hacer trampas	biforcarsi	15,52,E	bifurcarse
barattare	5	trocar	bighellonare	5,A	holgazanear
barcamenarsi	52,E	contemporizarse, arreglárselas	bilanciare	19,A	balancear, ponderar
barcollare	5,A	bambolear, tambalear	birbanteggiare	56,A	bribonear
			bisbigliare	98,A	bisbisear, cuchichear
barricare	15,1,A	atrincherar, atrancar	bisbocciare	19,A	juerguear, ir de parranda
barrire	45,A	barritar, bramar, berrear	biscottare	5	bizcochar
basare	5	basar	bisognare	5,E,D	necesitar, hacer falta
bastare	5,E	bastar	bissare	5	bisar
bastonare	5	apalear	bisticciare	19,A	disputar, reñir
battagliare	98,A	batallar	bistrattare	5	maltratar
battere	101,A	golpear, batir	bivaccare	15,A	vivaquear
battezzare	5	bautizar, acristianar	blandire	45	ablandar
			blasonare	5	blasonar
battibeccare	15	discutir, disputar	blaterare	1,A	chismorrear, charlotear
bazzicare	15,1,A	frecuentar	blindare	5	blindar
beatificare	15,1	beatificar	bloccare	15,A	bloquear
beccare	15	picotear, fig, pillar, coger	bluffare	5,A	farolear, echarse un farol
beffare	5	burlar			
beffeggiare	56	mofarse	bocciare	19,A	suspender, rechazar
belare	5,A	balar			
bendare	5	vendar	bofonchiare	98	refunfuñar
benedire	29	bendecir	boicottare	5	boicotear
beneficare	15,1	ayudar, socorrer	bollare	5	sellar, timbrar
			bollire	91,A	hervir, bullir
beneficiare	19,A	beneficiar	bombardare	5	bombardear
bere	13	beber	bonificare	15,1	sanear
bersagliare	98	apuntar (a un blanco) acosar	borbottare	5,A	refunfuñar, musitar
			bordare	5	orillar, orlar
bestemmiare	98	blasfemar	bordeggiare	56,A	bordear
biancheggiare	56,A	blanquear	boriarsi	52,E	jactarse

borseggiare	56	robar carteras, ratear, birlar
braccare	15	rastrear
bramare	5	anhelar
bramire	45,A	bramar
brancolare	1,A	andar a tientas
brandire	45,A	blandir, esgrimir
brevettare	5	patentar
brigare	54,A	bregar, intrigar
brillare	5,A	brillar
brindare	5	brindar
brontolare	1,A	refunfuñar
brucare	15	deshojar, carcomer
bruciare	19,A/E	quemar, escocer, arder
brulicare	15,1,A	hormiguear
brunire	45	bruñir
bucare	15,A	agujerear
bucherellare	5	agujerear, horadar
buggerare	1	engatusar
burlare	5	burlar
buscare	15	procurar, conseguir
bussare	5,A	llamar (a la puerta)
buttare	5	echar, lanzar, tirar, arrojar
butterare	1	picar de viruela

C

cacare	15	cagar
cacciare	19,A	cazar, expulsar
cadere	14,E	caer, incurrir
cagionare	5	ocasionar, causar
calare	5	bajar, calar, amainar
calcare	15	calcar, pisar
calciare	19,A	cocear, chutar
calcificare	15,1	calcificar
calcolare	1	calcular
caldeggiare	56	encarecer, recomendar
calmare	5	calmar
calpestare	5	pisotear
calunniare	98	calumniar
calzare	5,A	calzar
cambiare	98	cambiar, mudar
camminare	5,A	caminar, andar
campare	5,A/E	vivir, ganarse la vida
campeggiare	56,A	campear, resaltar
campionare	5	muestrear
camuffare	5	camuflar, disfrazar
canalizzare	5	canalizar
cancellare	5	borrar, cancelar
candeggiare	56	blanquear
candidarsi	52,1,E	presentarse como candidato
canonizzare	5	canonizar
cantare	5,A	cantar
canzonare	5,A	mofar, reirse de
capacitare	1	capacitar, persuadir
capeggiare	56	capitanear, liderar
capire	45	comprender, entender
capitalizzare	5	capitalizar
capitanare	5	capitanear
capitare	1,E	suceder, llegar

capitolare	1,A	capitular
capotare	5,A	volcar
capovolgere	115	volcar, dar la vuelta
captare	5	captar
caratterizzare	5	caracterizar
carbonizzare	5	carbonizar
carcerare	1	encarcelar
carezzare	5	acariciar
caricare	15,1	cargar
carpire	45	arrebatar
cascare	15,E	caer
castigare	54	castigar
castrare	5	castrar, capar
catalogare	54,1	catalogar
catechizzare	5	catequizar
catturare	5	capturar, prender
causare	5	causar
cavalcare	15,A	cabalgar
cavare	5,A	sacar, extraer
cavillare	5,A	cavilar
cedere	101,A	ceder
celare	5	celar, ocultar
celebrare	1	celebrar
cementare	5	cementar, unir
cenare	5,A	cenar
censire	45	censar, empadronar
censurare	5	censurar
centralizzare	5	centralizar
centrare	5,A	centrar
cercare	15	buscar, intentar
cerchiare	98	cercar, rodear
cernere	10	cerner
certificare	15,1	certificar, atestiguar
cessare	5,A/E	cesar
cestinare	5	echar a la papelera
ciarlare	5,A	charlar
cibare	5	alimentar
cicatrizzare	5,A/E	cicatrizar
cifrare	5	cifrar
cigolare	1,A	chirriar
cimentare	5	arriesgar, probar
cingere	44	cercar, ceñir
cinguettare	5,A	gorjear, piar
ciondolare	1,A	balancear, ondear
circolare	1,A/E	circular
circondare	5	circundar
circoscrivere	88	circunscribir
circostanziare	98	circunstanciar, detallar
citare	5	citar, requerir
citofonare	1,A	hablar por el interfono
civettare	5,A	coquetear
civilizzare	5	civilizar
classificare	15,1	clasificar
claudicare	15,1,A	claudicar
coabitare	1,A	cohabitar
coadiuvare	1	coadyuvar
coagulare	1	coagular
coccolare	1	minar
codificare	15,1	codificar
cogliere	85	coger, recoger, sorprender
coincidere	77,A	coincidir
coinvolgere	115	implicar, involucrar
colare	5	escurrir, colar
colpire	45	golpear, impresionar
coltivare	5	cultivar
collaborare	1	colaborar
collegare	54	enlazar, juntar
collezionare	5	coleccionar
collocare	15,1	colocar
comandare	5,A	mandar
combaciare	19,A	acoplar, encajar

Italian	Ref	Spanish
combattere	101,A	combatir
combinare	5,A	combinar
cominciare	19	comenzar, empezar
commemorare	1	conmemorar
commentare	5	comentar
commercializzare	5	comercializar
commerciare	19,A	comerciar
commettere	57,A	cometer, perpetrar
commiserare	1	compadecer
commissionare	5	comisionar
commuovere	59	conmover
commutare	5	conmutar
comparare	5	comparar
comparire	7,E	aparecer, comparecer
compartire	45,63	compartir
compatire	45,A	compadecer
compendiare	98	compendiar
compenetrare	1	compenetrar
compensare	5	compensar
competere	101,D	competir
compiacere	66,A	complacer
compiangere	67	compadecer
compiere	20	cumplir, concluir
compilare	5	compilar
completare	5	completar
complicare	15,1	complicar
comporre	69	componer
comportare	5	comportar
comprare	5	comprar
comprendere	71	comprender
comprimere	41	comprimir
compromettere	57	comprometer
computerizzare	5	computarizar
comunicare	15,1,A	comunicar, comulgar
concedere	21	conceder
concentrare	5	concentrar
concepire	45	concebir
conciliare	98	conciliar
concludere	17,A	concluir
concordare	5,A	concordar
concretare	5	concretar
conculcare	15	conculcar, oprimir
condannare	5	condenar, reprobar
condensare	5	condensar
condire	45	condimentar
condividere	77	compartir, participar
condizionare	5	condicionar
condurre	22	conducir
confarsi	43,52,E	convenir, adecuarse
conferire	45,A	conceder
confermare	5	confirmar
confessare	5	confesar
confezionare	5	confeccionar
confidare	5,A	confiar
confinare	5,A	confinar, recluirse
confiscare	15	confiscar, privar
confluire	45,A/E	confluir
confondere	46	confundir, humillar
confortare	5	confortar
confrontare	5	confrontar
confutare	1	confutar
congedare	5	despedir, licenciar
congelare	5	congelar
congratularsi	52,1,E	congratularse
coniare	98	acuñar, inventar
coniugare	54,1	conjugar
connettere	78	conectar, unir
conoscere	23	conocer
conquistare	5	conquistar
consacrare	5	consagrar
consegnare	5	entregar, consignar

conseguire	91,A	conseguir	cooperare	1,A	cooperar
consentire	91,A	consentir	coordinare	1	coordinar
conservare	5	conservar	copiare	98	copiar
considerare	1	considerar	coprire	8	cubrir, esconder
consigliare	98	aconsejar			
consistere	10,E	consistir	copulare	1	copular, juntar
consolare	5	consolar	coricare	15,1	acostar
consolidare	1	consolidar, reforzar	coronare	5	coronar
			corredare	5	amueblar, dotar
constare	5,E	constar			
constatare	5	comprobar, constatar	correggere	55	corregir, enmendarse
consultare	5,A	consultar	correlare	5	poner en correlación
consumare	5	gastar			
contagiare	56	contagiar	**correre**	24A/E	correr
contaminare	1	contaminar	corrispondere	80,A	corresponder
contare	5,A	ontar	corroborare	1	corroborar
contemplare	5	contemplar	corrodere	81	corroer
contendere	71,A	contender, pelearse	corrompere	82	corromper, pervertir
contenere	103	contener, reprimir	corrucciarsi	19,52,E	enojarse
			corrugare	54	arrugar, fruncir
contentare	5	contentar			
contestare	5,A	contrastar, impugnar	corteggiare	56	cortejar, galantear
continuare	1,A	continuar	cospargere	94	esparcir
contorcere	105	retorcer	cospirare	5,A	conspirar, contribuir
contraddire	29,A	contradecir			
contrariare	98,A	contrariar	costare	5,E	costar
contrarre	106	contraer	costatare	5,1	comprobar, constatar
contrastare	5,A	contrastar			
contrattare	5	contratar	costernare	5	consternar
contravvenire	111,A	contravenir	costituire	45	constituir
contribuire	45,A	contribuir	costringere	97	obligar, forzar
controllare	5	controlar	costruire	45	construir, ordenar (palabras)
convalidare	1	convalidar			
convenire	111,A/E	convenir			
convenzionare	5	concertar	covare	5,A	empollar, albergar
convergere	49,D	converger			
conversare	5	conversar	cozzare	5,A	topar, chocar
convertire	91	convertir	creare	5	crear
convincere	112	convencer	credere	101	creer
convocare	15,1	convocar	cremare	5	incinerar

crepare	5,E	reventar, romperse
crepitare	1,A	crepitar
crescere	25,E	crecer
cresimare	1	confirmar
cristallizzare	5	cristalizar
criticare	15,1	criticar
crogiolare	1	rehogar, regodearse
crollare	5,A/E	derrumbarse
crucciare	19	atormentar
cucinare	5	cocinar, guisar
cucire	26	coser
culminare	1	culminar
cullare	5	acunar
cumulare	1	cumular
cuocere	27	cocer
curare	5	curar, sanar
curiosare	5,A	curiosear
curvare	5,A	encorvar
custodire	45	custodiar
chetare	5	aquietar
chiacchierare	1,A	charlar
chiamare	5	llamar
chiarire	45	aclarar
chiazzare	5	manchar
chiedere	16	pedir, preguntar
chinare	5	inclinar
chiosare	5	glosar
chiudere	17	cerrar

D

dannare	5	condenar, desesperar
danneggiare	56	dañar
danzare	5,A	danzar
dare	28	dar
datare	5,A	datar, fechar
dattilografare	1	mecanografiar
deambulare	1,A	deambular
debellare	5	debelar
debilitare	1	debilitar
debuttare	5,A	debutar
decadere	14,E	decaer
decantare	5	decantar
decapitare	1	decapitar
decedere	101,E	fallecer
decidere	77,A	decidir
decifrare	5	descifrar
decimare	1	diezmar
declinare	5,A	declinar
decollare	5,A/E	despegar, degollar
decorare	5	decorar
decorrere	24,E	transcurrir
decrescere	25,E	decrecer
decretare	5	decretar
dedicare	15,1	dedicar
dedurre	22	deducir, inferir
defecare	15,A	defecar
definire	45	definir
defluire	45,E	fluir
deformare	5	deformar
defraudare	5	defraudar
degenerare	1,A/E	degenerar
deglutire	45	deglutir
degnarsi	52,E	dignarse
degradare	5	degradar
degustare	5	degustar
delatare	5	delatar
delegare	54,1	delegar
deliberare	1,A	deliberar
delimitare	1	delimitar
delineare	1	delinear
delinquere	D	delinquir
delirare	5,A	delirar
deliziare	98	deleitar
deludere	17	decepcionar
demandare	5	confiar
demolire	45	demoler
demoralizzare	5	desmoralizar
demordere	9	desistir
demotivare	5	desmotivar

denaturare	5	desnaturalizar	dettare	5	dictar
denigrare	5	denigrar	deturpare	5	estropear
denominare	1	denominar	devastare	5	devastar
denotare	5	denotar	deviare	51,A	desviar
denudare	5	desnudar	devitalizzare	5	desvitalizar
denunciare	19	denunciar	devolvere	101	transferir
deodorare	5	desodorizar	diagnosticare	15,1	diagnosticar
depennare	5	tachar	dialogare	54,1,A	dialogar
deperire	45,E	deteriorarse	dibattere	101	debatir
depilare	5	depilar	dichiarare	5	declarar
depistare	5	despistar	difendere	71	defender
deplorare	5	deplorar	diffamare	5	difamar
deporre	69,A	deponer	differenziare	98	diferenciar
deportare	5	deportar	differire	45	diferir
depositare	1	depositar	diffidare	5,A	desconfiar
depredare	5	depredar	diffondere	46	difundir
deprezzare	5	depreciar	digerire	45	digerir
deprimere	41	deprimir	digiunare	5,A	ayunar
depurare	5	depurar	digradare	5,A/E	degradar
deputare	1	diputar	digrignare	5	rechinar
deragliare	98,A	descarrilar	dilagare	54,E	expandirse
deridere	77,A	escarnecer	dilaniare	98	despedazar
derivare	5,E	derivar	dileguare	5	desvanecer
derogare	54,1,A	derogar	dilettare	5	deleitar
derubare	5	robar	diluire	45	diluir
descrivere	88	describir	dilungarsi	54,52,E	extenderse
desiderare	1	desear	diluviare	98,A/E	diluviar
designare	5,E	designar	dimagrire	45,E	adelgazar
desistere	10,A	desistir	dimenare	5	menear
desolare	1	desolar	dimensionare	5	medir
destare	5	despertar	dimenticare	15,1	olvidar
destinare	5,A	destinar	dimettere	57	destituir
destituire	45,E	destituir	dimezzare	5	demediar
destreggiarsi	56,52,E	ingeniarse, arreglárselas	diminuire	45	disminuir
			dimorare	5,A	morar
desumere	11	deducir	dimostrare	5	demostrar
detenere	103	detener	dipendere	71,E	depender
deteriorare	5	deteriorar	dipingere	44	pintar
determinare	1	determinar	diplomarsi	52,E	diplomarse
detestare	5	detestar	diradare	5	aclarar
detonare	5,A	detonar	diramare	5	difundir
detrarre	106	detraer	**dire**	29	decir
dettagliare	98	detallar	**dirigere**	30	dirigir

dirimere	101,D	dirimir
dirottare	5,A	secuestrar (un avión)
disarmare	5,A	desarmar
discendere	86,E	descender
discorrere	24,A	discurrir
discutere	31	discutir
disfare	43	deshacer
disgiungere	48	desunir
disgregare	54	disgregar
disgustare	5	desagradar
disperare	5,A	desesperar
dispiacere	66,E	disgustar, desagradar
disporre	69,A	disponer
dissolvere	32	disolver
dissuadere	65	disuadir
distillare	5	destilar
distinguere	33	distinguir
distogliere	85	disuadir
distrarre	106	distraer
distruggere	34	destruir
disturbare	5	molestar
disuguagliare	98	desigualar
disumidire	45	deshumedecer
disunire	45	desunir
disusare	5	desusar
dittongare	54,A	diptongar
divagare	54,A	divagar
divampare	5,E	arder
divenire	111,E	volverse, hacerse
diventare	5,E	volverse, hacerse
divergere	49,D	divergir
divertire	91	divertir
dividere	77	dividir
divincolarsi	52,1,E	debatirse
divinizzare	5	divinizar
divisare	5	imaginar, divisar
divorare	5	devorar
divorziare	98,A	divorciar
divulgare	54	divulgar
documentare	5	documentar
dogmatizzare	5	dogmatizar
dolcificare	15,1	dulcificar, edulcorar
dolere	35A/E	doler
domandare	5,A	preguntar, pedir
domare	5	domar
domesticare	15,1	domesticar
domiciliare	98,A	domiciliar
dominare	1,A	dominar
donare	5,A	donar
dondolare	1	mecer
doppiare	98	doblar
dorare	5	dorar
dormicchiare	98,A	dormitar
dormire	91	dormir
dosare	5	dosificar
dotare	5	dotar
dovere	36	deber
drizzare	5	enderezar
drogare	54	drogar
dubitare	1,A	dudar
durare	5,A/E	durar

E

eccedere	101	exceder
eccellere	99,A/E	sobresalir
eccepire	45	objetar
eccettuare	1	exceptuar
eccitare	1	excitar
economizzare	5,A	economizar
edificare	15,1	edificar
educare	15,1	educar
edulcorare	1	edulcorar, endulzar
effettuare	1	efectuar
effondere	46	derramar
eiaculare	1,A	eyacular
elaborare	1	elaborar

235

eleggere	55	elegir	escoriare	98	excoriar
elemosinare	1,A	pordiosear	eseguire	91,45	realizar
elencare	15	enumerar	esentare	5	dispensar
elevare	5	elevar	esercitare	1	desempeñar
elidere	77	elidir	esibire	45	exhibir
eliminare	1	eliminar	esigere	74	exigir
elogiare	56	elogiar	esiliare	98,A	desterrar
elucubrare	1	elucubrar	esimere	101,D	eximir
eludere	17	eludir	**esistere**	10,E	existir
emaciare	19	demacrar	esitare	1,A	dudar
emanare	5,A/E	emanar	esonerare	1	exonerar
emancipare	1	emancipar	esorcizzare	5,A	exorcizar
emarginare	1	marginar	esordire	45,A	empezar, debutar
emergere	49,E	emerger			
emettere	57	emitir	esornare	5	adornar
emigrare	5,A/E	emigrar	esortare	5	exhortar
emozionare	5	emocionar	**espandere**	39	expandir
empi(e)re	20	llenar	espatriare	98,A/E	expatriarse
emulare	1	emular	**espellere**	40	expeler
emulsionare	5	emulsionar	esplodere	81,A/E	estallar
entrare	37,E	entrar	esplorare	5	explorar
entusiasmare	5	entusiasmar	esporre	69	exponer
enumerare	1	enumerar	esportare	5	exportar
enunciare	19	enunciar	**esprimere**	41	expresar
equilibrare	5	equilibrar	espropriare	98	expropiar
equiparare	5	equiparar	espungere	48	borrar, tachar
equivalere	109 A/E	equivaler			
equivocare	15,1,A	equivocar	espurgare	54	expurgar
ereditare	1	heredar	**essere**	42,E	ser, estar
erigere	30	erigir	essiccare	15	secar
errare	5,A	errar	estasiare	98	extasiar
eruttare	5,A	eructar	estendere	71	extender
esacerbare	5	exacerbar	estinguere	33	extinguir
esagerare	1,A	exagerar	estirpare	5	extirpar
esalare	5	exhalar	estorcere	105	extorsionar
esaltare	5	exaltar	estrarre	106	extraer
esaminare	1	examinar	estrinsecare	15,1	exteriorizar
esasperare	1	exasperar	esulare	1,A	sobrepasar
esaudire	45	satisfacer	esultare	5,A	exultar
esaurire	45	agotar	esumare	5	exhumar
esclamare	5,A	exclamar	eternare	5	eternizar
escludere	17	excluir	etichettare	5	etiquetar
escogitare	1	excogitar	evacuare	1,A	evacuar

evadere	50,E	evadirse
evaporare	1, A/E	evaporar
evidenziare	98	evidenciar
evitare	1	evitar
evolvere	32	evolucionar

F

fabbricare	15,1	fabricar, elaborar
facilitare	1	facilitar
falsificare	15,1	falsificar
fallire	45,A/E	fracasar, quebrar
fare	43	hacer
faticare	15	fatigar
fatturare	5	facturar
favorire	45	favorecer
fecondare	5	fecundar
felicitare	1,A	felicitar
fendere	101	hender
ferire	45	herir
fermare	5,A	parar
fermentare	5,A	fermentar
fervere	101,D	hervir
festeggiare	56	festejar
fiaccare	15	quebrantar, fatigarse
fiammeggiare	56,A/E	llamear
fiancheggiare	56	flanquear, ayudar, reforzar
fiatare	5,A	respirar, hablar
ficcare	15	hincar, meter
fidanzare	5	prometerse
fidare	5,A	fiarse
figliare	98	parir
figurare	5,A	figurar
filare	5	hilar
filmare	5	filmar
filtrare	5	filtrar
finanziare	98	financiar
fingere	44	fingir
finire	45	acabar
fiorire	45,E	florecer
firmare	5	firmar
fischiare	98,A	silbar
fissare	5	fijar
fiutare	5	husmear
flettere	78	doblar
fluire	45,E	fluir
focalizzare	5	focalizar
foderare	1	forrar
foggiare	56	modelar
fomentare	5	fomentar
fondare	5	fundar
fondere	46	fundir
forare	5	agujerear
formare	5	formar
formulare	1	formular
fornicare	15,1,A	fornicar
fornire	45	abastecer
forzare	5,A	forzar
fotocopiare	98	fotocopiar
fotografare	1	fotografiar
fottere	101	joder
fracassare	5,A	destrozar
franare	5,E	derrumbarse
fratturare	5	fracturar
fregare	54	frotar
frenare	5	frenar
frequentare	5,A	frecuentar
friggere	4,A	freir
frodare	5	defraudar
fronteggiare	56	enfrentarse
fruire	45,A	disfrutar
frullare	5,A	batir
frusciare	19	crujir
frustare	5	fustigar
frustrare	5	frustrar
fruttare	5,A	fructificar
fruttificare	15,1,A	fructificar
fucilare	5	fusilar
fuggire	91,E	huir

fulminare	1,A/E	fulminar	graduare	1	graduar
fumare	5,A	fumar	graffiare	98	arañar
fumigare	54,1,A	fumigar	grandinare	1,A/E	granizar
fungere	44	hacer (de)	gratificare	15,1,A	gratificar
funzionare	5,A	funcionar	gratinare	5	gratinar
			grattare	5,A	rascar
			grattugiare	56	rallar
G			gravare	5	gravar
			gremire	45	atestar
galoppare	5,A	galopar	gridare	5,A	gritar
galleggiare	56,A	flotar	grondare	5,A/E	chorrear
garantire	45	garantizar	guadagnare	5,A	ganar
gareggiare	56,A	competir	guadare	5	vadear
gelare	5,A/E	helar	guaire	45,A	gañir
gemere	101,A	gemir	guardare	5,A	mirar
generalizzare	5	generalizar	guarire	45	curar
generare	1	generar	guarnire	45	guarnecer
germogliare	98,A/E	germinar	guastare	5,A	estropear
gesticolare	1,A	gesticular	guerreggiare	56,A	guerrear
gestire	45,A	administrar	guidare	5	guiar
gettare	5,A	echar	guizzare	5,A/E	deslizar
ghermire	45	atrapar	gustare	5	gustar
ghiacciare	19,A/E	helar			
ghignare	5,A	reírse maliciosamente	**I**		
gi(u)ocare	47	jugar	idealizzare	5	idealizar
giacere	66,A/E	yacer	ideare	5	idear
gioire	45,A	alegrarse	identificare	15,1	identificar
giostrare	5,A	tornear	idratare	5	hidratar
giovare	5,A/E	ayudar	ignorare	5	ignorar
girare	5	girar	illanguidire	45,A/E	languidecer
giudicare	15,1,A	juzgar	illividire	45,E	lividecer
giungere	48	llegar	illudere	17	embaucar
giurare	5,A	jurar	illuminare	1	iluminar
giustificare	15,1	justificar	illustrare	5	ilustrar
glorificare	15,1	glorificar	imballare	5	embalar
glossare	5	glosar	imbandire	45	disponer (la mesa)
gocciolare	1,A/E	gotear			
godere	101,F	gozar	imbarazzare	5	estorbar
gonfiare	98	hinchar	imbarcare	15	embarcar
governare	5	gobernar	imbastardire	45,E	bastardear
gradire	45	agradecer	imbastire	45	embastar

imbattersi	101,52,E	topar	impartire	45	impartir
imbellire	45	embellecer	impastare	5	amasar
imbiancare	15	blanquear	impastoiare	98	trabar
imbizzarrire	45,A/E	desbocarse (el caballo)	impaurire	45,A/E	asustar
			impazientire	45,E	impacientarse
imboccare	15	embocar	impazzire	45,E	enloquecer
imborghesire	45,E	aburguesar	impedire	45	impedir
imboscare	15,A/E	emboscar	impegnare	5	empeñar
imbottigliare	98	embotellar	impelagarsi	54,1,E	empantanarse
imbottire	45	embutir	impennarsi	52,E	encabritarse
imbracciare	19	embrazar	impensierire	45	preocupar
imbrattare	5	ensuciar	imperniare	98	basar
imbrigliare	98	embridar	impiastrare	5	embadurnar
imbroccare	15	acertar	impiccare	15	ahorcar
imbrogliare	98	embrollar	impicciare	19	estorbar
imbronciare	19,E	enfadarse	impiccolire	45	empequeñecer
imbrunire	45,A/E	anochecer	impiegare	54	emplear
imbucare	15	echar al correo	impietosire	45	apiadar
			impigliare	98	enredar
imburrare	5	untar con mantequilla	impigrire	45,A/E	volverse perezoso
imitare	1	imitar	implicare	15,1	implicar
immaginare	1	imaginar	implorare	5	implorar
immatricolare	1	matricular	imporre	69	imponer
immedesimare	1	identificar	importare	5	importar
immergere	49	sumergir	importunare	5	importunar
immettere	57	introducir	impossessarsi	52,E	adueñarse
immigrare	5,E	inmigrar	impostare	5	echar al correo, plantear
immischiare	98	involucrar			
immiserire	45,A/E	empobrecer	impoverire	45,A/E	empobrecer
immobilizzare	5	inmobilizar	impratichire	45	adiestrar
immortalare	5	inmortalizar	imprecare	15,A	imprecar
immunizzare	5	inmunizar	impregnare	5	impregnar
immusonirsi	45,52,E	enfadarse	impressionare	5	impresionar
impaccare	15	empacar	imprigionare	5	encarcelar
impacchettare	5	empaquetar	imprimere	41	imprimir
impadronirsi	45,52,E	adueñarse	improvvisare	5	improvisar
impaginare	1	compaginar	impugnare	5	impugnar
impaludare	5	empantanar	imputare	1	imputar
impallidire	45,E	palidecer	inalare	5	inhalar
impanare	5	empanar	inaridire	45,A/E	secar
imparare	5	aprender	inasprire	45,A/E	recrudecer
imparentare	5	emparentar	inaugurare	1	inaugurar

239

incalzare	5	hostigar	incorrere	24,E	incurrir
incamminare	5	encaminar	incrementare	5	incrementar
incantare	5	encantar	incriminare	1	incriminar
incapsulare	1	encapsular	incrinare	5	resquebrajar
incarcerare	1	encarcelar	incrociare	19,A	cruzar
incardinare	1	enquiciar	incrostare	5	incrustar
incaricare	15,1	encargar	inculcare	15,A	inculcar
incarnare	5	encarnar	incupire	45,E	obscurecer
incartare	5	envolver	incuriosire	45,A/E	intrigar
incassare	5,A	encajona, cobrar	incurvare	5	encorvar
			incutere	31	infundir
incastrare	5,A	engañar, encajar	indagare	54,A	indagar
			indebitare	1	adeudar
incatenare	5	encadenar	indebolire	45,A/E	debilitar
incattivire	45,A/E	malear	indemoniare	98,E	endemoniar
incazzarsi	52,E	cabrearse	indennizzare	5	indemnizar
incendiare	98	incendiar	indicare	15,1	indicar
incenerire	45	incinerar	indietreggiare	56,A/E	retroceder
inceppare	5,A/E	bloquear	indignare	5	indignar
incerare	5	encerar	indire	29	anunciar, convocar
incestare	5	encestar			
incettare	5	acaparar	indirizzare	5	dirigir
inchinare	5	inclinar	indispettire	45	irritar
inchiodare	5	clavar	indisporre	69	indisponer
inchiostrare	5	entintar	individuare	1	individuar
inciampare	5,A/E	tropezar	indolcire	45	endulzar
incidere	77,A	incidir	indolenzire	45,E	entumecer
incinerare	1	incinerar	indorare	5	dorar, rebozar
incitare	1	incitar	indossare	5	vestir
inclinare	5,A	inclinar	indottrinare	5	adoctrinar
includere	17	incluir	indovinare	5	adivinar
incolonnare	5	poner en columna	indugiare	56,A	tardar
			indulgere	115,A	condescender
incolpare	5	inculpar	indurire	45,A/E	endurecer
incollare	5	encolar	indurre	22	inducir, tentar
incollerire	45,E	encolerizarse	industriarsi	98,52,E	ingeniarse
incominciare	19,A/E	comenzar	inebetire	45	atontar
incomodare	1	incomodar	inebriare	98	embriagar
incontrare	5	encontrar	infagottare	5	abrigar
incoraggiare	56	animar	infamare	5	infamar
incornare	5	cornear	infangare	54	enfangar
incorniciare	19	enmarcar	infarcire	45	rellenar
incoronare	5	coronar	infarinare	5	enharinar

infastidire	45	fastidiar	inguaiare	98	liar
infatuare	1	entusiasmar	ingurgitare	1	ingurgitar
inferire	8	inflingir	inibire	45	inhibir
infermare	5	enfermar	iniettare	5	inyectar
inferocire	45,A/E	enfurecer	inimicare	15	enemistar
infestare	5	infestar	iniziare	98	iniciar
infettare	5	infectar	innalzare	5	elevar
infiammare	5	inflamar	innamorare	5	enamorar
infiascare	15	embotellar	innervosire	45	poner nervioso
infierire	45,A	ensañarse			
infiggere	3	clavar	innovare	5	innovar
infilare	5	enhebrar	inoculare	1	inocular
infiltrarsi	52,E	infiltrar	inoltrare	5	encaminar, tramitar
infilzare	5	ensartar			
infischiarsi	98,52,E	desentenderse	inondare	5	inundar
infittire	45,E	espesarse	inorgoglire	45,A/E	engreír
infliggere	4	infligir	inorridire	45,A/E	horrorizar
influenzare	5	influenciar	inquietare	5	inquietar
influire	45,A	influir	inquinare	5	contaminar
infoltire	45,E	espesarse	inquisire	45,A	inquirir
infondere	46	infundir	insaccare	15	ensacar
informare	5	informar	insaponare	5	enjabonar
informatizzare	5	informatizar	insaporire	45,A/E	dar sabor
infornare	5	enhornar	insediarsi	98,52,E	instalarse
infortunarsi	52,E	accidentarse	insegnare	5,A	enseñar
infrangere	67	romper	inseguire	91	perseguir
infrascare	15	enredarse	inserire	45	insertar
infuriare	98,E	enfurecer	insidiare	98,A	insidiar
ingaggiare	56	contratar	insinuare	1	insinuar
ingannare	5	engañar	insistere	10	insistir
ingegnarsi	52,E	ingeniárselas	insolentire	45	insolentar
ingelosire	45,A/E	poner celoso	insorgere	92,E	insurreccionarse
ingerire	45	injerir			
ingessare	5	enyesar	insospettire	45,A/E	infundir sospecha
inghiottire	45,91	engullir			
ingiallire	45,A/E	amarillear	inspirare	5	inspirar
ingigantire	45	agigantar	instaurare	5	instaurar
inginocchiarsi	98,52,E	arrodillarse	insudiciare	19,1	ensuciar
ingiuriare	98	injuriar	insultare	5,A	insultar
ingoiare	98	engullir	insuperbire	45,A/E	engreír
ingrandire	45	agrandar	intaccare	15,A	mellar
ingrassare	5,E	engordar	intagliare	98	entallar
ingrossare	5,A/E	engrosar	intasare	5	atascar

intascare	15	embolsarse	
integrare	1	integrar	
intendere	71,A	entender	
intenerire	45	enternecer	
intentare	5	promover	
intercalare	5	intercalar	
intercedere	101	interceder	
intercettare	5	interceptar	
interdire	29	prohibir,incapacitar	
interessare	5	interesar	
interferire	45	interferir	
internare	5	internar	
interpellare	5	interpelar	
interporre	69	interponer	
interpretare	1	interpretar	
interrare	5	enterrar	
interrogare	54,1	interrogar	
interrompere	82	interrumpir	
intersecare	15,1	atravesar	
intervenire	111,E	intervenir	
intervistare	5	entrevistar	
intestardirsi	45,52,E	obstinarse	
intestare	5	encabezar	
intiepidire	45	templar	
intimare	5,1	intimar	
intimidire	45	intimidar	
intimorire	45,A/E	atemorizar	
intingere	44,A	mojar	
intirizzire	45,A/E	aterir	
intitolare	1	titular	
intonacare	15,1	enlucir	
intonare	5	entonar	
intontire	45,A/E	atontar	
intossicare	15,1	intoxicar	
intralciare	19	ralentizar	
intrappolare	1	capturar	
intraprendere	71	emprender	
intrattenere	103	entretener	
intravedere	110	entrever	
intrecciare	19	entrelazar	
intricare	15	embrollar	
intristire	45,E	ajarse	

introdurre	22	introducir	
intromettersi	57,52,E	entrometerse	
intuire	45	intuir	
inumidire	45	humedecer	
inutilizzare	5	inutilizar	
invadere	50	invadir	
invecchiare	98,E	envejecer	
inveire	45,A	despotricar	
inventare	5	inventar	
invertire	91	invertir	
investigare	54,1	investigar	
investire	91	atropellar	
inviare	51	enviar	
invidiare	98	envidiar	
invitare	5	invitar	
invocare	15	invocar	
invogliare	98	estimular	
involgere	115	envolver	
inzuppare	5	empapar	
ipnotizzare	5	hipnotizar	
ironizzare	5	ironizar	
irretire	45	enredar	
irridere	77	escarnecer	
irrigare	54	irrigar	
irrigidire	45	agarrotar	
irritare	1	irritar	
irrobustire	45	robustecer	
irrompere	82	irrumpir	
iscrivere	88	inscribir	
isolare	1	aislar	
ispessire	45	espesar	
ispezionare	5	inspeccionar	
ispirare	5	inspirar	
istigare	54,1	instigar	
istituire	45	instituir	
istruire	45	instruir	
istupidire	45,A/E	atontar	

L

laccare	15	lacar	
lacerare	1	lacerar	

lacrimare	1,A	lacrimar	**M**		
lagnarsi	52,E	quejarse			
lambire	45	rozar	macchiare	98	manchar
lamentare	5	lamentar	macellare	5	matar, sacrificar
lanciare	19,A	lanzar			
languire	91,45,A	languidecer	macerare	1	macerar
largire	45	dispensar	macinare	1	moler
lasciare	19	dejar	magnificare	15,1	magnificar
lastricare	15,1	enlosar	maledire	29,A	maldecir
latrare	5,A	aullar	malignare	5,A	malpensar
laureare	1	licenciar	malmenare	5	vapulear
lavare	5,52	lavar	maltrattare	5	maltratar
lavorare	5,A	trabajar	malvolere	114,D	malquerer
leccare	15	lamer	mancare	15,A/E	fallar, faltar
ledere	53	perjudicar	mandare	5	mandar
legalizzare	5	legalizar	maneggiare	56	manejar
legare	54	atar	**mangiare**	56	comer
leggere	55	leer	manifestare	5,A	manifestar
lenire	45	mitigar	manipolare	1	manipular
lessare	5	hervir	manovrare	5,A	maniobrar
levare	5	levantar	mantenere	103	mantener
levigare	54,1	pulimentar	marcare	15	marcar
liberare	1	liberar	marciare	19,A	marchar
licenziare	98	despedir	marcire	45,E	pudrirse
lievitare	1,E	fermentar	marinare	5	marinar
limare	5	limar	maritare	5	casar
limitare	1	limitar	martellare	5	martillear
linciare	19	linchar	martirizzare	5	martirizar
liquefare	43	licuar	mascherare	1	enmascarar
liquidare	1	liquidar	massacrare	5	masacrar
lisciare	19	alisar	massaggiare	56	dar masajes
litigare	54,1,A	pelearse	masticare	15,1	masticar
lodare	5	elogiar	maturare	5,A/E	madurar
lottare	5,A	luchar	mediare	98,A	mediar
lottizzare	5	parcelar	medicare	15,1	medicar
lubrificare	15,1	lubrificar	meditare	1,A	meditar
luccicare	15,1,A/E	brillar	memorizzare	5	memorizar
lucidare	1	lustrar	mendicare	15,1,A	mendigar
lucrare	5	lucrarse	menomare	1	disminuir, mutilar
lusingare	54	lisonjear			
lussare	5	dislocar	mentire	91,45,A	mentir
lustrare	5,A	lustrar	menzionare	5	mencionar
			meravigliare	5	asombrar

meritare	1	merecer	mungere	44	ordeñar
mescolare	1	mezclar	munire	45	dotar, proveer
mettere	57	poner	**muovere**	59	mover
miagolare	1,A	maullar	murare	5	tapiar, tabicar
mietere	101	segar	mutare	5,A/E	cambiar
migliorare	5	mejorar			
migrare	5,A/E	migrar			
millantare	5	alardear, jactarse	N		
militare	1,A	militar	narrare	5,A	narrar
mimare	5,A	representar	**nascere**	60,E	nacer
mimetizzare	5	mimetizar	nascondere	80	esconder
minacciare	19	amenazar	naufragare	54,1,A/E	naufragar
minare	5	minar	nauseare	1	marear, repugnar
miniare	98	miniar			
mirare	5,A	apuntar	navigare	54,1,A	navegar
mischiare	98	mezclar	nazionalizzare	5	nazionalizar
misurare	5,A	medir	necessitare	1	necesitar
mitigare	54,1	mitigar	negare	54	negar
mitizzare	5,A	mitificar	negligere	30,D	descuidar
mobilizzare	1	movilizar	negoziare	98,A	negociar
modellare	5	modelar	neutralizzare	5	neutralizar
moderare	1	moderar	nevicare	15,A/E	nevar
modernizzare	5	modernizar	nichelare	1	niquelar
modificare	15,1	modificar	nidificare	15,1,A	nidificar
modulare	1	modular	nitrire	45,A	relinchar
molestare	5	molestar	nobilitare	1	ennoblecer
moltiplicare	15,1	multiplicar	noleggiare	56	alquilar
mollare	5,A	aflojar, ceder	nominare	1	nombrar
montare	5,A/E	montar, subir	notare	5	anotar
mordere	9	morder	notificare	15,1	notificar
morire	58,E	morir	numerare	1	numerar
mormorare	1,A	murmurar	**nuocere**	61	dañar
morsicare	15,1	morder	nuotare	5,A	nadar
mortificare	15,1	mortificar	nutrire	91,45	alimentar
mostrare	5	mostrar			
motivare	5	motivar			
motteggiare	56,A	burlarse	O		
mozzare	5	seccionar, cortar	obbedire	45,A	obedecer
muggire	45,A	mugir	obbligare	54,1	obligar
mugolare	1,A	gañir, gemir	obiettare	5	objetar
multare	5	multar	obliare	51	olvidar

occludere	17	obstruir	
occorrere	24,E	precisarse, ser necesario	
occultare	5	ocultar	
occupare	1	ocupar	
odiare	51	odiar	
odorare	5,A	oler	
offendere	71	ofender	
offrire	8	ofrecer	
offuscare	15	ofuscar	
oliare	98	untar, engrasar	
oltraggiare	56	ultrajar	
oltrepassare	5	sobrepasar	
omettere	57	omitir	
omologare	54,1	homologar	
ondeggiare	56,A	ondear	
ondulare	1,A	ondular	
onerare	1	gravar, cargar	
onorare	5	honrar	
operare	1,A	obrar	
opinare	5,A	opinar	
opporre	69,A	oponer	
opprimere	41	oprimir	
optare	5,A	optar	
orare	5	orar	
orchestrare	5	orquestar	
ordinare	1	ordenar	
ordire	45	urdir	
organizzare	5	organizar	
orientare	5	orientar	
originare	1	originar	
orinare	5,A	orinar	
orlare	5	orlar	
ornare	5	adornar	
osare	5,A	atreverse	
oscillare	5,A	oscilar	
oscurare	5	oscurecer	
ospitare	1	hospedar	
osservare	5	observar	
ossidare	1	oxidar	
ossigenare	1	oxigenar	
ostacolare	1	obstaculizar	
ostare	5,A,D	impedir	
osteggiare	56,A	hostigar	
ostentare	5	ostentar	
ostinarsi	52,E	obstinarse	
ostruire	45	obstruir	
ottenere	103	obtener	
ottimizzare	5	optim(iz)ar	
otturare	5	obturar	
ovviare	51,A	obviar	
oziare	98,A	holgazanear	

P

pacare	15	apaciguar, sosegar
pacificare	15,1	pacificar
padroneggiare	56	dominar
pagare	54	pagar
palesare	5	evidenciar
palpare	5,A	palpar
palpeggiare	56	manosear
palpitare	1,A	palpitar
palleggiare	56,A	pelotear
panificare	15,1,A	panificar
pappare	5	devorar, papear
parafrasare	1	parafrasear
paragonare	5	comparar
paralizzare	5	paralizar
parare	5,A	parar, adornar
parcheggiare	56	aparcar
pareggiare	56,A	igualar, empatar
parere	62,E	parecer
parificare	15,1	igualar, equiparar
parlamentare	5,A	parlamentar
parlare	5,A	hablar
parodiare	98	parodiar
partecipare	1,A	participar
parteggiare	56,A	ser partidario de
partire	63,E	partir

partorire	45	parir
pascere	101,A	pacer, apacentar
pascolare	1,A	apacentar
passare	5,E	pasar
passeggiare	56,A	pasear
pasteggiare	56,A	comer
pasticciare	19	chapucear
pastificare	15,1	fabricar pasta
patire	45,A	padecer
patrocinare	5	patrocinar
patteggiare	56,A	pactar
pattinare	1,A	patinar
pattugliare	98,A	patrullar
pattuire	45	pactar
pavimentare	5	pavimentar
pavoneggiarsi	56,52,E	pavonearse
pazientare	5,A	tener paciencia
peccare	15,A	pecar
pedalare	5,A	pedalear
pedinare	5,A	seguir, vigilar
peggiorare	5	empeorar
pelare	5	pelar
pellegrinare	5,A	peregrinar
penalizzare	5	penalizar
penare	5,A	penar
pencolare	1,A	vacilar
pendere	101,A	colgar
penetrare	1,A/E	penetrar
pennellare	5,A	pincelar
pensare	5,A	pensar
pensionare	5	jubilar
pentirsi	63,52,E	arrepentirse
penzolare	1,A	balancearse
percepire	45	percibir
percorrere	24	recorrer
percuotere	89,A	golpear
perdere	64,A	perder
perdonare	5,A	perdonar
perdurare	5,A/E	perdurar
peregrinare	5,A	vagar, peregrinar
perfezionare	5	perfeccionar
perforare	5	perforar
pericolare	1,A	tambalearse
perire	45,E	perecer
permanere	79,E	permanecer
permettere	57	permitir
permutare	1	permutar
pernottare	5,A	pernoctar
perorare	1,A	defender, perorar
perpetrare	1	perpetrar
perpetuare	1	perpetuar
perquisire	45	registrar
perseguire	91	perseguir
perseguitare	1	perseguir
perseverare	1,A	perseverar
persistere	10,A	persistir
personalizzare	5	personalizar
personificare	15,1	personificar
persuadere	65	persuadir
perturbare	5	perturbar
pervadere	50	invadir
pervenire	111,E	llegar
pervertire	91	pervertir
pesare	5	pesar
pescare	15,A	pescar
pestare	5	machacar, pisotear
pettegolare	1,A	cotillear
pettinare	1	peinar
piacere	66,E	gustar, agradar
piagare	54	llagar
piagnucolare	1,A	lloriquear
piallare	5	cepillar
pianeggiare	56,A	allanar
piangere	67,A	llorar
pianificare	15,1	lanificar
piantare	5	plantar
piantonare	5	vigilar
piazzare	5	emplazar, colocarse
picchiare	98,A	golpear, pegar
piegare	54,A	doblar
pietrificare	15,1	petrificar

pigiare	56	apretar, empujar	postillare	5	apostillar
pigliare	98,A	pillar	postulare	1	postular
pignorare	1	embargar, confiscar	potabilizzare	5	potabilizar
			potare	5	podar
			potenziare	98	potenciar
pigolare	1,A	piar	**potere**	70,A	poder
pilotare	5	pilotar	pranzare	5,A	comer
piluccare	15	desgranar, picar	praticare	15,1,A	practicar
pinzare	5	picar	precedere	101,A	preceder
piombare	5,A/E	caer, abalanzarse	precipitare	1,E	precipitar
			precisare	5	recisar
piovere	D,A/E	llover	precludere	17	obstruir
piovigginare	1,A/E	lloviznar	preconizzare	5	preconizar
pirateggiare	56,A	piratear	precorrere	24	anticiparse
pisciare	19,A	mear	predare	5	depredar, saquear
pisolare	1,A	sestear			
pitturare	5	pintar	predestinare	5	predestinar
pizzicare	15,1,A	picar, pellizcar	predeterminare	1	predeterminar
placare	15	aplacar	predicare	15,1,A	predicar
plagiare	56	plagiar	prediligere	30,D	preferir
planare	5,A	planear	predire	29	predecir
plasmare	5	plasmar	predisporre	69	predisponer
plastificare	15,1	plastificar	predominare	1,A	predominar
poetare	5,A	poetizar	preferire	45	preferir
poggiare	56,A	apoyar	prefiggere	3	prefijar
polarizzare	5	polarizar	pregare	54	orar, rogar
polemizzare	5,A	polemizar	pregiare	56	tener el gusto
politicizzare	5	politizar	pregiudicare	15,1,A	perjudicar
polverizzare	5	pulverizar	pregustare	5	saborear de antemano
pompare	5	bombear			
ponderare	1,A	ponderar	prelevare	5	retirar, sacar
pontificare	15,1,A	pontificar	preludere	17,A	preludiar
popolarizzare	5	popularizar	premeditare	1	premeditar
poppare	5	mamar	premere	101,A	apretar
porgere	68	ofrecer	premiare	98	premiar
porre	69	poner	premunire	45	preparar
portare	5	llevar	**prendere**	71,A	coger
posare	5	posar	prenotare	5	reservar
posporre	69	posponer	preoccupare	1	preocupar
possedere	90	poseer	preordinare	1	predisponer
posteggiare	56,A	aparcar	preparare	5	preparar
postergare	54	postergar	preporre	69	anteponer
posticipare	1,A	posponer	presagire	45	presagiar

prescindere	87,A	prescindir		profumare	5,A	perfumar
prescrivere	88,A/E	prescribir		progettare	5	proyectar
presentare	5	presentar		programmare	5	programar
presentire	91	presentir		progredire	45,A/E	progresar
presenziare	98,A	presenciar		proibire	45	prohibir
preservare	5	preservar		proiettare	5	proyectar
presidiare	98	presidiar		proliferare	1,A	proliferar
presiedere	101,A	presidir		prolungare	54	prolongar
pressare	5	apretar		promettere	57	prometer
prestabilire	45	prefijar		promulgare	54	promulgar
prestare	5	prestar		promuovere	59	promover
presumere	11	presumir		pronosticare	15,1	pronosticar
presupporre	69	presuponer		pronunciare	19	pronunciar
pretendere	71,A	pretender		propagandare	5	hacer propaganda
prevalere	109,A/E	prevalecer				
prevaricare	15,1	prevaricar		propagare	54	propagar
prevedere	110	prever		propalare	5	propalar, difundir
prevenire	111	prevenir, preceder				
				propendere	101,A	propender
preventivare	5	presupuestar		propinare	5,A	administrar
prezzare	5	marcar el precio		propiziare	98	propiciar
				proporre	69	proponer
prezzolare	1	sobornar		proporzionare	5	proporcionar
primeggiare	56,A	destacar		propugnare	5	propugnar
principiare	98	comenzar		prorogare	54,1	prorrogar
privare	5	privar		prorompere	82,A	prorrumpir
privatizzare	5	privatizar		prosciogliere	85	liberar
privilegiare	56	privilegiar		prosciugare	54	desecar
procacciare	19	procurar		proscrivere	88	proscribir
procedere	101,A/E	proceder		proseguire	91	proseguir
processare	5	procesar		prosperare	1,A	prosperar
proclamare	5	proclamar		prospettare	5	exponer, presentar
procreare	5	procrear				
procurare	5,A	procurar		prosternare	5	prosternarse
prodigare	54,1	prodigar		prostituire	45	prostituir
produrre	22	producir		prostrare	5	postrar
profanare	5	profanar		proteggere	55	proteger
proferire	45	proferir		protendere	71	alargar, extender
professare	5	profesar				
profetizzare	5,A	profetizar		protestare	5,A	protestar
profilare	5	perfilar		protrarre	106	alargar, prolongar
profondere	46	repartir, dilapidar				
				provare	5	probar

provenire	111,E	proceder			
provocare	15,1	provocar			
provvedere	72	proveer	rabbonire	45,A/E	aplacar, calmar
prudere	101,D	picar			
psicanalizzare	5	psicoanalizar	rabbrividire	45,A/E	estremecerse
			rabbuiare	98,E	oscurecer
pubblicare	15,1	publicar	raccapezzare	5	reunir, comprender
pubblicizzare	5	publicitar			
pugnalare	5	apuñalar	raccapricciare	19,A/E	horrorizarse
pugnare	5,A	pugnar	raccattare	5	recoger
pulimentare	5	pulimentar	racchiudere	17	contener
pulire	45	limpiar	raccogliere	85	recoger
pulsare	5,A	palpitar	raccomandare	5	encomendndar
pullulare	1,A	pulular			
pungere	73	pinchar, picar	raccontare	5	contar
pungolare	1	aguijonear	raccordare	5	enlazar
punire	45	castigar	racimolare	1	racimar, reunir
puntare	5,A	apoyar, apuntar			
			raddoppiare	98,A	duplicar
puntellare	5	apuntalar	raddrizzare	5	enderezar
puntualizzare	5	puntualizar	radere	50	rasurar, afeitar
punzecchiare	98	pinchar, punzar	radiare	51,A	borrar
			radicalizzare	5	radicalizar
purgare	54	purgar	radicare	15,1	arraigar
purificare	15,1	purificar	radunare	5	reunir
putrefare	43,E	pudrir	raffigurare	5	representar
puzzare	5,A	apestar	raffinare	5	refinar
			rafforzare	5	reforzar
			raffreddare	5	enfriar
			raggirare	5	engañar, engatusar
Q					
			raggiungere	48	alcanzar
quadrare	5,A/E	cuadrar	raggruppare	5	agrupar
quadrettare	5	cuadricular	ragionare	5,A	razonar
quadruplicare	15,1	cuadruplicar	rallegrarsi	52,E	alegrarse
qualificare	15,1	cualificar	rallentare	5	desacelerar
quantificare	15,1	cuantificar	rammaricare	15,1	afligir
querelare	5	demandar	rammendare	5	remendar, zurcir
questionare	5,A	discutir			
questuare	1,A	pedir	rapire	45	raptar
quietare	5	aquietar	rappresentare	5	representar
quintuplicare	15,1	quintuplicar	rasare	5	rasurar
quotare	5	cotizar	rassegnarsi	52,E	resignarse

249

rasserenare	5	serenar	
rassicurare	5	tranquilizar	
rassomigliare	98,A/E	asemejarse	
rattristare	5	entristecer	
reagire	45,A	reaccionar	
realizzare	5,A	realizar	
recitare	1,A	recitar	
reclamare	5,A	reclamar	
recuperare	1	recuperar	
redigere	74	redactar	
redimere	75	redimir	
regalare	5	regalar	
reggere	76	sostener, aguantar	
registrare	5	registrar	
regnare	5,A	reinar	
regolare	1	regular	
remare	5,A	remar	
rendere	71	devolver, dar	
reprimere	41	reprimir	
resistere	10,A	resistir	
respingere	44	rechazar	
respirare	5,A	respirar	
restare	5,E	quedarse	
restituire	45	restituir	
restringere	97	restringir	
riacquistare	5,A	volver a adquirir	
rialzare	5	realzar	
riaprire	8	reabrir	
riassumere	11	resumir, readmitir	
riavere	12	recuperar	
ribadire	45	remachar, repetir	
ribassare	5	bajar	
ribattere	101,A	rebatir	
ribellarsi	52,E	sublevarse	
ricadere	14,E	recaer	
ricalcare	15	recalcar	
ricalcitrare	1,A	recalcitrar	
ricamare	5	bordar	
ricambiare	98	corresponder	
ricattare	5	chantajear	
ricavare	5	extraer, obtener	
ricercare	15	buscar, indagar	
ricevere	101	recibir	
ricollegare	54	relacionar, unir	
ricominciare	19,A/E	volver a empezar	
ricompensare	5	recompensar	
riconciliarsi	98,52,E	reconciliar	
ricondurre	22	reconducir	
riconfortare	5	reconfortar	
riconoscere	23	reconocer	
riconquistare	5	reconquistar	
riconsegnare	5	devolver	
riconsiderare	1	reconsiderar	
ricoprire	8	recubrir	
ricordare	5	recordar	
ricorrere	24,E	recurrir	
ricostruire	45	reconstruir	
ricoverare	1	hospitalizar	
richiamare	5	llamar, reclamar	
richiedere	16	requerir	
ridare	28,A	restituir, devolver	
ridere	77	reir	
ridire	29	repetir	
ridurre	22	reducir	
riempire	20	llenar	
rientrare	37,E	volver, regresar	
rifare	43	rehacer	
riferire	45,A	referir	
rifinire	45,A	rematar, perfilar	
rifiutare	5	rehusar	
riflettere	78	reflejar	
riformare	5	reformar	
rifrangere	67	refractar	

rifuggire	91,E	rehuir		rinvenire	111,A/E	hallar, encontrar
rifugiarsi	56,52,E	refugiarse				
rifulgere	115,A/E	refulgir		rinviare	51	aplazar, reenviar
rigare	54,A	rayar				
rigenerare	1	regenerar		riordinare	1	volver a ordenar
rigettare	5	rechazar		ripagare	54	recompensar
rigirare	5,A	girar		riparare	5	reparar, resguardar
rigovernare	5	fregar				
riguardare	5,A	remirar, concernir		riparlare	5	volver a hablar
rilasciare	19	expedir, liberar		ripartire	63,A/E	repartir, volver a salir
rilassare	5	relajar		ripassare	5	repasar
rilegare	54	encuadernar		ripensare	5,A	repensar
rileggere	55	releer		ripescare	15	repescar
rilevare	5,A	relevar		ripetere	101	repetir
rilucere	101,D	relucir		ripiegare	54	replegar
rimandare	5	devolver, rechazar		riporre	69	reponer
				riportare	5	reportar, alcanzar
rimanere	79,E	permanecer				
rimbalzare	5,A/E	rebotar		riposare	5,A	descansar
rimboccare	15	arremangar		riprendere	71,A	recoger
rimborsare	5	devolver		ripulire	45	limpiar
rimediare	98,A	remediar		risalire	83,E	remontar
rimettere	57,A	reponer		riscaldare	5,A/E	calentar
rimodernare	5	modernizar		riscattare	5	rescatar
rimpiangere	67	añorar		risciacquare	5	enjuagar, aclarar
rimproverare	1	reñir, reprender				
				riscuotere	89	cobrar, recaudar
rinascere	60,E	renacer				
rincarare	5	encarecer		rischiare	98,A	arriesgar
rincorrere	24	perseguir		risentire	91,A	volver a escuchar
rinchiudere	17	encerrar				
rinfrescare	15	refrescar				
ringhiare	98,A	gruñir		riservare	5	reservar
ringiovanire	45,A/E	rejuvenecer		risiedere	101,A	residir
ringraziare	98	agradecer, dar gracias		risolvere	32,A	resolver
				risorgere	92,E	resurgir
rinnegare	54	renegar		risparmiare	98	ahorrar
rinnovare	5	renovar		rispecchiare	98	reflejar
rintracciare	19	localizar, encontrar		rispettare	5	respetar
				risplendere	101,A/E	resplandecer
rinunciare	19,A	renunciar		**rispondere**	80	responder, contestar

ristabilire	45	restablecer	S		
ristampare	5	reimprimir			
risultare	5,E	resultar	sabotare	5	sabotear
risuonare	5,47,A/E	resonar	saccheggiare	56	saquear
risuscitare	1,A/E	resucitar	sacrificare	15,1,A	sacrificar
ritardare	5,A/E	retardar, retrasar	salare	5	salar
			saldare	5	saldar, soldar
ritenere	103	retener, considerar			
			salire	83,A/E	subir
ritirare	5	retirar	saltare	5,A/E	saltar
ritoccare	15	retocar	salutare	5	saludar
ritornare	5,E	volver, regresar	salvare	5	salvar
			sanare	5	sanar, sanear
ritrarre	106,A	retirar	sanguinare	1,A	sangrar
ritrattare	5	retractar, desdecir	**sapere**	84	saber
			saturare	1	saturar
ritrovare	5	volver a hallar	saziare	98	saciar
riunire	45	reunir	sbadigliare	98,A	bostezar
riuscire	108,E	lograr, salir	sbagliare	98,A	errar, fallar
rivedere	110	revisar, repasar	sbalordire	45,A	aturdir
			sbalzare	5	saltar
rivelare	5	revelar	sbandare	5,A	derrapar, escorar
rivendere	101	revender			
rivendicare	15	reivindicar	sbarbare	5	afeitar
riverire	45	honrar	sbarcare	15,A/E	desembarcar
rivestire	91	revestir, cubrir	sbarrare	5	bloquear, cerrar
rivolgere	115	dirigir	sbattere	101,A	batir, sacudir
rivoltare	5	girar, revolver	sbavare	5,A	babear
rizzare	5	levantar, erguir	sbiadire	45,A/E	descolorar
			sbiancare	15,E	blanquear
rodere	81	roer	sbigottire	45,A/E	aterrorizar
rompere	82	romper	sbloccare	15,A	desbloquear
ronzare	5,A	zumbar	sboccare	15,A/E	desembocar
rotolare	1,A/E	rodar	sborsare	5	desembolsar
rovesciare	19	derramar	sbottonare	5	desabrochar
rovinare	5,A/E	arruinarse, desmoronarse	sbriciolare	1	desmenuzar
			sbrigare	54	despachar, darse prisa
rubare	5	robar	sbucare	15,E	asomar
ruggire	45,A	rugir	sbucciare	19	pelar, mondar
russare	5,A	roncar	sbuffare	5,A	resoplar
ruttare	5,A	eructar	scacciare	19	expulsar

scadere	14,E	decaer, caducar	scocciare	19	molestar
scagliare	98	arrojar	scolare	5	escurrir
scaldare	5,A	calentar	scolpire	45	esculpir
scambiare	98	confundir, cambiar	scommettere	57	apostar
			scomparire	7,E	desaparecer
scampare	5,A/E	librar, salvar	sconfiggere	4	derrotar
scandalizzare	5	escandalizar	scongelare	5	descongelar
scannare	5	degollar	scongiurare	5	conjurar
scansare	5	separar, esquivar	sconsigliare	98	desaconsejar
			scontare	5	descontar
			scontrarsi	52,E	chocar
scappare	5,E	escapar	sconvolgere	115	estremecer
scarabocchiare	98	garabatear	scoppiare	98,E	explotar
scarcerare	1	excarcelar	scoprire	8	descubrir
scaricare	15,1	descargar	scoraggiare	56	desanimar
scarseggiare	56,A	escasear	scordare	5	olvidar
scartare	5,A	descartar	scorgere	68	divisar
scassare	5	desembalar, romper	scorrere	24,E	discurrir, pasar
scatenare	5	desencadenarse	scostare	5,A	alejar
			scottare	5,A	abrasar
scattare	5,A/E	saltar, esprintar	scovare	5	descubrir
			scrivere	88	escribir
scaturire	45,E	manar	scrutare	5	escrutar
scavalcare	15	descabalgar, superar	scuotere	89	sacudir
			scurire	45,A/E	oscurecer
scavare	5	excavar	scusare	5	excusar
scegliere	85	elegir	sdebitarsi	52,1,E	desendeudarse
scendere	86A/E	bajar	sdegnare	5	despreciar, indignarse
scherzare	5,A	bromear			
schiacciare	19	aplastar	sdraiare	98	tumbar, tender
schiaffeggiare	56	abofetear	seccare	15	secar, molestar
schiantare	5,A/E	destrozar			
schierare	5	desplegar	sedere	90	sentarse
schiudere	17	entreabrir	sedurre	22	seducir
schizzare	5,A/E	salpicar	segnalare	5	señalar
sciacquare	5	enjuagar	segnare	5	señalar, anotar
scialacquare	5	despilfarrar	seguire	91	seguir
sciare	51,A	esquiar	selezionare	5	seleccionar
scindere	87	escindir	sembrare	5,E	parecer
sciogliere	85	desatar	seminare	1	sembrar
sciupare	5	estropear	semplificare	15,1	simplificar
scivolare	1,A/E	resbalar	sentire	91	sentir, oír

separare	5	separar	situare	1,A/E	situar
seppellire	45	enterrar	slacciare	19	desatar
sequestrare	5	secuestrar, embargar	slogare	54	dislocar
			sloggiare	56,A	desalojar
serbare	5	guardar	smacchiare	98	quitar manchas
serpeggiare	56,A	serpentear			
servire	91,A/E	servir	smaltare	5	esmaltar
sfamare	5	dar de comer	smarrire	45	perder
sfasciare	19	desvendar, destrozar	smascherare	1	desenmascarar
sfidare	5	retar, desafiar	smentire	45	desmentir
sfilare	5,A/E	deshilar, desfilar	smettere	57,A	dejar
			smontare	5	desmontar
sfiorare	5	rozar	smuovere	59	mover, desplazar
sfociare	19,A/E	desembocar			
sfogare	54,A/E	desahogar	soccorrere	24	socorrer
sfogliare	98	deshojar, hojear	soddisfare	43,A	satisfacer
			soffermarsi	52,E	detenerse
sfollare	5,A/E	desalojar	soffiare	98,A	soplar
sfondare	5,A	desfondar	soffocare	15,1	sofocar
sforzarsi	52,E	esforzarse	soffriggere	4,A	sofreír
sfrattare	5,A	desahuciar	soffrire	8,A	sufrir
sfregiare	56	desfigurar	soggiornare	5,A	permanecer, residir
sfruttare	5	explotar			
sfuggire	91,A/E	eludir, huir	soggiungere	48,A	añadir
sfumare	5,A/E	difuminar, disiparse	sognare	5,A	soñar
			solcare	15	surcar
sganciare	19	desenganchar	solere	E, D	soler
sgombrare	5	vaciar, desalojar	sollecitare	1	solicitar, instar
sgomentare	5	aturdir, turbar	sollevare	5	levantar
sgonfiare	98,A/E	desinchar	somigliare	98 ,A/E	asemejarse
sgorgare	54,E	brotar	sommare	5	sumar
sgozzare	5	degollar	sommergere	49	sumergir
sgranchire	45	estirar, desentumecer	soppesare	5	sopesar, ponderar
sgrassare	5	desengrasar	sopportare	5	soportar
sgridare	5	regañar	sopprimere	41	suprimir
sigillare	5	precintar	sopraggiungere	48,E	sorprender
significare	15,1	significar	sopravvalutare	1	sobrevalorar
simpatizzare	5,A	simpatizar	sopravvenire	111,E	sobrevenir
singhiozzare	5,A	sollozar	sopravvivere	113,E	sobrevivir
sistemare	5	sistemar	**sorgere**	92,E	surgir, salir

sorpassare	5	sobrepasar, adelantar
sorprendere	71	sorprender
sorreggere	55	sostener
sorridere	77,A	sonreír
sorteggiare	56	sortear
sorvegliare	98	vigilar
sorvolare	5,A	sobrevolar
sospendere	71	suspender
sospettare	5,A	sospechar
sospirare	5,A	suspirar
sostare	5,A	detenerse
sostenere	103	sostener
sostituire	45	sustituir
sotterrare	5	enterrar
sottolineare	1	subrayar
sottoporre	69	someter
sottoscrivere	88,A	suscribir
sottrarre	106	substraer
sovrapporre	69	sobreponer
sovrastare	5	estar encima
spaccare	15	romper, cortar
spacciare	19	vender, pasar(droga)
spalancare	15	abrir de par en par
spalmare	5	untar, embadurnar
spandere	93	extender
sparare	5,A	disparar
sparecchiare	98	quitar la mesa
spargere	94	sparcir
sparire	45,E	desaparecer
spartire	45	dividir
spaventare	5	asustar
spazzare	5	barrer
spazzolare	1	cepillar
specchiarsi	98,52,E	reflejarse
specializzare	5	especializar
speculare	1,A	especular
spedire	45	enviar
spegnere	95	apagar
spellare	5	despellejar
spendere	71	gastar
spennare	5	desplumar
sperare	5,A	esperar
sperimentare	5	experimentar
spettare	5,E	competer, incumbir
spettinare	1	despeinar
spezzare	5	despedazar
spiacere	66,E	disgustar
spianare	5,A	allanar
spiare	51	espiar
spiccare	15,A	arrancar, sobresalir
spiegare	54	explicar
spingere	44	empujar
splendere	101,A/E	resplandecer
spogliare	98	despojar
spolverare	1,A	desempolvar
sporcare	15	ensuciar
sporgere	68,E	asomar
sposare	5	casarse
spostare	5	desplazar
sprecare	15	derrochar, malgastar
spremere	101	exprimir
sprofondare	5,A/E	hundirse
spruzzare	5	rociar
spuntare	5,A/E	despuntar
sputare	5	escupir
stabilire	45	establecer
staccare	15,A	separar
stagnare	5,A	estañar, estancarse
stampare	5	imprimir
stancare	15	cansar
stare	96,E	estar
stendere	71	extender
stentare	5,A	esforzarse
sterzare	5,A	virar
stimare	5	estimar
stimolare	1	estimular
stipare	5	amontonar
stipendiare	98	contratar

255

stipulare	1	estipular	subordinare	1	subordinar
stirare	5	estirar, planchar	succedere	21, E	suceder
			succhiare	98	chupar
stivare	5	estibar	sudare	5,A	sudar
stizzire	45, A/E	enfadar	suggerire	45	sugerir
stonare	5,A	desafinar, desentonar	suicidarsi	52,E	suicidarse
			s(u)onare	5,47,A/E	tocar
storcere	105	retorcer	superare	1	superar
stordire	45	aturdir	supplicare	15,1	suplicar
stormire	45,A	susurrar	supplire	45,A	suplir
storpiare	98	lisiar, tullir	supporre	69	suponer
stracciare	19	rasgar	surgelare	5	congelar
stralciare	19	eliminar	suscitare	1	suscitar
strangolare	1	estrangular	susseguire	91,E	seguir
strappare	5	arrancar	sussistere	10,A/E	susistir
straripare	5,A/E	desbordar	sussultare	5,A	sobresaltarse
strascicare	15,1,A	arrastrar	sussurrare	5,A	susurrar
stravolgere	115	desencajar	svagare	54	distraer
straziare	98	atormentar	svaligiare	56	desvalijar
stregare	54	embrujar	svalutare	5	devaluar
stremare	5	extenuar	svanire	45,E	desvanecerse
strepitare	1,A	alborotar			
stressare	5	estresar	svaporare	5,A/E	evaporarse
striare	51	estriar	svasare	5	trasplantar
stridere	101,D	chirriar, crujir	svegliare	98	despertar
strillare	5,A	chillar, vocear	svelare	5	desvelar
stringere	97	apretar	sveltire	45	agilizar
strisciare	19,A	arrastrar, reptar	**svellere**	99	arrancar
			svendere	101	liquidar
stritolare	1	triturar	svenire	111,E	marearse
strizzare	5	escurrir	sventare	5	desvelar, malograr
stroncare	15	destroncar, arrancar			
			sventolare	1,A	agitar
strozzare	5	estrangular	svergognare	5	avergonzar
struccare	15	desmaquillar	svestire	91	desvestir
struggere	34	derretir	svezzare	5	destetar
studiare	98	estudiar	sviluppare	5,A/E	desenrrollar, desarrollar
stufare	5	rehogar, cansar			
			svincolare	1	desvincular
stupire	45	sorprender	svolazzare	5,A	revolotear
stuzzicare	15,1	hurgar, incitar	svolgere	115	desarrollar
subire	45	sufrir	svoltare	5,A	girar
sublimare	5	sublimar	svuotare	5	vaciar

T

tacere	66,A	callar
tacitare	1	acallar
tagliare	98,A	cortar
tamponare	5	taponar, chocar
tangere	67,D	tocar
tappare	5	tapar
tappezzare	5	tapizar
tarare	5	tarar
tardare	5,A/E	tardar
targare	54	matricular un coche
tartagliare	98,A	tartamudear
tassare	5	gravar
tastare	5	tocar, palpar
tatuare	1	tatuar
tediare	98	aburrir
telefonare	1	telefonear
telegrafare	1	telegrafiar
temere	73	temer
temperare	1	templar, atenuar
tendere	71,A	tensar, tender
tenere	103	sujetar, mantener
tentare	5	tentar
tentennare	5,A	tambalearse
tergere	49	limpiar
terminare	1	terminar
terrificare	15,1	aterrar
terrorizzare	5	aterrorizar
tesserare	1	afiliar
tessere	101	tejer
testare	5,A	testar
testificare	15,1	testificar
testimoniare	98,A	testimoniar
tifare	5,A	ser forofo, hincha
timbrare	5	timbrar, sellar
tingere	44,A	teñir
tinteggiare	56	colorear
tintinnare	5,A/E	tintin(e)ar
tiranneggiare	56,A	tiranizar
tirare	5,A	estirar
titolare	1,A	titular
toccare	15	tocar
togliere	104	quitar
tollerare	1	tolerar
torcere	105	retorcer, torcer
torchiare	98	prensar
toreare	5,A	torear
tormentare	5	atormentar
tornare	5,E	volver
torturare	5	torturar
tosare	5	esquilar
tossire	45,91,A	toser
tostare	5	tostar
traballare	5,A	tambalearse
traboccare	15,A/E	desbordarse, rebosar
tracciare	19	trazar
tradire	45	traicionar
tradurre	22	traducir
traforare	5	perforar
trafugare	54	escamotear
traghettare	5	barquear
tragittare	5	pasar, cruzar
trainare	5	remolcar
tralasciare	19	dejar de lado
tramandare	5	transmitir
tramontare	5,E	ponerse (el sol)
tramortire	45,A/E	desfallecer
tramutare	5	trasegar
transigere	74	transigir
transitare	1,E	transitar
trapanare	1	taladrar
trapassare	5,A/E	traspasar
trapelare	5,E	filtrarse
trapiantare	5	trasplantar
trarre	106	sacar, llevar, emitir
trasalire	45,A/E	sobresaltarse
trasandare	5	descuidar

257

trascendere	86,A/E	trascender
trascinare	5	arrastrar
trascorrere	24	transcurrir
trascurare	5	descuidar
trasecolare	1,A/E	pasmar
trasferire	45	trasladar
trasformare	5	transformar
trasgredire	45,A	transgredir
traslocare	15,A	trasladar
trasmettere	57	transmitir
trasparire	45,7,E	transparentar
traspirare	5,A	transpirar
trasportare	5	transportar
trastullare	5	divertir
trattare	5A	tratar
tratteggiare	5	rasguear, esbozar
trattenere	103	retener
traumatizzare	5	traumatizar
travagliare	98,A	afligir, fatigar
travasare	5	trasvasar
traversare	5	atravesar
travestire	91	disfrazar
traviare	98	pervertir
travisare	5	tergiversar
travolgere	115	arrollar
trebbiare	98	trillar
tremare	5,A	temblar
tremolare	1,A	estremecerse
trepidare	1,A	trepidar
tribolare	1	atribular
tributare	5	tributar
trillare	5,A	trinar
trincare	15	trincar, beber
trincerare	5	atrincherar
trinciare	19	trinchar
trionfare	5,A	triunfar
triplicare	15,1	triplicar
tritare	5	picar
triturare	5	triturar
troncare	15	truncar
troneggiare	56,A	reinar, figurar
trottare	5,A	trotar
trotterellare	5,A	corretear
trovare	5	encontrar
truccare	15	trucar
trucidare	1	asesinar
truffare	5	estafar
tuffare	5	zambullir
tumefare	43	inflamar
tumulare	1	sepultar
t(u)onare	5,47	tronar
turare	5	taponar
turbare	5	turbar
turbinare	1,A	arremolinarse
tutelare	5	tutelar

U

ubbidire	45,A	obedecer
ubriacare	15	emborrachar
uccidere	77	matar
udire	107	oír
uguagliare	98	igualar
ulcerare	1	ulcerar
ultimare	1	ultimar
ululare	1,A	aullar
umidificare	15,1	humidificar
umiliare	98	humillar
ungere	73	untar
unificare	15,1	unificar
uniformare	5	uniformar
unire	45	unir
universalizzare	5	universalizar
urbanizzare	5	urbanizar
urgere	48,D	apremiar, urgir
urlare	5,A	gritar, aullar
urtare	5	chocar, golpear
usare	5	usar
uscire	108,E	salir
usufruire	45,A	disfrutar usufructuar
usurpare	5	usurpar
utilizzare	5	utilizar

V

vaccinare	5	vacunar
vacillare	5,A	vacilar
vagabondare	5,A	vagabundear
vagare	54,A	vagar, errar
vagheggiare	56	añorar
vagire	45,A	gimotear
vagliare	98	cribar, considerar
valere	109,E	valer
valicare	15,1	pasar
valorizzare	5	revalorar
valutare	5	valorar
vanagloriarsi	98,52,E	vanagloriarse
vaneggiare	56,A	delirar
vanificare	15,1	frustrar
vantare	5	exagerar, presumir
vaporizzare	5,A/E	vaporizar
varare	5	botar barco, aprobar (ley)
varcare	15	travesar
variare	51	variar
vaticinare	5	vaticinar
vedere	110	ver
vegetare	1,A	vegetar
vegliare	98,A	velar
veicolare	1	vehicular
velare	5	velar, ocultar
veleggiare	56,A	navegar
venare	5	vetear
vendemmiare	98	vendimiar
vendere	101	vender
vendicare	15,1	vengar
venerare	1	venerar
venire	111,E	venir
ventilare	1	ventilar
verbalizzare	5	verbalizar
verdeggiare	56,A	verdear
vergare	54	rayar, escribir
vergognarsi	52,E	avergonzarse
verificare	15,1	verificar
verniciare	19	barnizar
versare	5	verter
verseggiare	56,A	versificar
versificare	15,1,A	versificar
vertere	101,D	versar, tratar
vessare	5	vejar
vestire	91,A	vestir
vetrificare	15,1	vitrificar
vezzeggiare	56,A	mimar
viaggiare	56,A	viajar
vibrare	5,A	vibrar
vidimare	1	legalizar
vietare	5	prohibir
vigere	D	estar vigente
vigilare	1,A	vigilar
vigoreggiare	56,A	vigorizar
vilipendere	71	vilipendiar
villeggiare	56,A	veranear
vincere	112,A	vencer
vincolare	1	atar, unir
vinificare	15,1,A	vinificar
violare	1	violar
violentare	5	forzar
virare	5	virar
visionare	5	visionar
visitare	1	visitar
vistare	5	visar
visualizzare	5	visualizar
vituperare	1	vituperar
vivere	113,A/E	vivir
viziare	98	viciar
vociare	19,A	gritar
vociferare	1,A	vociferar
vogare	54,A	vogar, remar
volare	5,A/E	volare
volere	114	querer
volgarizzare	5	vulgarizar
volgere	115	volver, girar
voltare	5,A	girar, doblar
volteggiare	56,A	girar, revolotear
vomitare	1,A	vomitar
votare	5,A	votar

vulnerare	1	vulnerar	zappare	5	cavar
vuotare	5	vaciar	zittire	45	sisear, acallar
			zoccolare	1,A	caminar ruidosamente
Z			zoppicare	15,1,A	cojear
			zuccherare	1	azucarar
zampillare	5,A/E	manar	zufolare	1,A	silbar